SITUATIONAL STRATEGY

シチュエーショナル・ストラテジー

環境（シチュエーション）に応じて戦略を使い分ける

池上重輔 [著]
IKEGAMI JJ JUSUKE

中央経済社

はじめに

　経営戦略は実務家と研究者の双方にとっての重要テーマであり，研究者も多い。それゆえに様々な戦略理論が存在している。例えば以下のような考え方がある。

「戦略とは立地選択である」
「戦略とは自社の強みを活かすことである」
「戦略とはトライ＆エラーを繰り返す，柔軟な環境対応である」
「戦略とは補完事業者を含めたスタンダードを握ることである」
「戦略とは現場であり，実践に邁進することである」
「戦略とは新市場を創造することである」

　どの考え方も一面の真実を語っており，なかには「結局は運だ」と主張する人もいる。悩ましいのは，相反するような理論も見受けられることである。例えば，Peters & Waterman（1982）は，1つのことに専念しろとアドバイスするが，一方でFoster（1988）は技術変化の激しい環境下では，同じことに〔　　　〕ことは破滅につながりかねないと言う。実際の企業事例でも〔　　　　　　　〕による成功例が存在する。例えばZARAは母国スペ〔　　　〕正工場中心で，一方で同業のH&Mは配送・工場も外注を中心に〔　　　〕た。成功している企業には，その環境と企業に合った合理的な戦略が存在す〔　〕。ただし，どのような環境下でも，どのような企業にも当てはまる万能の戦略理論は無いようである。また，その戦略に行き着くプロセスは，公式な分析を通じる場合，直感による場合，ときには幸運による場合など様々である。

　しかしながら，「戦略とは結局何なのか」「よい戦略を生み出す理想的なプロセスとはどのようなものなのか」という点に関しては，わずかな議論しかなされてこなかった（Cusumano & Markides, 2001）。

　本書は経営戦略の構築と実行に携わる人々と経営戦略の研究者に向けて，多様な外部・内部環境に対応する「シチュエーショナル・ストラテジー（Situational Strategy：状況対応戦略）」を提示している。1つの戦略理論では，全ての状況に対応し難いので，Situational Strategyでは，それぞれに特徴を持つ主要な経営戦

略理論を，理論的背景を考慮に入れつつ，実践性を意識して一連のプロセスに統合している。特定の戦略論を研究・解説するか，複数の戦略論を分類する良書は多いが，本書のように，①各戦略理論の特徴（有効性と限界等）と理論間で共通の論点，②各戦略論使い分けの指針と，③包括的な戦略構築・実行プロセスを記述している類書は少ない。

各戦略論は別々のディシプリンに属しており，異なる前提とアプローチを持っているので，本書のようにそれらを統合しようというのは無謀な試みに見えるかもしれない。しかし，国内外の企業に対する調査等や，幹部研修における経営課題に対する議論を見ると，本書のような戦略論の統合は，実務・アカデミックの双方に対して有益と思われる。VUCA（Volatility：変動性，Uncertainty：不確実性，Complexity：複雑性，Ambiguity：曖昧性）と形容される事業環境下，自社の戦略のあり方に悩む企業が増えている。また，アカデミックにおいても，異なる戦略論間での論争はあり，戦略論の発展経緯をレビューした研究等もあるが，包括的にそれらを統合した研究は少ないようである。

新旧，内外の企業事例を盛り込んだ本書は，企業幹部の戦略立案やMBA等で活用されよう。また，理論的背景や先行研究に関しても紙面の許す範囲で記述しており研究者にも使用いただけるだろう。

本書の構造

本書の全体構成は，図1のようになっている。

第1章はイントロダクションとして，戦略とは何か，どのような戦略論があるか，統合された戦略アプローチの全体像などを述べている。本書では，①外部環境・内部環境軸のどちらに重点を置くか，②戦略策定の事前計画度，③ダイナミズムの3軸で戦略理論を整理し，評価の定まった古典と新理論のバランスを考慮して扱う戦略理論を選定した。

第2章は，ビジョンやミッションおよび企業業績の考え方等の解説を通じて，企業と戦略の関係について語っている。

第3章では，全ての戦略アプローチに共通な環境分析と，どのような環境下でどの戦略アプローチをとるべきかの考え方を説明している。

第4章から第7章にかけてはポジショニング戦略，リソース・ベースト戦略，ダイナミック・ケイパビリティ，ビジネス生態系戦略，実践としての戦略等といった主要な競争戦略論を相互の関係性を意識しながら解説している。

はじめに iii

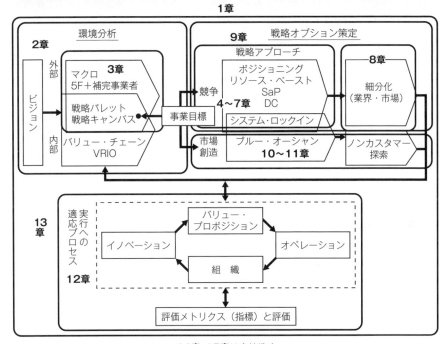

図1 シチュエーショナル・ストラテジー（状況対応戦略）の全体像と本書の構成

出所：筆者作成。

　第8章も事業戦略で共通の顧客と競合の分析である。事業戦略とマーケティングの接点を，細分化をキーワードに説明している。
　第9章では様々な立ち位置に合わせた戦略を語っている。本書の特徴の1つは，リーダー企業やグローバルな大企業のみでなく，業界2番手以下や経営資源の少ない中小企業も対象としていることである。経営戦略は経営資源の豊富な大企業のみに必要と思っているベンチャー企業や中小企業の経営者は少なくないが，ベンチャーや中小企業にこそ戦略は必要である。
　第10章と第11章は市場創造アプローチを，ブルー・オーシャン戦略を中心に説明する。
　よい戦略も実行されなくては意味がない。第12章は戦略の実行面を，オペレーション，イノベーション，組織といった適応プロセスに焦点を当てて解説する。ま

た，変革のマネジメントに関しても触れている。

　経営とはある面，矛盾のマネジメントであり，全社戦略・事業戦略における様々な局面で「トレードオフ（二者択一）」が出て来る。第13章はこのトレードオフに着目し，どのようにトレードオフを認識し対応するかを考察する。

　第14章と第15章は全社戦略を扱っている。第14章は多角化のマネジメントに関して，第15章では複数の事業をどのように管理・運営すべきかに関して解説している。

　ときに相矛盾して見える戦略論を一連のプロセスとして統合しようという意図ゆえに，本書の構造や論旨は必ずしも単純ではないかもしれない。本書は全体を通して読むことで，様々な状況に対応すべく，有意な特徴を持つ戦略理論を統合するという特徴が理解されるように構成されている。

　2016年10月　東京

池上　重輔

目　次

第 1 章　経営戦略と戦略 ………………………………………………… 1

　　第 1 節　はじめに　1
　　第 2 節　経営戦略：事業戦略と全社戦略　3
　　第 3 節　事業戦略論の分類と選択　5
　　第 4 節　本書のシチュエーショナル・ストラテジー
　　　　　　（Situational Strategy：状況対応戦略）全体像　9
　　第 5 節　戦略立案の全体像　10

第 2 章　戦略と企業の関係 ……………………………………………… 15

　　第 1 節　ビジョン・ミッションと戦略　15
　　第 2 節　よい戦略とは　22
　　第 3 節　企業の業績　24

第 3 章　環境分析と機会の発見—戦略を選択するために ………… 33

　　第 1 節　環境分析と事業戦略　33
　　第 2 節　事業特性分析：戦略パレット　34
　　第 3 節　事業特性分析：アドバンテージ・マトリクス　38
　　第 4 節　事業特性と自社分析の接点：
　　　　　　レッド＆ブルーの判断　42

第4章 主要な競争戦略①
―ポジショニング戦略（Positioning view）……49

第1節　ポジショニング戦略の背景　49
第2節　業界構造と5つの競争要因分析　51
第3節　業界分析の手順　60
第4節　5つの競争要因分析フレームワークの使用方法　64
第5節　競争優位と基本戦略　64
第6節　バリュー・チェーン（value chain）による優位性の源泉の特定と構築　67
第7節　ポジショニング戦略におけるその他の重要概念　70

第5章 主要な競争戦略②
―リソース・ベースト戦略（Resource based view）とダイナミック・ケイパビリティ（Dynamic Capability）……75

第1節　企業固有能力と経営資源　75
第2節　競争優位につながるコア・コンピタンス（独自の中核経営資源）の特定　78
第3節　リソース・ベースト戦略の展開方法　84
第4節　リソース・ベースト戦略の問題点　87
第5節　ダイナミック・ケイパビリティ戦略　88
第6節　ポジショニング戦略とリソース・ベースト戦略の関係と日本企業　90

第6章 主要な競争戦略③
―ビジネス生態系戦略（Business eco-system）……99

第1節　ビジネス生態系戦略の理論的背景　99
第2節　ビジネス生態系戦略とシステム・ロックイン（System Lock-In）　102

第3節　システム・ロックインの前提と種類　103
第4節　システム・ロックインへの発展プロセス　104
第5節　規格競争の戦略定石　107
第6節　プロプライアタリー・スタンダード
　　　（proprietary standard）　111
第7節　ドミナント・エクスチェンジ
　　　（dominant exchange）　116
第8節　アクセス制限（restricted access）　119
第9節　生態系間競争　121

第7章　主要な競争戦略④
―実践としての戦略（Strategy as Practice），業務効果と現場　127

第1節　「実践としての戦略」
　　　（Strategy as Practice：SaP）　128
第2節　統合型ものづくり戦略論　132
第3節　現場発の戦略構築　135

第8章　細分化と競合分析　141

第1節　業界細分化と経済性　142
第2節　市場細分化　148
第3節　市場細分化（産業財）　150
第4節　市場細分化（消費財）　152
第5節　価値提案（Value proposition）　156
第6節　競合分析　160
第7節　戦略グループ　162

第9章　競争戦略における業界序列ポジションによる打ち手 ... 167

第1節　リーダーの戦略　167
第2節　チャレンジャー（上記企業を狙う）の戦略　172
第3節　上位企業の攻略方法　173
第4節　上位企業への複合的攻撃　179
第5節　集中戦略とニッチ戦略　183
第6節　フォロワー戦略　186
第7節　ストーリーと業界序列ポジション　188

第10章　市場創造戦略①
― ブルー・オーシャン戦略（Blue ocean strategy） ... 191

第1節　ブルー・オーシャン戦略とは　191
第2節　他の戦略論との関係　195
第3節　バリュー・イノベーションにおける主要ツール　198
第4節　バリュー・イノベーションの正しい順序　200
第5節　ノンカスタマーに目を向ける　206

第11章　市場創造戦略②
― ブルー・オーシャン創造のプロセス ... 209

第1節　バリュー・イノベーションの4つのステップ　209
第2節　ステップ1：覚醒・戦略キャンバスで現状確認　209
第3節　ステップ2：現地探索・新市場の方向性を見つけ出す　210
第4節　ステップ3：戦略の見本市　217
第5節　ステップ4：ビジュアル・コミュニケーションで実行　219

第6節　創造した新市場を維持・刷新する　219

第12章　戦略の実行 …………………………………… 223

　　　第1節　戦略の実行への適応プロセス　223
　　　第2節　適応プロセス　223
　　　第3節　変革の実行(1)：4つのハードルを克服する
　　　　　　　「ティッピング・ポイント・リーダーシップ」　229
　　　第4節　変革の実行(2)：手続きの公平性を担保する
　　　　　　　「フェア・プロセス」　232

第13章　トレードオフのマネジメント …………………… 237

　　　第1節　コストと差別化（付加価値）のトレードオフ　239
　　　第2節　コストとスピードのトレードオフ　241
　　　第3節　既存活動と新規活動のトレードオフ　245
　　　第4節　イノベーションによる
　　　　　　　トレードオフのマネジメント　249
　　　第5節　社内と社外のトレードオフ　251

第14章　全社戦略（corporate-level strategy）と多角化（diversification） …………………… 257

　　　第1節　多角化の目的　257
　　　第2節　多角化と価値創造　262
　　　第3節　多角化のレベルと企業ドメイン　263
　　　第4節　多角化の手法(1)：関連性の高い多角化　267
　　　第5節　多角化の手法(2)：

関連性の低い多角化（非関連多角化） 272

第15章 全社戦略の管理 277

第1節 資金配分視点からの全社戦略 277
第2節 既存事業と新規事業の視点からの全社戦略 281
第3節 性質の違う戦略アプローチの管理という視点での全社戦略 284

参考文献 289
推薦図書 301
おわりに 303
索　引 306

図表目次

〈図〉

図1	シチュエーショナル・ストラテジー（状況対応戦略）の全体像と本書の構成	iii
図2	一般的な戦略立案と実行の概念プロセス	10
図3	シチュエーショナル・ストラテジー（状況対応戦略）の全体像	11
図4	戦略パレット	35
図5	事業環境と戦略	37
図6	アドバンテージ・マトリクス	39
図7	戦略キャンバス：1970年代の日本国内オーディオ業界	43
図8	ウォークマンのバリュー・カーブ	45
図9	5つの競争要因分析	52
図10	規模とコストの関係	53
図11	国内人材派遣業界（2009年）	61
図12	製薬企業向けMR（医療情報担当者）派遣業界（2009年）	62
図13	国内人材派遣業界（2015年）	63
図14	バリュー・チェーンの基本構造	67
図15	バリュー・チェーンとバリュー・システム	68
図16	価値連鎖における代表的な差別化要因	69
図17	リソース，ケイパビリティ，コア・コンピタンスの構造	76
図18	GEにおける事業領域と能力展開の推移	80
図19	リソース・ベースト戦略のプロセス	86
図20	戦略ポジションと業務効果	91
図21	戦略ポジションと業務効果：スタック・イン・ザ・ミドル	93
図22	戦略ポジションと業務効果：模倣困難な資産	94
図23	ボンディング（絆）を連続させるプロセス	106
図24	楽天の業績推移とドミナント・エクスチェンジ	117
図25	SaPにおける経営戦略の分解図	130
図26	ミンツバーグの実現された戦略における創発戦略の位置づけ	131
図27	ものづくり組織能力の構築	134
図28	業界細分化の事例（大学受験サービス業界）	143
図29	新たな細分化の軸を求める目的	145
図30	機械業界での業界細分化例	147

図31	産業財における顧客細分化の軸どり例	151
図32	リーダーと挑戦者の活動幅	179
図33	社内のバリュー・チェーンと業界全体の事業連鎖	180
図34	カメラ業界における事業連鎖の再構築	181
図35	バリュー・イノベーション	193
図36	市場創造のリスクに対応する6原則	194
図37	ERRCグリッド	198
図38	ウォークマンのERRCグリッド	199
図39	正しい順序で考える	200
図40	バイヤー・ユーティリティ・マップ	201
図41	「バイヤー・エクスペリエンス・サイクル」で何を聞くか	202
図42	プライス・コリドー・オブ・ザ・マスによるマスをおさえる価格設定	204
図43	ノンカスタマーの3層を見渡す	207
図44	戦略をビジュアル化するバリュー・イノベーション4つのステップ	210
図45	6つのパスで市場の境界線を再構築する（現地探索の視点）	212
図46	オルタナティブを広く見渡す	213
図47	買い手の連鎖（チェーン・オブ・バイヤーズ）	214
図48	買い手の連鎖（チェーン・オブ・バイヤーズ）：法人メーカーの例	215
図49	戦略立案・実行プロセスの全体像（再掲）	224
図50	従来の量と多様性のコスト関係	242
図51	ある自動車用素材のサプライチェーン	243
図52	多様性とコストのトレードオフの打破	243
図53	投資決定の社内プロセス例	244
図54	多角化による価値創造	263
図55	日欧米企業の多角化度	264
図56	多角化度別営業利益率	266
図57	富士フイルムの売上高・利益率推移	267
図58	プロダクト・ポートフォリオ・マネジメント（PPM）	278
図59	GEのビジネススクリーン	280
図60	PMSマップで事業ポートフォリオの可能性を見極める	282
図61	AppleのPMSマップ（1997〜2014）	283
図62	両利き経営への4つのアプローチ	285

〈表〉

表1	戦略の定義	4
表2	事業戦略理論の選択	7
表3	著名企業のビジョン・ミッション	19
表4	仕事をする上で大切だと思うもの（20～30代・大卒就労者調査）	27
表5	標準規格をめぐる競争における戦略定石	108
表6	競争か協調かを考察する条件	109
表7	プロプライアタリーかオープンか	110
表8	消費財市場細分化の軸	153
表9	既存事業と新規事業に求められるものの違い	245
表10	多角化の動機と多角化の類型の関係	258
表11	活動の共有とバリュー・チェーンのなかでの位置づけ	269
表12	ソフトバンクの外部成長戦略の推移	271

第1章

経営戦略と戦略

【第1節】はじめに

▶戦略は必要なのか

　数種類の異なった解釈で語られるエピソードがある。
ハンガリー軍がスイスのアルプス山中で冬季軍事演習を開始した初日，演習責任者の大尉が，軍曹以下部下3名に斥候(せっこう)を命じた。しかし運悪く，彼らが斥候に出て間もなくひどい吹雪となり，視界ゼロの状態が続いた。

　予想した通り，3人は翌日になっても帰って来なかった。大尉は3人の遭難を確信し，斥候に出したことを悔やんだ。ところが，3日目に3人は奇跡的に帰還してきた。

「軍曹，よく戻ってきたなあ！」
「はい，大尉。部下のおかげです」
「部下のおかげ？」
「はい，部下の1人が山岳地図を持っていたのです。これです」
「どれどれ……，おい，これはピレネー山脈（スペイン・フランス国境の山脈）の地図だぞ」
　斥候に出た3人はピレネー山脈の地図をアルプスの地図だと信じ込んでいたのだ。

　このエピソードは，例えば以下のようなメッセージに解釈され得る。
解釈1：地図（戦略）は不要，必死の実行あるのみ
解釈2：どんな地図でも，組織のベクトルを合わせるには必要
解釈3：必死の実行はもちろん重要だが，正しい地図も必要。ハンガリー軍は運がよかったので生還できたが，同じ状況で次回の生還は疑問。

同様に会社を取り巻く環境要因や成功要因も様々な解釈が可能である。成功した経営者が時折,「戦略は1割,実行が9割」というような発言をする。確かにどんなに素晴らしい戦略も実行されなくては意味が無いし,実行には本当に様々な困難が付きまとう。しかし,戦略が全く無くてよいわけでもない。もちろん,戦略が無くても必死に実行したことによって成功し業績が上がることもあるが,適切な戦略が無く実行面の頑張りと気合いだけで「継続的に成果を出すこと」は難しいのである。

ビジネスの成否には全て論理と理屈で説明できる要素と,合理的に説明しきれない要素がある。それをサイエンスとアートと呼んでもよいが[1],どちらも必要である。一見アートに見える部分にも,サイエンスの余地があり,その逆もあり得る。「その戦略は論理的に正しいかもしれないが,共感できない」というとき,この共感できない点がアートに見えるが,この共感に関しても理屈で説明でき,ある程度コントロール可能な部分はある(第12章4節参照)。もちろんぎりぎりまで戦略を考え尽くし,可能な限り定量化しても判断が付かないことは少なくない。考え尽くして手を尽くした上で,気合いが効いてくる。

本書では「実践としての戦略」と「現場論」というこれまでの戦略論の本では扱われることの少なかった「実行」に光を当てた戦略アプローチも扱い,戦略と実行の理論的な橋渡しを試みている。

▶成功の法則はあるのか

「○○業界の必勝パターン」「次の5年上手くゆく成功方法」を教えてほしいと要望することは少なくない。そうしたニーズに応えてなのか「成功する会社の8つの法則」や「高収益を継続する10の方法」といった本や記事をよく目にする。残念ながら,戦略理論は「こうすれば上手くいく」という法則ではない。あるインプット(例えば10の行動)を行うと一定のアウトプット(結果としての成功)につながるという法則は自然科学では可能であるが,経営戦略ではそうした法則性を提示することは非常に難しい。価格政策と需要のような個別の要素を見ていくとある程度の法則性が見いだせることもあるのだが,様々な要素が絡み合い,相互に影響を与え合う経営戦略において具体的な法則性を見いだすことは現時点では不可能に近い[2]。

業界,国,会社の経営資源等の様々な前提の違いによって,ある会社では上手くいったやり方が(一見法則に見えても),別の会社では上手くいかないケースや,同じ会社でも時期が違うと以前上手くいったやり方で失敗するケースはよく耳にす

る[3]。経営学においては「どうすれば成功するのか」という問いに対しては，「法則は無いけれども，論理はある」という答えにならざるを得ないのである（沼上，1999）。つまり「このＸ個の法則を守れば成功する」とは言えないが，「よい戦略の因果関係」はある程度提示できる。

　よい戦略は結果的には「シンプルなストーリー」になることが多い。ただし，上手くいった戦略を振り返ってみると，単純なストーリーとして語れるからといって，その構築プロセスも簡単で単純というわけではない。QBハウスの「整髪という結果に必要なもの以外はそぎ落とし，待合から整髪までのプロセスをパッケージ化し，10分1000円で提供する」という戦略は驚くほどシンプルだが，そこに至るまで，創業者である小西氏は毎日のように戦略モデルを作り直し続けてきた[4]。

　本書も「この5か条で上手くいく」「この3段階で儲かる戦略が策定できる」というような簡単な法則では示していないので，回りくどく感じられるかもしれない。戦略の構築プロセスをある程度具体的に示しながら因果関係を説明しようとすると，順を追って展開せざるを得ないのである。

【第2節】経営戦略：事業戦略と全社戦略

　経営戦略論は事業戦略（business strategy）と，企業戦略（corporate-level strategy/corporate strategyとも書かれる）の2つに大別される。企業戦略は全社戦略とも呼ばれ，多角化した事業を管理するための企業全体の戦略策定と実施に焦点を当てる。本書では全社戦略の呼称を使用する。事業戦略は1つの産業における競争優位に焦点を当てる。会社がA事業，B事業，C事業等複数の事業を所有していればその会社は複数の事業戦略を持つ。

　戦略（strategy）という概念自体は元々軍事用語で，ギリシャ語の「軍隊（stratos）」と「統率する（ago）」から発生したと言われる。戦略の抽象的な定義としては"目標達成のため，何を，どれだけ，いつ，どこに資源配分するかの意思決定"というものであろうが，戦争における戦略は「戦争（に勝利するため）の全体計画，個別の活動指針および個別具体的行動計画（Clausewits, 1976）」と定義づけられるだろう。戦争ではその戦略目的が戦争の勝利だったものが，経営戦略ではその目的が継続的なパフォーマンスの向上であるだろうし，戦争においては戦闘地域，戦車，戦闘機，兵隊等に対して行っていた資源配分の意思決定が，経営戦略では事業ドメイン，ヒト・モノ・カネに対する資源配分の意思決定になろう。

表1　戦略の定義

1. 競争戦略とは，他社とは異なる存在になることである。(Porter, 1996, HBR Nov-Dec)
2. 戦略とは長期的視野に立って企業の目的と目標を決定すること，およびその目的を達成するために必要な行動オプションの採択と資源配分 (Chandler, 1962)
3. 戦略とは無数の行動と意思決定のなかに見出されるパターン (Mintzberg & McHugh, 1985)
4. 戦略とはコア・コンピタンスを活用し，競争優位を獲得するために設計された，統合かつ調整された複数のコミットメントと行動 (Hitt et al., 2012)
5. 価値創造を志向した，将来の構想とそれに基づく企業と環境の相互作用の基本的なパターンであり，企業内の人々の意思決定の指針となるもの（大滝他, 2006)
6. 自分が将来達成したいと思っている「あるべき姿」を描き，その「あるべき姿」を達成するために自分の持っている経営資源（能力）と自分が適応するべき経営環境（まわりの環境）とを関係づけた地図と計画（シナリオ）のようなもの（沼上, 2008）
7. いかに競争に成功するか，ということに関して一企業が持つ理論 (Barney, 2002)
8. 「企業や事業の将来あるべき姿とそこに至るまでの変革シナリオ」を描いた設計図（伊丹・加護野, 2003）
9. 企業戦略とは，企業が複数の市場における活動を組み立て調整することによって，価値を創造する方法 (Collis et al., 1998)

出所：筆者作成。

▶戦略の定義

戦略は現在様々な文脈で使われている。価格戦略、資金調達戦略、グローバル観光戦略（国土交通省）、戦略的人事、戦略的地方再生等など実に様々な活動に戦略が付けられている[5]。それゆえに戦略が何を意味するのかが曖昧になりがちである。

表1でも見られるように、研究者や実務家によってもビジネスにおける戦略の定義は様々である。組織内で共通言語を持つことは重要であり、特に社内で経営や戦略とは何を意味するのか[6]、全社戦略、事業戦略は何かを確認しておくべきであろう。

1は事業戦略の定義で、8、9は全社戦略の定義、その他はどちらにも通じるような定義であるが、これらの定義の多くが戦略に求める共通点としては、①企業の目標設定、②社外と社内の要因を関係づけること、③目標に至る道筋・シナリオを描くことである。

本書では、経営戦略を「企業の目標達成のために、不確実な環境下で、社外・社内の要因を関連づけた、資源配分の意思決定とシナリオ」と定義づけておく。

戦略立案時には、与えられた時間で可能な限りの情報収集と分析をすべきだが、未来に関して完璧な情報収集は不可能である。不完全な情報と知識に基づいて意思決定し実行開始せざるを得ない場合が多いと覚悟しておく必要がある。ときには収集した情報が誤っている、または情報自体は事実でも誤って解釈している可能性もある。ホンダが米国で2輪車事業への参入に成功した背景を、BCG（ボストン・コンサルティング・グループ）のコンサルタントは規模の経済を前提にした体系的な参入戦略で説明してみせたが、実態は米国に送り出された現場の人々が四苦八苦するなかで偶然の発見に触発された創発的な戦略だったという。

【第3節】事業戦略論の分類と選択

▶事業戦略アプローチの分類軸

Situational Strategyを構築するにあたり、多様な環境に対応するために、本書は沼上が提示した下記の3軸に事業創造軸を加え戦略論を分類した[7]。

・環境の機会と脅威か、経営資源か
・安定的構造か、時間展開・相互作用・ダイナミクスか（静的か動的か）
・事前の合理的計画か、事後の創発か

環境の機会と脅威か，経営資源か：経済学から派生して，戦略とは特定の立地・ポジションをとることであるとして，戦略立案に際して外部要因に焦点を置くアプローチが**ポジショニング戦略**である[8]。一方で，内部要因に焦点を置き，競争相手よりも魅力的な製品・サービスを提供できる能力が重要であるとするアプローチが**リソース・ベースト戦略**である。

　静的か動的か：外部環境や経営資源を静的（変わりにくいもの）ではなく，より動的で相互作用で変わり得るダイナミックなものとして認識するアプローチも存在する。外部要因の相互作用に力点を置く戦略論が**ビジネス生態系戦略**であり，競争（コンペティション（competition））と同時に協力（コーオペレーション（cooperation））も重視するため，この2つの言葉を組み合わせてコーペティション論という呼び方も可能である（與那原，2010）。ゲーム理論が適用される場合もあるが，本書では紙幅の関係からゲーム理論自体には触れない。

　組織内部要因のダイナミズムに着目し，環境変化のなかでも，絶え間なく，自社の組織能力を改良，拡大，再構築できる能力を持つところが持続的競争優位を実現できると捉えるのが，**ダイナミック・ケイパビリティ戦略**である。ポジショニング戦略やリソース・ベースト戦略が競争優位性の要因に焦点を当てる一方で，これらのダイナミクなアプローチは優位性の獲得プロセスに焦点を当てている。

　事前の合理的計画か，事後の創発か：戦略とは，組織全体の目標に向かって組織のメンバーの活動を整合化させるプラン（シナリオ）であり，そのプランを体系的かつ合理的に作成しようとするのが**経営計画学派**（Planning School）である。経営企画部門等の専門部署や経営トップが計画を決めるトップダウンの要素が強い。Ansoff（1988）[9]等の合理的計画策定に関する良書は多いので，本書では割愛する[10]。一方で，現場のミドルやスタッフが，目の前に現れた機会や脅威に順応し，ボトムアップで積み上がってよい結果が出て，後から振り返ってみると何かパターンができ，戦略が創発されてゆくというのが**創発学派**（Emergence School）であり，そのなかで現場の実践を創発的に戦略につなげるのが**Strategy as Practice**（実践としての戦略），**ものづくり戦略論**，**現場論**等である。

　業界の枠組みをある程度所与とし既存顧客に焦点を当てて考えるのではなく，これまでの顧客層以外にも目を向けて業界の境界を柔軟に捉え，外部環境と経営資源の両面で相互作用を動的に捉えようとするのが**市場創造戦略論**で，そのなかで，意図的に創発を促し，市場発見から市場創造までのプロセスを提示しているのが**ブルー・オーシャン戦略**である。戦略論はこれら以外も様々な分類が可能である[11]。

▶戦略理論の選択

本書は「卓越した業績を達成する方法」において特徴的なアプローチを提示している事業戦略論を6つ選択しSituational Strategyとして統合した。

① ポジショニング戦略
② リソース・ベースト戦略（コアコンピタンス，ケイパビリティ等含む）
③ ダイナミック・ケイパビリティ戦略
④ ビジネス生態系戦略
⑤ 実践としての戦略：創発アプローチとして
⑥ ブルー・オーシャン戦略：新市場創造戦アプローチとして

事業戦略の分類，選択に関しては表2にまとめたとおりである。

表2 事業戦略理論の選択

		戦略理論					
		ポジショニング戦略	リソース・ベースト戦略	ダイナミック・ケイパビリティ戦略	ビジネス生態系戦略（システム・ロックイン）	実践としての戦略	ブルー・オーシャン戦略
分類上の特徴	事前の合理的計画（トップダウン）	◎	○				○
	事後の創発（ボトムアップ）			○		◎	
	環境の機会と脅威	◎			◎		○
	経営資源		◎	◎		○	○
	時間軸の展開／ダイナミズム			◎	◎	◎	
	新市場創造				○		◎
卓越した業績を達成する方法		製品・サービスの経済性に力点	独自資源・能力に力点	変化への適合性に力点	補完プレイヤーを含めた業界生態系全体の経済性に力点	現場実践に力点	新市場の創造に力点
選択基準		理論的背景・実践性	理論的背景・実践性	新たな課題対応	新たな課題対応・実践性	新たな課題対応	理論的背景・実践性
戦略パレットとのフィット		クラシカル	クラシカルおよびリソースの認識次第で他の象限	アダプティブ	シェイピング	アダプティブおよび他の象限	ビジョナリー（シェイピング）
本書での章		第4章	第5章	第5章	第6章	第7章	第10章・第11章

注：◎特に力点を置いている　○力点を置いている
出所：筆者作成。

▶戦略理論の説明力「環境の機会と脅威か,経営資源か」

　複数の戦略アプローチがあると,どれが一番よいのかという疑問も湧いてくるだろう。万能の戦略論を1つ選択することは難しい。例えば前節で挙げた3軸のうちの「環境の機会と脅威か,経営資源か」の論点は,経営戦略研究者の間で「場（業界）の選択」と「価値ある独自の経営資源の保有」のどちらが企業の持続的競争優位（もしくは企業業績）への寄与度が高いかという論争を呼んだ。

　この論争に関しては,ルメルト（Rumelt, 1991）が,業界効果は,業績のバラつきのうち約15％を説明し,業界効果と企業効果を合わせるとそれが約60％を説明しているという,ある程度の結論を出している。ルメルトは,ROA（Return on Assets）[12]を業績指標と位置づけ,ROAを説明する独立変数（ROAに影響を与える要素）として業界効果（その事業がいかなる業界に所属しているか）と事業効果（その事業を特定するダミー変数[13]）および企業効果（その事業がどの企業に属しているか）を設定した。その結果,企業業績の約15％は,業界構造や規制等の業界ごとに異なる何らかの要素によって決定し,約45％は経営者能力,開発力,技術,チャネルなど,企業や事業に固有の何らかの要素によって決まってくるという結果を得た。

　別のデータによる追証研究でも,業界効果と企業・事業効果の比率はやはり概ね約15％と45％だった。あくまで平均値での話であるが,業界選択と個別企業の内部資源を合わせると,企業業績のバラつきの約60％程度を説明できるとされたのだ。

▶戦略理論の説明力「計画と創発」

　業界選択や内部資源の評価・選別・活用計画の策定が,将来の企業業績のバラつきの6割を決定するとすれば,適切に戦略構築を行うことで将来業績の相当部分がコントロールできることになる。ただし,残りの4割は,統計的には「説明不能な誤差項（unexplained error term）」であり,合理的に計画された「業界選定や内部資源活用」戦略だけでは説明しきれない。

　企業業績の4割は,計画的戦略ではコントロールしきれない,不確実性や,運（luck）によって左右されることになる。この不確実性は,天災,想定外の経済変動,技術ロードマップを超えて競争軸を変えるような破壊的イノベーション,計画策定者が想定しきれない現場でのインタラクション等が含まれるだろう。こうした不確実性に対応するためにダイナミズムや創発性を戦略に取り込む研究が進められてきた[14]。本書で選択したダイナミック・ケイパビリティ,ビジネス生態系,SaP,

ブルー・オーシャン戦略などは不確実性に対応するためのダイナミズムをいかに戦略理論に取り込もうかという試みの産物でもある。戦略パレットも不確実性をメタ戦略[15]に取り込んだ結果と言えよう。

　研究者の間では，どの戦略にも有意な点と限界があることが指摘されている。実務の面でも場合によっていずれかの戦略アプローチの要素がより重要になるかが変わってくるというのが実態であろう。ミンツバーグ（Mintzberg et al., 2005）は「適切な戦略は場合による」としてコンフィギュレーションスクール（Configuration school）を提示した。ただし，これは会社の成長過程に沿って必要な戦略と組織が変わってくるなかで様々な戦略理論を包括しようというもので，自社組織内に焦点を当てた，やや内向きのアプローチになっているように思われる。「場合による」というのは，自社の成長段階による面に加えて業界状況などの外部状況による面も重要である。

　戦略理論は状況次第で使い分けるべきなのだが，ビジネス上で起こり得る全ての状況を想定して場合分けをすることは現実的ではない。本書では戦略パレットや戦略キャンバス等の一定のフレームワークを用いて，どのような状況下でどのような戦略がより適合しやすいかを考察していく。

【第４節】本書のシチュエーショナル・ストラテジー（Situational Strategy：状況対応戦略）全体像

　万能の戦略論が無いなかで多様な状況に対応しようとすれば，ミンツバーグが「場合による」と述べたように戦略理論も状況次第で使い分けるべきで，いくつかの戦略理論の選択肢とその使い分けに関する一定の基準が必要になる[16]。本書の「状況対応戦略モデル（situational strategy model）」を提示する。これは，①環境に応じた戦略アプローチ（必要な戦略の特徴）の特定，②６つの戦略理論の特徴と活用法，③戦略理論で共通の論点・ツール，④実行上の留意点を一連の包括的なプロセスに組み込んでいる。

　さらには複数事業を持つ多角化企業のために，こうした複数の事業戦略をどのように取り扱うべきかの全社戦略および多角化に関する章を第14章，第15章に設けている。本書全体を通じて，状況対応型の包括的な事業戦略と全社戦略に対応できるようになっている。

【第5節】戦略立案の全体像

　戦略立案の流れを見るために，戦略立案と実行の基本プロセスを**図2**に示す。ポイントは「環境分析」と「戦略オプション（選択肢）抽出」と「戦略の選択と実行」が一方通行ではなく，行き来するプロセスであるという点である。状況によってこのプロセスの頻度や精度は変わり得る[17]のだが，基本的におさえるべきプロセスはどのような戦略でも**図2**のようになる[18]。

▶事業戦略の統合（状況対応戦略モデル）
　本書では，「状況次第」を判断するヒントを提供し，一連の戦略立案と実行マネジメントのプロセス統合しているが，その全体像が**図3**である。

　このシチュエーショナル・ストラテジー（Situational Strategy：状況対応戦略）のポイントは，以下の7点である。
- 大枠は，ビジョン → 環境分析 → 戦略オプションの策定 → 実行案作成 → 実行と修正　となるが，この流れは一方通行のプロセスではない。戦略立案はスパイラルループのようにぐるぐる回しながら立案される。戦略がひとたび策定された後も実行をモニタリングしながら方向修正のループが回る。

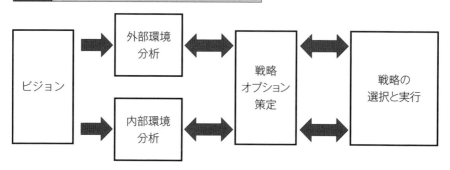

図2　一般的な戦略立案と実行の概念プロセス

戦略オプションには「実行案と財務シミュレーション含む」

出所：筆者作成。

第1章 経営戦略と戦略　II

図3　シチュエーショナル・ストラテジー（状況対応戦略）の全体像

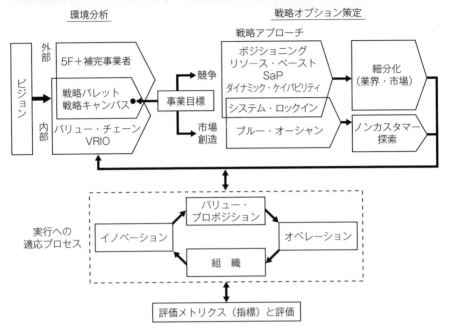

出所：筆者作成。

- 環境分析（外部）はポジショニング戦略の5つの力による業界分析（第4章）に，システム・ロックインの補完事業者（第6章）を加え，6つの競争要因で業界環境を分析。
- 環境分析（内部）はリソース・ベースト戦略のVRIO（第5章）とポジショニング戦略のバリュー・チェーンを使い，独自の中核資源（とその関連）を特定。
- 外部分析と内部分析を，戦略パレットと戦略キャンバスを使い統合（第3章）。戦略パレットで戦略アプローチの方針を特定し，戦略キャンバスで既存顧客に向けた戦略なのか，ノンカスタマーに広げた新事業創造型にシフトするのかを確認し，当該事業のミッション（事業目標）を考察する。このミッションは戦略構築のループが回るなかで再考され得る。
- 戦略オプション策定では，環境分析に応じて6つの戦略理論を選択的に適用（第4～7章，第9～11章）。

- 戦略オプションに応じて、バリュー・プロポジション（顧客への付加価値定義），オペレーション，組織，イノベーションからなる適応プロセスの整合性をとる（第8章，第12章）。
- 戦略の評価指標を定量的に測定できるよう策定し[19]，実行をモニタリング（第2章）。環境変化，実行上の障害等，前提が変わった場合は修正ループを回し，必要なら戦略の方向修正。SaPで新たな戦略のヒントが出てきた場合も戦略修正ループを回す。

複雑に見えるかもしれないが，じっくり戦略を作り込むべきか，柔軟でスピーディな対応に注力すべきかを最初に見極めるのである。

▶全社戦略のフレームワーク

全社戦略において，どのように多角化事業を管理するかに関しては少なくとも以下の4つの観点が必要となる。①既存事業との関連性の観点，②資源（人材や資金含む）配分の観点，③既存事業等と新事業のバランスの観点，④性質の違う事業群をどうマネージするかの観点。

既存事業との関連である①に関しては，第14章の多角化で解説する。②の資源配分に関しては，全社戦略のスタンダードであるプロダクト・ポートフォリオ・マネジメント（PPM）と，アドバンテージ・マトリクスを，③の既存と新規のバランスは，ブルー・オーシャン・アプローチをベースにしたPMSマップを，④に関しては，両利きの経営の概念を主に適用して解説する。②③④は主に第15章で述べている。1つのフレームワークでシンプルに全社戦略が作れればよいのだが，やはり様々な要素を考慮に入れる必要がある。ただし，最終的な戦略はシンプルでわかりやすくなっていなくてはならない。

【注】

1　三菱ケミカルホールディングスの小林会長は「経営はアートではない」と日経ビジネスの経営教室（2013年7月9日）でコメントしている。これは「勘と度胸」だけでは海外では通用しない，「定量化の経営」「論理性」が必要であるということを強調したいがゆえの言葉であろう。一方，1959年から17年間にわたり米国の大手コングロマリットITTでCEOを務め「58四半期連続増益の男」と呼ばれたGeneen（1984）は「真実はただ，ビジネスは科学ではないというだけのことだ」と述べている。小林会長もジェニーンCEOも，極端な言い方をしているが，よくメッセージを読み込むと，伊藤忠の丹羽会長が「人は仕事で磨かれる」（2005年：文芸春秋）で「経営は論理と気合いだ」と述べているように，実態としてはサイ

エンスとアートの両方が必要ということであろう。ちなみに「勘や運」も因数分解していくと，論理で説明できる部分と，できない部分とが出てくる。

2　日立製作所は，議題を入力すると約1分で経営判断の材料になる回答を提供するAI技術を開発している（2015年9月4日　日本経済新聞）。AIが世界中の経営データを網羅して相互関係を考察できるようになれば，なんらかの法則性が見いだせる日が来るのかもしれない。同業の2社がAIで経営判断をするようになれば，それぞれ独自の最適な解が導き出されるのだろうか？

3　GE，三菱電機，トヨタ，日産，Apple，日立，Pfizer，サンバイオ（2015年上場の脳神経管細胞の再生医療ベンチャー）のどの会社にもフィットする戦略は無さそうということは，直感的に理解できるのではないだろうか。同じ時期に類似の業界にあっても，会社ごとに最適な戦略は違ってくる。会社とトップリーダーの適合という点も実は重要である。上記のどの会社でも大成功するトップ経営者はいないであろうことも理解できるであろう。鼻の利くカリスマが合う会社もあれば，教科書的な総合力のあるトップが合う会社もある。本書はトップリーダーに関しては触れないが，トップリーダーと戦略の関係も戦略構築・実行において無視してはいけない要素である。

4　2011年6月1日の小西氏への筆者インタビューから。

5　世界キャリア家族の子育て戦略，終活戦略，婚活戦略（婚活戦略アドバイザーも存在する）まで存在する。

6　加護野（2012）が『1からの経営学』で経営を「人々を通じて仕事を上手く成し遂げること」と定義づけて，経営戦略は仕事を上手く成し遂げるためのガイドラインと位置づけたように，経営の定義と戦略の定義が連動することも多い。

7　沼上（2009）はこの軸で事業戦略を6つに分類した。

8　この立地は物理的な意味，人々の心理的スペース等も含む。ここでの「戦略」とは利益獲得への圧力が少なく競争相手と棲み分けられる業界内の独自空間をとることである。

9　経営計画に関しては，例えばAnzoff & McDonnell（1988）『最新・戦略経営』（1990）中村元一・黒田哲彦訳（産能大学出版部），Minzberg（1994）『戦略計画　創造的破壊の時代』（1997）中村元一監訳（産能大学出版部）を参考にされたい。Anzoffは乱気流下と表現される環境で，組織文化診断やマネジャーの能力開発プロセスまでを組み込んだ経営計画策定方法をとりまとめている。

10　Minzberg（1994）の計画学派への批判を考慮に入れることで，経営計画をどのように実務活用するかのヒントが見えてくるだろう。彼は，経営計画担当者は戦略家（立案者）というより戦略の発見者であり，社内で戦略的思考を促進する触媒としての役割を強調しているが，これは現在も一定の有効性を持つ視点である。

11　青島・加藤（2012）は利益の源泉を内部に置くか，外部に置くか，注目する点を要因に置くか，プロセスに置くかで戦略論を4分類している。

12　総資産利益率とも言われ，事業に投下されている資産が利益をどれだけ獲得したかを示す

指標。事業の効率性と収益性を同時に示す。
13 統計分析手法，数字ではないデータを数字に変換する手法。
14 ヘンリー・ミンツバーグの創発戦略（偶発性を重視する），レノ・トリジャージスらの主張するリアル・オプション理論（高い不確実性を前提に企業行動の時間的価値を重視する投資意思決定の考え方），クレイトン・クリステンセンの破壊的イノベーション理論（技術革新の不確実性），そしてヘンリー・チェスブローのオープンイノベーション（技術革新の不確実性に注目）などが代表的。
15 メタ（meta-）とは，ギリシャ語における，「高次の〜」「超〜」「〜を含む」「〜の間の」「〜についての」というような意味で使われる接頭辞であり，ここではメタ戦略を様々な事業戦略論の上位に位置づけられ得る包括的な戦略論として扱っている。
16 ビジネス上で起こり得る全ての状況を想定して場合分けをすることは現実的ではない。状況の場合分けの多さと，実用性のバランスでは三品（2015）は一般読者が対応できる限界に近いのではないだろうか。
17 このプロセスを隔週で回すべき事業もあれば，複数年で回すのが適切な事業もある。
18 理念も中長期には外部・内部環境の変化によって変わり得るのだが，その頻度は非常に低いはずなので，この図では一方の矢印にしている。一方で図中の双方向の矢印での頻度は相当高い。
19 本書では紙幅の関係で，実行プロセスの定量指標化と活用に関して詳細には解説できない。この点に関して詳しく見たい場合は Hax & Wilde II（2001）chap. 9/10 を参考にされたい。

第2章

戦略と企業の関係

【第1節】ビジョン・ミッションと戦略

　ビジョン（vision），ミッション（misssion）は，どれも会社の中長期的な目的やゴールを表すために使われることが多く，互換的に使われるケースも少なくない。いずれにせよ，戦略の方向性に影響を与える上位概念と位置づけられている。

▶ビジョン・ミッションを持つ意味
　立ち上げ初期の場合には，ときにはビジョンやミッションが明文化されないこともある。徐々に価値観が形成され，暗黙のうちに共有され，事業が進展した後で，「これが当社の理念だった」と形式知化されることもある。とはいえ，可能な限り早期にビジョン・ミッションが明文化されるメリットは大きい。2014年に東証マザーズに上場したアウトドアブランドのスノーピーク社は立ち上げ初期から明確なミッションを持って事業を推進してきた好例である。同社のミッション・ステートメント（Mission Statement）は以下のようになっている。

私達スノーピークは，一人一人の個性が最も重要であると自覚し，同じ目標を共有する真の信頼で力を合わせ，自然指向のライフスタイルを提案し実現するリーディングカンパニーをつくり上げよう。
私達は，常に変化し，革新を起こし，時代の流れを変えていきます。
私達は自らもユーザーであるという立場で考え，お互いが感動できるモノやサービスを提供します。
私達は，私達に関わる全てのモノによい影響を与えます。

　スノーピーク社は新潟県の燕三条に本社がある。売上高がまだ28億円だった時点

で，17億円もの巨費を投じて約16万5,000平方メートル（東京ドーム4個分）もの広さのキャンプ場を作り，そのなかに本社を置いたのは，「ユーザーと一体化して感動できるモノやサービスを提供する」ミッションを実践するためだったという。
　毎年，全国で2泊3日の「スノーピークウェイ」というイベントを開催し，社長の山井も社員もこれに参加する。顧客がどのようにキャンプ体験をするのかを社員が体験し，顧客に使い方を実地に示す場なのである。
　製品開発にもミッションが反映されている。自分たちがユーザーとしても誇れるものを作るというミッションを実現するために，1人の開発責任者が，1つの製品について企画段階からデザイン，製造ラインにのせるまでを責任を持って手掛けている。そのためには製造に関する全てを知らなければいけないので，デザイナーが入社すると，製造を担う協力工場を20〜30社回らせ，現場で実際に作業をさせる。燕三条地区（新潟県）は金属加工会社が2,000〜3,000社あり，それぞれが独自のノウハウを持つのだが[1]，現場に入り込んで各社の特徴を知り試作を重ね，永久保証が付けられる品質まで高めている[2]。
　このミッション・ステートメントは，1989年に自分たちの「真北」となる方角（理念）を定める必要があると感じて作り，以来，26年間一文字も変えずに現在に至る。2015年12月11日に東証1部に市場変更した際にも，山井代表取締役社長は以下のコメントを日本経済新聞に寄せている。
　"私たちスノーピークは，オートキャンプ用品を中心とした製品やサービスを通じて自然志向のライフスタイル提案をしております。「自然と人をつなぎ，人と人をつなぐ」というミッションのもと，自らもユーザーであるという信念に基づき，こだわり抜いた製品やサービスを提供することを通して，これからもユーザーさまの幸せとより豊かな社会の実現に貢献してまいります"[3]。
　わずか170文字のコメントのなかでも，ミッションの重要性を語っている。

▶ビジョンとミッションの定義

　ビジョンとミッションは，組織や研究者によって定義が違ってくる。実際の使われ方を見ても，ミッションをビジョンよりも上位の概念と位置づける場合もあれば，ビジョンをより具体化したものと位置づける例[4]もあり様々である。ビジョンは比較的目標設定とともに語られることが多く，ミッションは企業の行動の仕方とともに語られることが多い（Campbell & Yeung, 1991）。
　ビジョンは，組織の将来あるべき理想的な姿，広い意味で究極的に達成したいイ

メージである。企業の未来に関しての大枠での方向づけ（何になりたいか）をするのがビジョンである。ビジョンが非常に曖昧な形であるか，達成可能性が感じられないならばそれは"夢"と言われるだろう。よいビジョンは組織内の人々の心を奮い立たせるだけでなく，社外のステークホルダーの心をも捉える。ビジョンの声明文は，覚えやすいように，できれば短く簡潔で覚えやすいものがよい。ヘンリー・フォードがFord Motor Companyを設立した時の有名なビジョン「自動車をあらゆるアメリカ人が手にすることができるようにすること」は，その好例であろう。

ビジョンは組織の外部環境と内部環境と明確に関連づいていて，戦略や実践がそのビジョンと一貫している必要がある。ひとたび設定すると長期的に変更しないことが多いので，慎重に設定するべきである。

ミッションはビジョンに基づいて，その組織が行うビジネスと，対象としようとする顧客を明確に特定し，企業の根本的な目的と長期目標を語る概念である。ミッションは，①我々の事業は誰に対して何をすることか，②その事業はどのようにあるべきか，という2つの根本的な質問に対応することになる[5]。

ただし，ミッション・ステートメントには，自社の長期目標とその達成方法をはるかに超える内容が含まれることもあり得る。その会社が信じる価値観（Core value）や，競争優位獲得のためにとるべき具体的な行動リスト，場合によっては財務上の数値目標が挙げられることもある。

全社的なビジョンやミッションも必要だが，多角化をしている場合は，個々の事業にもビジョンやミッションは必要になってくる。それぞれの事業で，誰に対して，

Column　ストラテジック・インテントとコア・コンピタンス

ストラテジック・インテント（strategic intent）もまた「我々はどのようなビジネスをしていて，どのような戦略ポジションを求めているか」を表す単なる広大な野心以上のものと定義づけられており，ビジョンやミッションとは将来像を規定する点で重複する概念である。HamelとPrahaladはストラテジック・インテントをコア・コンピタンス戦略と結びつけ，「経営資源をやりくりする知恵は精緻な戦略設計図からではなく，強い目的意識と皆の心に宿る夢（ストラテジック・インテント）とビジネスチャンスの未来図から生まれる」と言っている。1960年代のコマツの合言葉は「マルC」つまりCaterpillarの地盤や製品群が弱い部分への包囲網であり，最終的には世界の土木市場でCaterpillarの最大のライバルになることを夢見ていた（Hamel & Prahalad, 1994）。

何をどのようにするのか，どのような目標を持って事業運営を行うのかを定義づけるのである。

　欧米圏でもビジョン，ミッションの位置づけには混乱が見られるが，社是・社訓等も存在する日本企業はさらに複雑な状況である。グローバル化を狙い，英語でも表記しようとする場合は，さらに混乱度が高まる。理念や企業哲学を企業経営の中心に置こうとする会社は少なくないが，理念は vision, mission, principle, philosophical construct, common cause, corporate identity 等様々に翻訳され得る。学者，コンサルタントでも人によって違う位置づけを提示して，各社様々な定義をしている[6]。あまりに多くの要素を伝えようとして，企業メッセージ，ミッション，ビジョン，バリュー，ウェイ，哲学等が盛り込まれかえってわかりにくくなっているものも散見される。本書では，欧米圏の主要な戦略テキスト等に沿っているが必ずしもこれにこだわる必要はなく，社内で一貫した理解がなされていればよい。

　これらビジョン，ミッションは，ひとたびその目的が達成された後には，組織が方向性を見失いがちになるという問題をはらんでいることも留意する必要があろう。

　目標（Objectives）は，ビジョン，ミッション，ストラテジック・インテント等がカバーする領域において組織が達成しようとする，より具体的で測定可能な業績目標である。戦略はそれらを達成するための手段と言えよう。戦術（Tactics）や施策（Policies）は，戦略を実行する際の具体的行動である。

　ビジョンやミッション（ときには企業理念）は本当に必要なのかと聞かれることがある。日常のビジネスでそれらを意識しなくても，仕事は回っているかもしれない。しかし，組織の方向性を明確に示さなくてはならないときには，ビジョン，ミッションを明示的に意識する必要が出てくる。例えば，企業が大きく変革するとき，非常な危機に瀕したとき，急速に成長しているときなどがそれに当たるだろう。

　実は，米国・英国の調査では，経営理念を持つ企業と持たない企業との間にパフォーマンスの差は無いという実証研究がいくつもあるが[7]，日本では経営理念を明示している企業はそうでない企業に比べ，営業利益率で1割高く，1人当たり賃金も高いという調査がある（久保他，2005）。日本企業では理念の有無が利益にもステークホルダー（従業員）にも好影響を及ぼしているようなのである。

　表3に見られるように，著名企業ではビジョンとミッションの2つを明示している場合もあれば，どちらか1つを（場合によっては別の呼び名で）明示している場合もある。ウェイやバリューという名称で行動指針を示す場合もある。

表3　著名企業のビジョン・ミッション

Google（Alphabet）

【Mission】
Googleの使命は，世界中の情報を整理し，世界中の人々がアクセスできて使えるようにすることです。

グーグルHP：https://www.google.com/about/company/

Exxon Mobile（エクソンモービル）

【Guiding Principle（基本哲学）】
Exxon Mobil Corporationは世界において首位の石油および石油化学企業であることにコミットします。そのために，我々は継続的に極めて優れた財務と経営結果を達成し，同時に高い倫理的基準を順守しなくてはなりません。

（筆者翻訳）

エクソンモービルHP：http://corporate.exxonmobil.com/en/company/about-us/guiding-principles/our-guiding-principles

Walmart（ウォルマート）

【Mission statement】
人々の生活をよりよくするために，節約を支援。

（筆者翻訳）

ウォルマートHP：http://corporate.walmart.com/

Coca-Cola Company（コカ・コーラ カンパニー）

【Our Mission（経営理念）】
・世界中の人々のからだと心，そして精神をリフレッシュします
・私たちのブランドや様々な活動を通して，人々が楽しく前向きになれるひとときを提供します
・私たちが関わるすべての場所・分野において，価値を創造し，変化をもたらします

【Our Vision（経営方針）】
・People（ピープル）
　働く人々が最高の力を発揮するようインスパイアされるすばらしい職場となる
・Portfolio（ポートフォリオ）
　人々の欲求やニーズを先取りし，満足を与えるような良質な飲料ブランドのポートフォリオを世の中に提供する
・Partners（パートナー）
　カスタマーやサプライヤーとともに勝利するためネットワークを育み，共通の永続的な価値観をともに創造する
・Planet（プラネット）
　持続可能なコミュニティーの設立や支援を援助することにより，影響を及ぼすことのできる信頼できる地球市民となる
・Profit（プロフィット）
　私たちの責任全般を十分認識し，一方で株主への長期的なリターンを最大化する
・Productivity（プロダクティビティー）
　人材，時間，資金などのリソースを最も効率的・効果的に管理するビジネスの仕組みを設計し，導入する

(筆者翻訳)

コカ・コーラHP：http://www.coca-colacompany.com/our-company/mission-vision-values/

任天堂

【会社の経営の基本方針】
当社グループは，ホームエンターテインメントの分野で，健全な企業経営を維持しつつ新しい娯楽の創造を目指しています。事業の展開においては，世界のユーザーへ，かつて経験したことのない楽しさ，面白さを持った娯楽を提供することを最も重視しています。

任天堂HP：https://www.nintendo.co.jp/ir/management/policy.html

Microsoft Corporation（マイクロソフト）

【Corporate Mission：経営理念】
世界中のすべての人々とビジネスの持つ可能性を最大限に引き出すための支援をすること

【Values：行動理念】
・Integrity and Honesty（誠実で正直であること）
・Open and Respectful（オープンで，相手に敬意を表すること）
・Big Challenges（大きな課題に対しても果敢に挑戦し，最後までやり抜くこと）
・Passion（お客様，パートナー様，技術に対する情熱をもつこと）
・Accountable（自らの言葉とコミットメントに責任を持って何事にも取り組むこと）
・Self-Critical（自分に厳しく，自らの向上に努めること）

（筆者翻訳）

マイクロソフトHP：https://www.microsoft.com/ja-jp/mscorp/mission/default.aspx

トヨタ自動車[8]

【トヨタ基本概念】
1. 内外の法およびその精神を遵守し，オープンでフェアな企業活動を通じて，国際社会から信頼される企業市民をめざす
2. 各国，各地域の文化・慣習を尊重し，地域に根ざした企業活動を通じて，経済・社会の発展に貢献する
3. クリーンで安全な商品の提供を使命とし，あらゆる企業活動を通じて，住みよい地球と豊かな社会づくりに取り組む
4. 様々な分野での最先端技術の研究と開発に努め，世界中のお客様のご要望にお応えする魅力あふれる商品・サービスを提供する
5. 労使相互信頼・責任を基本に，個人の創造力とチームワークの強みを最大限に高める企業風土をつくる
6. グローバルで革新的な経営により，社会との調和ある成長をめざす
7. 開かれた取引関係を基本に，互いに研究と創造に努め，長期安定的な成長と共存共栄を実現する
＜1992年1月制定，1997年4月改正＞

トヨタHP：https://www.toyota.co.jp/jpn/company/history/75years/data/conditions/philosophy/guiding_principles.html

> 東洋インキグループ
>
> 【経営哲学】
> 　人間尊重の経営
> 【経営理念】
> 　私たち東洋インキグループは，
> 　世界にひろがる生活文化創造企業を目指します。
> 　世界の人びとの豊かさと文化に貢献します。
> 　新しい時代の生活の価値を創造します。
> 　先端の技術と品質を提供します。
>
> 【行動指針】
> 　顧客の信頼と満足を高める知恵を提供しよう。
> 　多様な個の夢の実現を尊重しよう。
> 　地域や社会と共生し，よき市民として活動しよう。
> 　株主権を尊重し，株主価値の向上に努め市場の評価を高めよう。
> 　　　　　　　　　　　＜1993年4月制定　2014年4月改定＞
>
> 東洋インキグループHP：http://schd.toyoinkgroup.com/ja/corpinfo/philosophy.html

【第2節】よい戦略とは

▶戦略ではないもの

　戦略が必要といっても，戦略と呼ばれるものがありさえすればよいわけではない。戦略にもよい戦略，悪い戦略がある。戦略理論によってどのような戦略がよいか悪いかには若干の差があるのだが，そもそも戦略ではないものを戦略として扱っている事例は少なくない。戦略ではないものは，よい戦略とは言い難い。

　一般的には下記のようなものは戦略ではないとされている。

・アスピレーション（Aspiration：野心）を述べただけ[9]
　―　我々の戦略はNo.1になることだ
　―　我々の戦略は3年で売上5千億に到達することだ
　―　我々の戦略は来年ROE10%を達成することだ
・アクションを述べただけ
　―　我々の戦略はM&Aである

・ビジョンと混同している
　── 我々の戦略は〇〇業界における世界的リーダーになることである

　一時的に上記のようなものが，戦略の表現として意味を持ち得るときもあるのだが，基本的には上記はビジョン，アスピレーション，アクションである。また，あまりに複雑すぎる戦略も問題である。例えば「我々の戦略は10の基本戦略と，30の基本戦術，そして250のアクションステップから構成される……」という戦略計画書は読まれないのではないだろうか。まずは基本戦略が存在し，それを各部門が等身大で解釈し，落とし込んだ結果として現場レベルのアクションが数百に及んだということなら話は別である。

▶よい戦略と構成要素

　必ずしも，全ての戦略理論間で統一されたよい戦略の基準があるわけではないのだが，一般的に，よい戦略の構成要素は以下のようになると思われる。

① 適切な診断
・課題の優先順位と構造が明確である。目についた課題の全てに対応することがよい結果を生むわけではない。その課題の背景にある構造をよく理解できていないと，ある課題への対応策がより大きな課題を産む可能性もある[10]。
・適切な診断とは長々と環境分析を続けることではない。最低限の環境分析の上で戦略仮説を立て，全体像を認識した上でまた環境分析に戻る形で速くループを回す方が適切な診断ができる場合が多い。

Column 結果から戦略を評価する危険性

　経営は結果で評価をされるので，事業が好調なときはその会社が行っている全てのことが成功要因に見えるし，不調な時は全てのことが失敗要因に見える。よい戦略の要諦は目的と諸活動間の一貫性であり，個別の活動を1つ1つ取り出すとそれ自体は成功要因にも失敗要因にもなり得ることがあるし，そのどちらでもない場合もある。例えば，日本的経営が大成功していたときは，日本企業が行っている全てのことが成功要因に見えた欧米企業のなかには，ラジオ体操も成功要因の1つだとして社員にラジオ体操をさせた会社もあったという。日本経済が停滞している昨今は，今度は日本企業の経営手法の全てが停滞要因のように見られているのではなかろうか。戦略ロジックの合理性を客観的に吟味しなくてはならないのだ。

② 明確な行動指針
・何を目的にしているか，その目的に向かって，どのように実行すべきかの行動基準（実行における判断基準）が明解。
・何に集中するのか（何をしないのか）が明解。もしくはどのようにトレードオフをマネージするのかが明解（第13章を参照）。
③ 一貫性
・組織（戦略によっては外部補完事業者）の活動が一定のストーリーに沿っていて一貫性がある[11]。
④ ワクワクする
・参画する人々が「是非実現したい」と思うようなワクワクする内容である[12]。できればその戦略が，一見すると業界常識には合わないが，よく検証してみると合理性があるような戦略であるとなおよい。

【第3節】企業の業績

　優れた企業業績は，戦略における中心課題である。「企業業績」「優れた業績」とが，何を示すか，一見議論の余地は無いように見えるが，それにはいくつかの解釈がある。一貫性のある戦略を持つ上で，社内およびステークホルダー間で業績の解釈に関しての，ある程度の共通理解は必要である。

▶組織の業績

　Barney（2002）はミクロ経済学的視点から，「組織」を「経済的利益（EP：Economic Profit）を獲得するために，所有者の意志によって自発的に提供される生産要素（人間としての個人を含む）の集合体」と定義づけた[13]。
　生産要素の所有者は，その組織から得られる経済的利益が満足できる水準である限り，その組織を存続させ続ける。経済的利益は，生産要素を用いて組織が実際に生み出す価値と生産要素の所有者が期待する価値の差と考えられている。言い換えると，その組織から得られるリスク調整後の総利益を上回るような期待収益率を持つ投資機会が他に無い場合は，その組織が維持されるということである[14]。
　例えばある業界にX社，Y社，Z社があったとしよう。X社はAランクの人材にAランクの給与を支払うが，Bランクのパフォーマンスだったとする。たとえ収益がプラスであったとしても，X社は，創出する経済価値が資源の所有者が期待す

る価値以下の水準であり,「標準を下回る業績(below-normal performance)」と評価される。Y社はAランク人材にAランクの給与を払い,Aランクのパフォーマンスだったとする。Y社は,創出する経済価値が資源の所有者が期待する価値と同じ水準であり,「標準的業績(normal performance)」と評価される。Z社はBランク人材にBランク給与を支払っているのだが,経営者がよいのか運がよかったのかAランクのパフォーマンスだったとする。Z社は,創出する経済価値が資源の所有者が期待する価値以上の水準であり,「標準を上回る業績(above-normal performance)」と評価される。

この期待値と実際値のプラスの差が経済的利益である。上記は単純化したモデルだが,収益機会としての企業には,労働力,技術力,経営力,金融資本等様々な生産資源が提供され得る。そうした多様な生産要素を総合的に勘案して,経済価値の期待値(期待収益率)が形成される。問題は,このパフォーマンスの測定尺度が複数存在し,そのなかには客観・定量的な測定が困難なものも含まれることである。

▶業績尺度の種類

企業の業績(パフォーマンス:Performance)を何で測るのかといえば,「売上と利益といった財務指標」だろうという人と,「財務数字以外に,顧客満足や従業員や関係会社の満足,社会貢献等色々」あるだろうという人がいる。従来,競争戦略では最も優先順位が高いのは「利益」と言われてきた。継続的に利益が生み出されていれば,他の要素はある程度満足し得るという前提があったからである。しかし,実際には企業は様々な尺度でそのパフォーマンスを評価され得る。利益以外の尺度で直接評価したいという考えも広まってきており,元々財務指標が重視されがちだった米国でも非財務指標が見直されはじめている。非財務的指標が米国でも関心を集めるようになったのは,①財務の指標に限界があることが研究者と実務家によって認識されたこと,②情報技術が進歩したこと,③グローバルな競争が進展するなかで1980年代にTQM(Total Quality Management)が台頭し1990年代に顧客志向の意識が高まってきたこと,④ヨーロッパや極東で成功している企業がいわゆるアングロサクソンほど狭義の財務的指標には依存していないという観察がなされたことによる[15]。星野(1994)の調査では,日本の製造企業が,財務的指標の他に,市場シェア伸び率,目標達成(努力)度,売上高成長率予測,製品品質,生産計画の達成度のような非財務的指標を重視しているという結果が示されている。

企業の業績を測定する方法は様々なものがあり,どれにも長所短所があり完ぺき

な測定方法はないが，主に以下の3つが挙げられる。

① 企業の存続期間
② ステークホルダー・アプローチ
③ 財務的指標

▶企業の存続期間

　先の定義に従えば，標準以下の経済的利益（EP）でしかない企業は継続できないので，比較的長い期間にわたって存続している企業は，少なくとも標準的な経済的利益は達成しているはずである。ゆえに企業の存続期間そのものを業績尺度として考えることも可能である。

　この尺度のメリットは，測定が容易な点である。企業の財務における詳細なデータを必要とせず，その企業の事業活動が継続しているか否かの情報だけがあればよい。ただし，何をもってその企業が存続しなくなったと判断するのか，その基準を厳密に定義することは容易ではない。小さな企業がその営業をやめるかどうかの判断は簡単である。しかし，中堅以上の企業になるとその判断はそう簡単ではない。例えばM&Aによって所有者が変わった場合，その企業は無くなったと言えるのだろうか。また，企業が破産を宣言したとしても，その企業の資源が継続的に使用され，顧客に製品やサービスを提供し続ける場合もある。

　また企業が長期にわたり徐々に死んでいくというケースも十分起こり得る。過去の資産を小出しに切り崩しながら延命をし，徐々に廃業に向かって衰退している企業もあれば，単に一時的な後退をしているだけの企業もある。このような状況下で企業の業績尺度として企業の存続期間のみを用いたとしたら，その業績評価は曖昧なものになってしまう。企業の存続期間を業績測定に用いるもう1つの問題は，その企業が標準を上回る業績を達成しているか否かに関しては示唆を与えないことである。

　日本は世界で最も長寿企業が多い国として知られ[16]，標準以上の業績を長期にわたって達成している企業が世界で最も多く存在しているとも考えられる。しかし，これが「企業が長寿であるということ自体」に価値を見いだす社会的な傾向と，期待される経済価値が必ずしも高くなかったことが複合した結果だとすると，必ずしも標準以上の業績を上げてきた会社が多いわけではないのかもしれない。

表4 仕事をする上で大切だと思うもの（20〜30代・大卒就労者調査）

（上位3項目の選択率：％）

	サンプル数	高い賃金・充実した福利厚生	雇用の安定性	自分の希望する仕事内容	休日	適切な勤務時間	良好な職場の人間関係	明確なキャリアパス	自分の希望する勤務地	教育研修の機会	正当な評価	会社のステイタス
中国	518	78.0	31.3	31.9	30.3	39.9	50.4	18.3	10.6	5.6	12.7	
韓国	562	75.1	46.1	41.3	50.2	30.6	11.6	18.0	6.8	13.3	7.1	
インド	483	58.8	37.9	29.6	23.6	26.3	31.5	20.3	19.7	22.4	30.0	
タイ	501	72.5	47.3	35.5	27.5	26.3	21.6	21.4	11.4	16.6	20.0	
マレーシア	471	78.8	37.4	34.2	25.7	25.3	28.7	18.9	21.7	16.1	13.4	
インドネシア	485	83.1	23.3	33.4	23.1	36.5	38.8	14.0	19.0	12.8	16.1	
ベトナム	549	78.5	37.5	35.5	19.7	18.4	30.2	12.9	44.4	16.4	6.4	
日本	600	39.0	36.3	51.3	49.0	58.0	10.5	20.7	7.0	25.3	4.8	

各国1位　2位

出所：リクルートホールディングス（2013）。

▶ステークホルダー・アプローチ

　たいていの企業には，その企業に資源を提供するステークホルダー（利害関係者）が複数存在する。そうしたステークホルダーの選好や欲求をどれだけ満たしているかということを業績尺度とすることも可能である。一般的に企業のステークホルダーは，顧客，従業員，マネジャー，経営陣，サプライヤー，提携先企業，株主，債権者，企業が所属する地域社会等が挙げられる。これらのステークホルダーはそれぞれ異なる資源を企業に提供しているため，その企業が何を目標にするべきか，どのように経営されるべきかということに関して，意見が異なることもあり得る。また，ステークホルダー間の利害が相矛盾することも十分に考えられる。例えば，収益を最大化させたいとして生産拠点の海外配置を要望する株主と，国内工場の従業員や納入先，および工場が立地する地域とは利害が対立するかもしれない。顧客が満足し利益も出ているが，供給業者や事業パートナーの不満が大きい会社があった場合，万一その企業が顧客からの支持が減ったときには，供給業者やパートナーが離反するかもしれない。

　企業経営において，いかにステークホルダー間のバランスを上手く取るかという意識は重要であるが[17]，対象とするステークホルダーを広げるほど実際の戦略分析に用いることは難しくなる。なぜならばステークホルダーの視点から業績を定義す

るということは，1つの組織に1つの業績尺度ではなく，多数の業績尺度が存在するからである。その場合戦略と業績との関係を考えるプロセスがきわめて複雑になり，管理しきれなくなるリスクが高い。

　日本企業が何に重きを置くかの特殊性は，これまで欧米との比較で語られることが多く，日本企業が会社に共同体としての要素を求める傾向があると言われてきた。今後は，アジア圏の企業と比較して会社に求めるものが一致しているかも，冷静に見極める必要があるだろう。例えば，**表4**にあるように今後ビジネスの中核になっていく20〜30歳代の層への調査では，アジア圏の就労者と比べて日本はひときわ「良好な職場の人間関係」を重要視する傾向が見て取れる[18]。

▶財務的指標

　実際に最もよく使われる企業の業績尺度は，財務・会計数値であろう。特に上場企業の場合は，会計上の業績データは容易に入手できる。企業業績を測定するための財務・会計的指標では，比率分析が多用される。その比率分析の種類としては，①収益性関連の比率（売上高経常利益率，株主資本利益率，総資本利益率，1株当たり利益等），②流動性関連の比率（流動比率，当座比率等），③レバレッジ関連の比率（負債比率，利息負担倍率等），④事業活動関連の比率（在庫回転率，売掛金回転率，平均回収機関等）などが挙げられる。こうした比率を組み合わせることによって，ある程度倒産の確率なども予測することができる（Dambolena & Khoury, 1980）。

　こうした会計上の尺度は企業の業績を評価する上で有効なツールであるが，いくつか問題点もある。1つは，会計数値が経営幹部によってある程度意図的にコントロールができる点である。売上の計上方法や減価償却方法を，法律の範囲内で調整することが可能である。経営幹部のボーナスが会計上の業績と連動している場合には，その会計数値をよりよく見えるようにしたいというインセンティブが働くかもしれないし，企業業績が株式市場の期待値を下回りそうな場合は，市場の期待に近づけるような数値にしようとするかもしれない。また，非常によい業績が，独禁法に触れたり，交渉上不利に働く場合は（工場が立地する自治体に補助金を依頼する時等），実際の業績よりも低く見せたくなる可能性もある。一部の企業では，その調整が社会通念の範囲を超えたり，ときには法律を超える場合もある。

　これらの会計上の尺度の問題点を克服するために，「修正を施した会計指標」がある。企業業績は「期待される業績」と「実際の業績」の差であるという定義によ

り近づけるために，資本コスト（Cost of Capital）という概念を適用するケースが多い。資本コストとは，資本の提供者がその投資に対して期待するリターンを意味するからである。その際使われる指標としては例えば，投下資本収益率（ROIC：Return on invested capital）[19]，経済的利益（EP），トービンの q [20]等がある。損益計算書，貸借対照表，キャッシュフローのどれかに偏らず，3つの観点から評価をすることも必要である。

▶業績尺度の活用

　ここまで見てきたように，いくつもの業績評価の尺度があるのだが，実務上ではフィードバックの仕組みと合わせて業績指標の体系を作ることになる。たいていは財務指標とプロセス指標の組み合わせになる。そのプロセス指標は，財務指標を達成するための事業上の課題を解決するように設定されていなくてはならない。例えば，ある新事業創造戦略をとる際に，その事業に対する投下資本収益率が業績尺度として設定される一方で，その数値を達成するプロセスが因数分解されて業務遂行の評価指標になる。事業立ち上げに向けて，A）事業の核となる主要法人顧客を獲得する，B）システムの統合性，正確性を確保する，C）補完事業者を囲い込む等のアクションが必要だとするならば，A）事業の核となる主要法人顧客を獲得することを，主要顧客数，顧客へのサービス数，顧客からのフィードバックなどのプロセス指標に落とし込んで管理していくのである。

　その際留意しなくてはならないのは，以下のような点である。
① それぞれのプロセス評価指標が全体で一貫していること。
② 定量化して測定すること。すでに定量化されたものだけを測定するのではなく，そのままでは定量化されていないものを定量化するよう工夫することも必要である[21]。例えば補完事業者の囲い込みは一見定量化ができないように見える。しかし，補完事業者内に占める自社事業割合や，先方からのフィードバックを捕捉することで，ある程度囲い込みの度合いも測定できるかもしれない。
③ 平均値だけで見るのではなく，細分して分布も見ること。顧客からの平均的な利益率だけでなく，個々の顧客の利益率まで落とし込み，バラつきを確認するのである。
④ 事前に基準を作り（適時見直し），その基準に沿ってフィードバックのループを回し，戦略・プロセスを調整する。

　これらの尺度は，戦略の前提が変わったときには，そのつど一貫性を持つように

見直す必要がある。

【注】

1 例えば，ある厚みの板を曲げるのに必要なアールの寸法や，これだけの強度を出すには厚みがどれくらい必要かといった経験値が蓄積されている。
2 繊研新聞　2015年6月9日。
3 日本経済新聞2015年12月29日　32面。
4 欧米圏の経営戦略論のスタンダードテキストの1つであるヒット他（2014）ではビジョンが上位概念で，ミッションはビジョンを具体化したものとしている。
5 もしくは，ミッションを会社が単一の組織として存在するための接着剤とみなす場合もある。Campbell & Yeung（1991）は，ミッションは経営戦略と企業文化が相互補完的に適合しているときの，組織的アイデンティティであり存在理由であると定義づけている。
6 日本企業は社是，社訓，企業理念，企業哲学，ビジョン，ミッション，経営方針等様々な概念で組織の方向性，価値観，あり方を語っている。『ミッション・経営理念』という本（社会経済生産性本部，2004）には日系企業983社の社是，社訓，企業理念，企業哲学，ビジョン，ミッション等が収載されているが，これを見るとこれらの概念の共通定義が無いことがわかる。理念＝missionと位置づけているアークス，企業理念の構成要素の1つにビジョンを組み込んでいる伊勢丹，ビジョンと理念を並列に置くエンシュウ，基本理念をさらに使命と経営理念で説明する花王，社是の後に経営理念を置く京セラ等，各社各様の使い方である。
　　理念がビジョンの上位概念としている企業が多いようにも思われるが，必ずしも明確な傾向は無い。
7 例えばKlemm et al.（1991）は英国企業を対象に，David（1989）はビジネスウィークの1,000社を対象に調査を行い，経営理念と業績に相関が無いと報告している。Bart（1997）は一部の例外を除いては経営理念の内容と業績に優位な関係は見いだしていない。
8 トヨタ基本理念はguiding principlesと訳されている。ちなみに豊田基本綱領はfive main principlesとなっている。（豊田基本綱領；一，上下一致，至誠業務に服し，産業報国の実を挙ぐべし，一，研究と創造に心を致し，常に時流に先んずべし　一，華美を戒め，質実剛健たるべし　一，温情友愛の精神を発揮し，家庭的美風を作興すべし　一，神仏を尊崇し，報恩感謝の生活を為すべし）
9 野心は経営においても，リーダーシップにおいても重要である。ただし野心と戦略を混同してはいけない。
10 当初認識されていた課題は真の課題ではなく，深掘りしていくなかで真の課題が見えることもある。例えば，営業力の問題と当初は見えていたものが，開発，営業，マーケティング部門の連携が真の課題だったという。
11 優れた戦略は，ストーリー（narrative story）になっていることが多い。ストーリーになっているということは，本書で見ていく様々な要素が，自社独自のロジックで一連の流れ

としてかみ合っている状態である。さらに言うならば，市場認識，顧客ターゲット，提供製品・サービス，価格やチャネルの設定，適用技術，バリュー・チェーンの構成，実行方法等から必要な要素が1つのダイナミックなストーリーとなって，「自社が勝てる理由」が活き活きとわかりやすく語られる状態である（楠木，2010）。

12　ニッチ戦略の場合は，人に語らずひっそりと行うのが鍵になる場合もある。

13　本節は，欧米視点の企業業績評価の視点も紹介したいという意図から，Barney (2002)の第2章を参考にしている。企業業績の計算等をさらに深く知りたい場合は，そちらも参照されたい。

14　機能体（ゲゼルシャフト）は，外部に働きかけて価値を創造することを目的とした外部親和的な組織であり，一方で共同体（ゲマインシャフト）は構成員の満足を追求する内部親和的な組織だと言われる。日本の企業組織に共同体的要素を求める人は，ここでのバーニーの組織の定義自体に違和感を持つかもしれないが，欧米ではこうした定義に基づいて事業戦略を立案するケースが少なくないことは知っておくべきだろう。

15　当該テーマに関してはEccles (1991), Eccles & Pyburn (1992), Butler et al. (1997). 等様々な研究が蓄積されている。

16　2016年に「100周年」「70周年」など節目の年を迎える企業が全国で13万5,292社となることがわかった。帝国データバンクによると，そのうち383社が上場企業という。また，「100周年」を迎えた企業は東京商工リサーチによると全国で2,162社に上る。

17　Oxford大学のサイードビジネススクールと，エグゼクティブ・サーチ大手のHeidrick & Strugglesが，世界の150人のCEOに対して2015年に行った共同調査によれば，CEOが注意を払うべきことが，株主と取締役から，多様なステークホルダーへと世界的にシフトしてきたという（The CEO Report www.sbs.ox.ac.uk/ideas-impact/ceo-report）。

18　本書で見ている様々な戦略論も，時代・社会の価値観を反映して構築されてきている。本書は，極力それぞれの戦略論はどのような価値観を前提にしているのかも記述するようにしているが，そうした前提を意識して適用を考察する必要がある。

19　"企業が事業活動のために投じた資本（IC）に対して，本業でどれだけの利益を出せたか"を測る指標。

20　投資理論の1つで，株式市場で評価された企業の価値を資本の再取得価格で割った値。

21　例えば，「顧客親密」を戦略に掲げる人材会社のインテリジェンスは，顧客ロイヤルティを測定する指標としてNPS（Net Promoter Score）を導入している。

第3章

環境分析と機会の発見
戦略を選択するために

【第1節】環境分析と事業戦略

　どのような状況下でも適切に具体的な対応案を提示できる万能戦略理論は、現時点では無い。普遍の真理を語っているように見える戦略論は、抽象度の高い書き方をしているものを、使い手側が様々に解釈している場合が多い[1]。例えば「広く外部環境を見渡し、継続的に好業績を達成するように内部資源を必要に応じて適応・調整せよ」と言えばほぼどのような状況にも対応可能であろうが、それでは漠然としすぎて、使い手によるバラつきが大きくなりすぎるだろう[2]。ゆえに、ある程度具体的にアプローチを提示したタイプの異なる複数の戦略理論と、それらの戦略理論の使い分けが必要になってくる。

　戦略理論を使い分ける際の重要な軸は、事業環境（業界特性）(Reeves et al., 2015) と、ミンツバーグがコンフィギュレーションスクールでも述べているように自社の発展段階である (Mintzberg et al., 2005)[3]。本書はこの両軸を意識しているが、まずは前者から状況分析を行う。

▶事業環境分析と戦略アプローチの使い分け
　包括的に事業環境 (business environment) 分析をするには、少なくとも以下の5つの要素が含まれる。本章ではまずは①〜③の視点で戦略選択のガイドラインとなる事業環境分析を説明する。
　① 事業を取り巻く環境がどの程度予測可能か、またその企業はその環境をどれだけ容易に変えられるか（戦略パレット）。
　② 競争上の戦略変数の多寡と優位性構築の可能性(アドバンテージ・マトリクス)。
　③ 業界の競争がどの程度収斂しているか(戦略キャンバスとバリュー・カーブ)。
　以下の④⑤の環境分析要素は、ある程度戦略理論を知っていた方が理解しやすい

ので，第8章で詳細に述べる。
④　顧客に力点を置いた環境分析（市場細分化）とそれに競争要因が加わった業界細分化。
⑤　競合に力点を置いた環境分析。

適切な戦略の選択には，複数の視点からの考察が必要なのである。

事業環境分析と業界環境分析は，通常ほぼ互換的に使われている言葉である。本書では事業環境をやや広く捉えており，業界が形成される前段階を含めて分析することが事業環境分析に含まれるとしている。第4章で見る5つの力分析のような業界環境分析フレームワークは，ある程度業界が形成されていた方が使いやすいが，本書における事業環境分析は業界が定まっている場合とそうでない場合の両方を包括すると考えている。第6章，第10章，第11章では，そうしたダイナミズムを考慮に入れた事業環境分析を行う。

▶汎用マクロ分析ツール：PEST

これから見ていく戦略パレット，アドバンテージ・マトリクス等を含め，多くの戦略理論で汎用的に使用可能なマクロ環境分析のフレームワークが，PEST分析である。これは，マクロ環境要因を抽出するチェックリストである。政治的要因（Politics），経済的要因（Economics），社会的要因（Social），技術的要因（Technology）の頭文字を取ってPESTと言う。それぞれのテーマで自分の属する業界，自社に影響を与えそうなマクロ要因を抽出するのだが，その際事実（ファクト）を列挙することと，その価値評価（好影響を与えるのか，悪影響を与えるのか，わからないのか）は順番を分けて考えるべきである。

【第2節】事業特性分析：戦略パレット[4]

事業環境に合わせた戦略をとる必要性を語る人は多いが，どのような環境下でどのような戦略を選択するかの指針（メタ戦略）は意外に少ない。多くの企業は，環境と戦略に関してのスタンスを2つに大別して考えてしまう。予測可能で安定した環境に適したしっかり予測計画を立てながら行動計画まで落とし込むような伝統的な戦略アプローチをとるパターンと，変化の激しいなかでは戦略等を立てずにどんどん歩を進めて環境に柔軟に対応すればよいというパターンの2種類がある。大企業は前者が多く，ベンチャー系企業は後者が多かった。しかし，米国系戦略コンサ

図4　戦略パレット

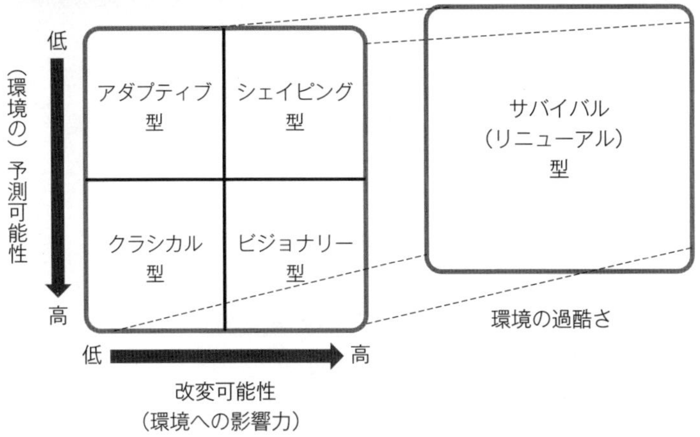

```
低
↑
（環境の）予測可能性
↓
高
```

	低　→　改変可能性（環境への影響力）　→　高
アダプティブ型	シェイピング型
クラシカル型	ビジョナリー型

サバイバル（リニューアル）型

環境の過酷さ

出所：Reeves et al. (2015)。

ルティング会社BCGのストラテジー・インスティテュートは，自社を取り巻く環境は予測可能か，環境を変えるために企業が影響を及ぼせるか，という2軸から企業がとるべき戦略の違いを判断でき，適切な戦略の選択肢は2種類よりも多いと主張し，戦略パレットという概念を提示した。

▶「予測可能性（predictability）」と「改変可能性（malleability）」

戦略パレットでは**図4**のように「予測可能性（predictability）」と「改変可能性（malleability）」という2軸でとるべき戦略アプローチを特定する。「予測可能性」とは，どれだけ先の将来にわたって，どのくらい正確に，需要，企業の業績，他社との力関係，株式市場の期待について自信をもって予測できるかということである[5]。「改変可能性」とは，自社あるいは競合他社がどの程度そのような要素に影響を及ぼせるかということである。この2つの軸を変数にしてマトリクスを作り，まず大きく4つの戦略アプローチに区分した。さらに，自社の資源・能力が非常に制限されて困難な状況にある場合は別の戦略アプローチに移行するべきとしている。この「予測可能性」と「改変可能性」で分類した戦略のマトリクスが「**戦略パレット**（the strategy palette）」である。ここで分類された各アプローチには特有の戦略構築方法やリーダーシップがある。

▶戦略パレットにおける5つの戦略アプローチ

「予測可能性」と「改変可能性」および環境の過酷さによって戦略アプローチは以下の5種類に分類される。

・事業環境があまりに過酷なら 「リニューアル（Renewal）型戦略」。
そうでない場合は以下の4つ。
・環境が予測可能だが影響を及ぼせない場合は石油業界などに適した
「クラシカル（Classical：伝統）型戦略」
・環境が予測可能で影響を及ぼせる場合は大胆にゲーム変更をしかける
「ビジョナリー（Visionary：ビジョン牽引）型戦略」
・環境が予測困難でも影響を及ぼせる場合はソフトや業界などに適した
「シェイピング（Shaping：共創）型戦略」
・環境が予測困難で影響も及ぼせない場合はアパレル業界などに適した
「アダプティブ（Adaptive：適応）型戦略」

こうした環境に合わせた企業とそうでない企業の業績差は大きく、BCGの調査では、調査対象企業のうち適正な戦略アプローチを取った企業の3年間の株主総利回り（TSR：Total Shareholders Return）は、そうでない企業よりも平均して4～8％高かった。

図5のように戦略パレットの各象限に来る戦略アプローチの特徴と、それに適した主要な戦略理論の関係は下記のようなものになる（図5）[6]。

・クラシカル型戦略：コスト優位や差別化、組織能力による優位性に基づくポジショニング戦略（第4章）が有効である。これは、徹底的な分析や計画立案により構築可能とされる。ポジショニング戦略以外の、これに適した戦略理論、フレームワークは、アドバンテージ・マトリクス（本章）、経験曲線、リソース・ベースト戦略（業務効果を含む）（第5章）である。
・アダプティブ型戦略：急速に変化し、予測し難い環境下では計画が機能しないため、継続的な実験が求められる。優位性を維持できる期間も短いので、十分な備えと継続的に自己を変革する能力が求められる。重要なのは「一時的な優位性の連続」を目指して、素早く動くことである。多様な選択肢を実験し、上手くいくものを選択して素早く拡大する能力が必要となる。適した戦略理論は、ダイナミック・ケイパビリティ（第5章）、Strategy as Practiceや現場力（第

7章),タイム・ベース競争(第13章),一時的優位性等[7]である。
- ビジョナリー型戦略:新市場を作り出すか,既存市場を破壊する最初の企業になることが有効とされる。他社から見ると不確実な未来を見通して,先乗りする能力が必要となる。高い価値を創出でき,実現可能性の高い事業機会を「構想」し,その事業を最初に「構築」し,その可能性を最大化するべく拡大を「貫徹」するプロセスが重要となる。適した戦略理論は,ブルー・オーシャン戦略(第10章,第11章),イノベーションのジレンマ等。
- シェイピング型戦略:様々なステークホルダーの活動をオーケストラのように上手く編成して彼らと協業することで,自社に有利な方向に業界を形成できる。ただし,予測はできないが,改変可能性が高く,業界ルールを定義できる機会はそう滅多には無い。まずは草創期にある業界において,その機会を早く見極める必要がある。適切な時期に他のステークホルダーを「巻き込み」将来ビジョンを共有し,協業を上手く「編成・調整」するためのプラットフォームを作り,そのエコ・システムを柔軟性と多様性を維持しながら「拡大・進化」さ

図5 事業環境と戦略

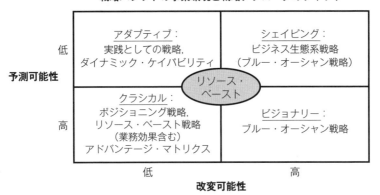

出所:マーチン・リーブス氏,安部氏との議論をベースに筆者作成。

せるプロセスが重要となる。編成者（オーケストレーター）になることが鍵となるが，全ての企業がそうした編成者になれるわけではない。適した戦略理論は，ビジネス生態系戦略（例えばシステム・ロックイン）（第6章），ブルー・オーシャン戦略，プラットフォーム戦略（第6章），ゲーム理論等。
- **リニューアル型戦略**：厳しい環境下では，企業はまずは経営資源を確保して存続可能性を高める必要がある。でき得る限り環境の変化に気づき，反応することが求められる。生存能力を回復させるために，事業フォーカスの再定義や，コスト削減，資本の保護により効率化を目指す。その上で，成長軌道に戻して長期的に成功を持続させるために，他の4つのアプローチのいずれかを選択する。適した経営理論は，ターンアラウンド，トランスフォーメーション，チェンジ・マネジメント（第12章）等。

ここで言う適した戦略の組み合わせは，戦略パレットの各象限と特に親和性が高い関係を表している。だからといって，ある戦略理論が戦略パレットの特定の象限以外では使えないというわけではない。ブルー・オーシャン戦略はビジョナリーだけでなく，シェイピング等でも活用可能である。本書では紙幅の関係からリニューアル型戦略に関してはあまり触れていない[8]。

【第3節】事業特性分析：アドバンテージ・マトリクス

アドバンテージ・マトリクス（Advantage Matrix）も事業特性分析の有力なツールである。縦軸に事業の競争要因（戦略変数）の数，横軸に優位性構築の可能性を設定し，この2つの軸をもとに事業を**図6**のように4つのタイプに分類する。このツールでは，4つの象限におけるそれぞれの事業において企業間の格差がどのように現れるかに着目し，どうすれば優位性を構築し得るかのヒントを得る[9]。前述の戦略パレットにおいては，特にクラシカル型環境にフィットするが，他の環境下でも活用可能である。

▶アドバンテージ・マトリクスの4象限

事業タイプの1つは**分散型事業**である。事実上大企業が存在しない業界で，競争要因は多いけれども，圧倒的な優位性を構築するまでには至らない業界である。個人経営の飲食店や商店はこの典型例と言えよう。例えば，町のそば屋さんや食堂な

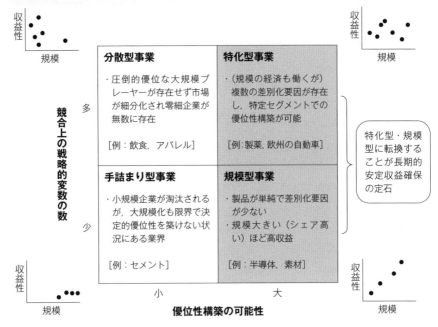

図6 アドバンテージ・マトリクス

出所：相葉（1995）。

ど個人が経営する飲食店は，そこでしか食べられない味や店の雰囲気，サービスなど，差別化できる要素はたくさんある。しかしそれが他の店を圧倒するほどの優位性にまではなかなか至らない。

ある産業の立ち上がり初期には，分散型事業で始まる場合がある。やり方次第では，この分散型事業は，戦略パレットにおけるビジョナリー型やシェイピング型に発展する場合もあり得る。T型フォードが出てくる前の自動車産業は数百社の自動車会社が乱戦を繰り広げる分散型事業だった。

2つめは**特化型事業**である。優位性を構築する競争要因が多数存在するので，事業規模にかかわらず，特定の分野でユニークな地位を築くことによって高収益を上げる。例えば医薬業界である。ある分野に特化した独自の新薬開発で成果を上げ，独自のポジションを占めている企業がいくつも存在する。

3つめは**規模型事業**である。事業の規模が優位性を構築する唯一最大のポイントと

なり，規模が大きいほど高い収益を上げることができる。したがってこの事業の基本戦略はシェアの拡大により規模を追求することになる。その典型例は鉄鋼や汎用化学素材といった装置型産業であった。最新鋭の巨大設備に投資し，規模を生かした大量生産によってコスト上の優位性を生み出すことにつながるようなケースである。

　4つめは**手詰まり型事業**である。事業が成熟期から衰退期に向かい，小規模型事業が淘汰され，残った大企業も決定的な優位性を構築できない状態に陥ってしまった業界である。成熟産業であるだけに，ユニークな付加価値を生み出しにくい状況と言えよう。ここから脱出するためには，新たな革新的価値の創出など，戦略の抜本的な見直しが求められる。典型的な例として，よくセメント業界が挙げられてきた。規模化のメリットが限界に近づき，差別化を図る方策がなく，どの会社も軒並み低収益となり，撤退や統合再編の必要が出てきた[10]。鉄鋼業界の一部は規模型から，手詰まり型に移行しつつある。

　これは次節で見るレッド・オーシャンになっている状況と言える。この状況での撤退や再編以外の選択肢は，イノベーションを起こし，ブルー・オーシャン戦略に移行することである。

▶アドバンテージ・マトリクスにおける規模と収益性の関係

　アドバンテージ・マトリクスの4タイプを把握するには，「売上・収益性」のグラフを使う。業界に数多くいるプレイヤーの売上と収益性をX-Y軸グラフで書いてみて，規模と収益性の関係がどのようになっているかを見て判断する。

　一般的に，事業はそのライフステージによって，事業の特性を変化させていく。経営戦略を立案する際には，この変化に着目することが重要である。アドバンテージ・マトリクスは以下のような変化の仮定を置いている。多くの場合，事業は数多くの小さな会社が誕生する分散型から始まり，やがて何か独自の強みを持って成長しその乱立状態から抜け出す企業が現れる。この時点で特化型へと変化するわけである。ここから次第に規模の優位性が重要性を増すようになり，規模型事業になる。この時点では規模の大小が競争上の最大の要素となる。そして最終的に手詰まり型へと移行していく。市場が成熟し，規模の大小にかかわらず収益が低迷するようになるのだ。こうした変化のスピードは，事業によって異なる。ITのようにダイナミックな技術革新が起こり得る事業では，変化のスピードが非常に速い。急成長することがある半面，一気に衰退する，もしくは事業主体が消滅してしまう場合も少なくない。自動車産業は，分散型事業からある程度長い時間をかけて，徐々にその

事業特性が変化してきた。一時期，自動車業界では年間400万台以上生産する自動車メーカーしか生き残れないという400万台クラブという考え方が広まった[11]。自動車という事業が規模型事業へと変質し，統合再編によって集約化を進めるべきだという主張である。実際，それによってDaimler Chryslerが誕生したが，この経営統合は上手くいかず解消した。確かに自動車産業においても規模の効果の重要性は大きくなったのだが，差別化が可能な特化型事業の色彩も色濃く残っていた。

▶アドバンテージ・マトリクスによる変化の主導

アドバンテージ・マトリクスで業界を評価して事業特性に合わせて戦略を構築することも重要だが，こうした変化する事業特性を先取りしたり，変化を仕掛けることによってダイナミックな経営戦略をとることができればチャンスはさらに広まる。例えば勃興期である分散型事業にいち早く目を付け，それを規模型事業へと一気に変えることによって，他社に先駆けてポジションを構築するというようなパターンである。アドバンテージ・マトリクスは考え方次第で戦略パレットのビジョナリー型やシェイピング型にも適用可能なのである。

例えば，今でこそ膨大な数のコンビニエンスストア・チェーンやファミリーレストラン・チェーンが存在しているが，この業界はもともと分散型事業であった。コンビニエンスストア・チェーンの原型は町の雑貨屋や食料品であり，ファミリーレストラン・チェーンの原型は町のそば屋さんやお寿司屋さんなどの食堂であった。こうした分散型事業を，標準化した店舗展開をすることによって規模型事業へと変化させ，急

Column　上位集中度分析

業界プレイヤーの集中度を見ることで，規模の経済がどの程度効く（効かない）のかを予測する。上位集中度が高い場合には，規模の経済が比較的効く業界の可能性が高い。分析手法としては上位4社集中度（CR4：上位4社の市場シェアの合計）やHHI指数（Herfindahl-Hirschman Index：市場の全ての売り手の市場シェアを2乗して合計したもの）がある。HHI指数が大きいほど，または合併等によって増加幅が大きいほど市場の寡占化が進んでいると判断する）。1社独占の場合HHIは10,000%（もしくは1），10社が10%づつシェアを分け合っているときのHHIは1,000%。3社で70%，20%，10%のシェアだった場合は，$70^2+20^2+10^2=5,400\%$となる。競争が広くいきわたるほどゼロに近づく。ただし，小さな企業が多数存在する場合はその理由にも着目する必要がある（三谷，2013）。

速な成長を遂げたのがセブン-イレブンであったり，すかいらーくであったのである。

分散型事業に目を付け，規模型事業へと変えるという経営戦略は，新興国において大きな可能性がある。日本のように成熟し確立した市場と比べ，まだ分散事業が多く，チャンスと見られている（遠藤，2011）。このようにアドバンテージ・マトリクスと戦略パレットは組み合わせて活用することで有効性が増加する。

【第4節】事業特性と自社分析の接点：レッド＆ブルーの判断

戦略キャンバス（strategy canvas）とバリュー・カーブ（value curve：価値曲線）は，ブルー・オーシャン戦略（第10章，第11章で詳述）の主要ツールであるが，その重要な用途の1つは，現在の競争戦略を継続してよいのか，新市場創造戦略にシフトすべきかを判断することである。新市場を主体的に創造するブルー・オーシャン戦略自体は，戦略パレットで言えば，ビジョナリー型とシェイピング型の環境によりフィットした戦略だが，戦略キャンバスによる事業特性分析はクラシカルを含めた戦略キャンバスの全象限で適応できる。戦略キャンバスを使い，クラシカル型からビジョナリー型やシェイピング型にシフトする必要があるか否かを判断するのだ。

▶戦略キャンバスのファクターとバリュー・カーブ

戦略キャンバスは，横軸に既存業界各社が重要視している要因・項目を，縦軸に顧客が受けるバリューのレベル（高い・低い）を並べて置き，現在の自社，競合そして業界標準が提供しているバリューをプロット（配置）していく。横軸には業界で重要視している要因を置き，これを「ファクター（factor）」と呼ぶ。すると図7のような折れ線グラフが描ける。この折れ線を「バリュー・カーブ」と呼ぶ。バリュー・カーブは競争の要因ごとに各社のパフォーマンスを表す。

この戦略キャンバスはブルー・オーシャン戦略策定プロセス全体では，この節で見ているような現状分析目的の他に，新たな戦略を策定するための，新戦略を社内に広くコミュニケーションするツールとして使われる。

▶レッド・オーシャン度の判断：ウォークマンの事例から

まずは，現在の業界がどの程度レッド・オーシャン化しているか，つまり業界内のバリュー・カーブがコンバージ（Converge：収斂する）してきて似通っている

図7　戦略キャンバス：1970年代の日本国内オーディオ業界

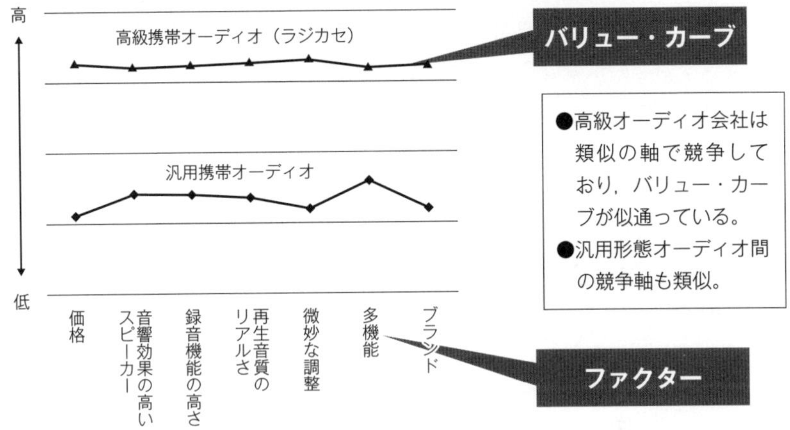

（高←→低）

- 高級携帯オーディオ（ラジカセ）
- 汎用携帯オーディオ

バリュー・カーブ

- 高級オーディオ会社は類似の軸で競争しており，バリュー・カーブが似通っている。
- 汎用形態オーディオ間の競争軸も類似。

ファクター：価格／音響効果の高いスピーカー／録音機能の高さ／再生音質のリアルさ／微妙な調整／多機能／ブランド

出所：チャン・キム・W，レネ・モボルニュ（2015）『ブルー・オーシャン戦略』。

かを把握する。そして自社がどの程度その競争に巻き込まれているのか，もしくは独自性を維持しているのかを判断する。自社が業界のレッド・オーシャンに巻き込まれており，収益性が見込みにくくなっていたら，新たな市場創造のプロセスに乗り出すのである。

ソニーのウォークマンの事例を通じて具体的な用法を見よう。若い世代にはウォークマンと言われてもピンと来ない人もいるが，ウォークマンはその影響が文化創造にまで及んだ偉大な市場創造であり，その背景も含めて知っておいてほしい[12]。

戦略キャンバス（**図7**）はウォークマンが発売された1970年代末のオーディオ業界のバリュー・カーブである。当時のオーディオ業界の主な競争要因は価格，再現性の高い高性能スピーカー，録音機能の高さ，再生音声品質の高さ，多機能等であった。音にこだわりのある音楽ファンも一般ユーザーも，基本的にはこれらの要因でオーディオ機器を選択し，メーカーもこの要因に着目して製品開発，プロモーションを行っていた。これらのオーディオ業界の競争要因は「ファクター」と呼ばれる戦略キャンバスの横軸となる。

戦略キャンバスの縦軸は，横軸に置かれた業界の競争要因について買い手[13]がどの程度のレベルを享受しているかを示す。価格ファクターでは，高いスコアは価格が高いことを示す。その他のファクターでは，スピーカーの性能（再現性など）で

スコアが高ければ，メーカーがスピーカーの高性能化に注力していることを示している。要因ごとにスコア化して線で結ぶと，当時のオーディオ業界の特徴を示すバリュー・カーブが描ける。戦略キャンバスのスコアは数値化できるものは極力数値化し，できないものは議論をしながら比較感で決めていく。

　図7を見るとわかるように，当時の高級携帯オーディオメーカー各社とも主な競争要因全てに力を入れており，バリュー・カーブは似通っていた。後述するポーターが言うところの「最高を目指す競争」をしていた。一方，普及ゾーンのオーディオメーカー各社も横並びの競争をしており，どの要因にもとりわけ大きな投資をしていなかった。高級ゾーンのオーディオメーカーと汎用ゾーンのオーディオメーカーのバリュー・カーブも，スコア（縦軸の位置）が高いか低いかという違いだけで，ほぼ似たような形をしていた。当時のオーディオ業界は競争が収斂したレッド・オーシャンであった。

▶バリュー・カーブの判断基準

　このように業界の競争ルールが確立し，皆が同じ基準で戦っているときには，競合ベンチマークを重ねても大きな売上成長と，高い利益率を達成することは難しい[14]。競合比較を重ねてスペックを上げ機能を付け加えても，買い手にとって大きな差とは認識されない場合が多く，競争相手も追随しやすい。また，オーディオマニアの買い手に顧客調査をすれば，さらなる機能を，より高いスペックでという要望が上がってきて，今の競争軸を補強するだけになる可能性が高い。アドバンテージ・マトリクスの手詰まり業界はレッド・オーシャンの最たるものである。

　レッド・オーシャンに陥っている場合の戦略キャンバスにおける業界のバリュー・カーブと自社のバリュー・カーブの特徴は以下の5つである。

① 業界バリュー・カーブのコンバージェンス（Convergence：収斂）：多くの競合のバリュー・カーブが似通っている。

② 自社のバリュー・カーブと業界のバリュー・カーブが類似

③ 自社の資源のフォーカスが不明確（多くのファクターに注力し，どのファクターも高い）：バリュー・カーブが全ての競争要因で高いスコアを目指しているときには，全方位過剰投資症候群に陥っている危険があり，企業が投資に見合ったシェアや利益を得ているかを確認する必要がある。

④ 一貫性の無い戦略：バリュー・カーブが脈絡のない凸凹を示している場合には，一貫した戦略が無く，場当たり的な戦略パーツの寄木細工をしている危険

性がある。個々の施策は何か意味があっても，事業全体で見たときには努力のわりには成長に結びついていない可能性がある。もっと問題なのは戦略に矛盾があるケースである。ある競争戦略をとっているはずなのに，それを支えるべき要因に注力していない，もしくはそれを阻害するようなことをしている[15]。
⑤　意識が内向き：戦略キャンバスを描く際，業界の競争要因の用語に何を使っているかも見てみよう。買い手が理解し，評価するような言葉を使わず，社内用語・外部にはわかりにくい言い回しなどを使っている場合には，会社の意識が内向きで顧客の方を向いていない可能性がある。

▶現行の戦略を継続できるバリュー・カーブの特徴
以下のような特徴がある場合は，現行の戦略を継続できる可能性が高い。
①　資源配分のフォーカスが明確
②　他社との差異が明確な独自性がある。
③　極めの一言で市場に訴えかけられる。

特にブルー・オーシャン戦略に適合している場合は，図8のウォークマンのバ

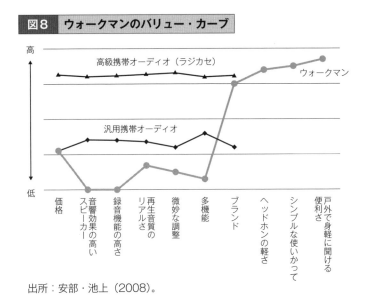

出所：安部・池上（2008）。

リュー・カーブのようになる。ウォークマンはそれまで既存の音響機器が競い合っていた「スピーカーを取り除き」「録音機能を取り除き」,「再生音質を各段に下げ」,そして「戸外で身に付ける便利さ・軽快さを創造」したのだ。ウォークマンが登場するまで,ラジカセであっても録音機能やスピーカーをつけて,その機能を向上させ続けることは当然とみなされていた。それまで,続ける意味があるかどうかを誰も問い直さなかったのだ。業界の常識的なメーカーのバリュー・カーブに比べて,ウォークマンが非常に特徴的なバリュー・カーブを実現していることがわかるだろう。

【注】
1 ドラッカーの著作は経営書として比較的広く読まれている。これは抽象度が高く,解釈の幅があるからではないだろうか。
2 第1章で提示した図1の戦略立案・構築の概念プロセスは,この定義を書き落としたものとほぼ等しい。ゆえに汎用的であるのだが,これだけで戦略を立案できる人は,そういないだろう。また,清水も「企業の利潤の源泉はなかにいる人間の創造性にある」という理論は非常に普遍性のある命題であるが,実践性(例えば社会科学に共通した予測力という観点)という観点から見ると,ほとんど実践性のないものになると指摘している(清水,1998)。
3 ミンツバーグは10種の戦略理論の特徴をまとめ,そのマップも提示している。それぞれの特徴はよくわかるが,どのように戦略を立案し,実行すべきかは定かではない。また,彼は企業戦略の全体像と戦略理論の関係を「盲目の男と象」の寓話で例えている。10の有力な戦略論はそれぞれが部分であり,どれも全体層を包括的かつ具体的には捉えきれないとしている。本書は,その認識に同意しつつ,少しでも全体像に近づこうとしている。
4 この節はReeves et al.(2015)を参考にしている。戦略パレットの詳細を学びたい場合はそちらも参照されたい。
5 アカデミックでは業界の予測可能性は売上(もしくは利益)の経年におけるブレ幅で測定することが多いが,戦略パレットではより広い観点から環境の予測可能性を見ている。
6 戦略パレットの各象限に適した戦略アプローチはReeves et al.(2015)をベースに,Reeves氏,安部氏との議論も参考にしながら,筆者の独自見解も含めて作成しており,必ずしもReeves et al.(2015)の記述と全てが一致しているわけではない。Reeves et al.(2015)も参照されたい。
7 McGrath(2013)は個人のキャリアポジション,リーダーシップ,イノベーション,組織,戦略にわたり,競争優位が持続しない環境での「一時的な競争優位」という概念を提示した。
8 Reeves et al.(2015)には,本書では割愛したリニューアル戦略も詳細に解説されているが,それに加えて戦略パレットのシミュレーションも含まれており,きわめて実務への適用度も高い。

9 アドバンテージ・マトリクスはBCG東京オフィスの代表も務めた織畑基一がオリジナルの4分類を作った。それを後に，BCGのPPM（成長・シェアマトリクス）を作ったBCGのリチャード・ロックロッジが，2X2のマトリクスにまとめた。ゆえに，縦軸・横軸の説明がやや不自然とも言われる（三谷，2013）。

10 セメント業界では，LafargeのようにM&Aを仕掛ける事例が多く見られた。そのような業界にも，Cemexのようなイノベーションも起こり得る。

11 生産における規模の経済のみでなく，次世代環境対応に向けた開発費が膨大になることからも，会社の規模拡大が叫ばれた。

12 今のiPhoneにも通じるパラダイムシフトを行ったイノベーションでもある。

13 ブルー・オーシャン戦略では，Customer（カスタマー：顧客）ではなくBuyer（バイヤー：買い手）を使うことが多い。バイヤーを既存のコアカスタマーのみでなく，ノンカスタマー（非顧客）も含む，より包括的な概念としているからである。

14 日本の高度成長期のように市場全体が成長している場合は，横並びでも参加企業の多くが高収益を上げられる場合もある。

15 顧客ソリューション型戦略をとっている企業が，（コーディネイト不足ゆえに）コールセンターのカスタマーサービス対応が劣悪というのは，よく見かけるケースである。

第4章

主要な競争戦略①
ポジショニング戦略（Positioning view）

ポジショニング戦略は最も認知度の高い戦略の1つだが，必ずしもその正確な理解が広がっているとは言い難い。適切に活用すれば，業界分析やバリュー・チェーン分析，競争優位の概念等は汎用的に有効な概念である。

【第1節】ポジショニング戦略の背景

ポジショニング戦略の背景には，産業組織論という経済学の一領域がある。産業組織論では，産業のあり方がどのようになっているかによって企業の行動は自ずと決まり，その結果当該産業の収益性が予想され，ひいてはその産業に属する個々の企業の収益率もおおよそ予測できるという因果律を前提としている。つまり，「産業構造（Structure）」→「企業行動（Conduct）」→「産業（企業）の結果・業績（Performance）」という構図である。この構図の3つの英語の頭文字をとって，一般に「S-C-Pモデル」と呼ぶこともある（青島・加藤，2012）。

経済学における産業組織論では，産業の収益性が高いことは解消されるべきで，産業構造の壁から生じる利益は，本来社会に帰属すべきものであり，個々の企業が得ている高い利益は社会に還元するべきと考える[1]。一方，経営戦略論では産業と個々の企業の収益性が高いことが望ましく，そのための方法論を考察する。産業組織論でも，企業が経営活動に対して正当な利益を獲得することは否定していない。しかし，どの程度が「正当」な利益水準なのかは一概には決められないし，全ての産業構造上の障壁によって得られる利益が不当とも言い難いのである。

いずれにせよ，産業構造が事業戦略において重要な要因であり，「場所（ポジション）」が最重要視されるべき事項であるということが，ポジショニング戦略の前提となっている。

▶マイケル・ポーターとポジショニング戦略

　以降のポジショニング型の戦略アプローチは，Harvard Business Schoolのマイケル・ポーター教授の議論に基づいて進めていく。彼の競争戦略は主に1980年のCompetitive Strategy（邦訳『競争の戦略』）と1985年のCompetitive Advantage（『競争優位の戦略』）の２冊が中心になっているが，その後も進化を遂げ2002年のWhat is Strategyにおける戦略ポジショニングは前著からさらに発展している[2]。ポーターのポジショニング戦略は最も有名な戦略理論の１つだが，同時に多くの誤解もされている。以下，ポーターのポジショニング型競争戦略論の要点を確認する。

　ポーターは，企業の最終的な目標は継続的に卓越した業績を達成することであるという前提に基づいて，戦略とは「競争」にさらされた企業がどうすれば卓越した業績を実現できるかの方法論であると定義づけている。その際，「競争とは企業が支配をかけて争うゼロサムの戦いであり，頂点に立つものだけが勝利を得るので企業は「最高」を目指すべき」という考えは誤った危険な考えであるとしている。企業はNo.1を目指すのではなく，ユニーク（独自）な存在を目指すべきなのである。業界内の全ての企業が最高を目指して「唯一最善の方法で」競争したら，破壊的なゼロサム競争となり，結局はどの企業の製品・サービスも同質化してしまう。航空業界は，より豪華なビジネスクラスの提供で座席，食事，エンターテイメントで競争し，結果的に似たようなものになってしまっているし，ホテル業界も競合の一歩先を行こうと互いにベッドの高品質化競争をした結果，どこの大手ホテルも膨大な投資をしてベッドの品質ではほとんど差が無い状態になっている。その結果，航空業界やホテル業界は長期的な低収益率に悩んでいる。

　最高を目指して業界内の各社が競い合うのは，顧客の立場から見るとある程度まではよい。しかし競争が行き過ぎて各社の経営が行き詰まり，そもそも製品・サービスが提供できなくなったり，顧客に見えにくい部分でコスト削減のために本来必要な要素を削減されるところにまで行き着くようであれば，顧客も不利益を被る。

　「競争に勝つ」ということは，競合と勝負をして勝つことだという認識を持たれがちだが，「競争に勝つ」というのは（業界内の他の企業よりも）高い業績を上げるということを意味している。ビジネスは甲子園ではない。全ての会社が同じ基準で競い合い，優勝して１位の座を目指す必要はない。競争の本質は，競合他社を打ち負かすことではなく，独自の価値を提供することであるというのがポーターの主張なのだが，ポーターの競争戦略はいかにして相手との直接競争に勝つかの方法論であると誤解している人は多いのではないだろうか[3]。

▶卓越した業績をもたらす2要素

 ポジショニング戦略では卓越した業績は2つの要素からもたらされるという前提を持つ。まず1つめの要素は業界構造であり、もう1つは企業が業界に占める相対的なポジション(第9章で述べる序列ポジションではない)である。最初に業界構造を検証する理由は、業界の生み出す価値の配分は業界構造によって大きな影響を受け、それは比較的安定しており、「独自性を目指しての競争」が特定の適切な競合他社に対して下される選択であるという前提を置いているからである。これがポーターのポジショニング戦略の特徴である。ゆえに、戦略パレットで比較的安定した事業環境を前提とするクラシカル型戦略とポジショニング戦略はフィットしやすい。

【第2節】業界構造と5つの競争要因分析

 業界構造を分析する概念である「5つの競争要因分析／5つの力（five forces analysis）」では企業は業界内の競合企業のみと利益を奪い合っているのではなく、できるだけ少ないコストで多くを得たいと願う顧客や、サプライヤーとも利益を奪い合っているという前提を置いている。自社製品の代替として使えそうなプレイヤーとも、今後参入するかもしれないプレイヤーとも競争していると考える。こうした5つの要素から構成される広い意味での競争のことを、ポーターは広義の敵対関係と名付けている[4]。

 5つの競争要因分析は「収益＝価格ーコスト」というシンプルな方程式に沿って、業界の収益性を判断する材料を提供する。図9のような5つの要因を分析することで、業界がどのように機能し、価値を創造・共有・奪い合っているかがわかり、これらの要因が業界の収益性を決定する。この5つの力を活用して業界分析をする際の主な前提は、以下のものである。
① 一見どの業界も特殊に見えるが、多くの場合どの業界にも同じ5つの力が作用している。
② 業界の収益性を左右するのは、急拡大しているか成熟しているか、ローテクかハイテクか、消費者向けか産業材向けかといった要素以上に、業界構造である。
③ 多くの業界ではその構造自体は安定的なことが多い。適用される技術や製品は変わっても、ひとたび構築された業界構造に変化が起こるには時間がかかる。

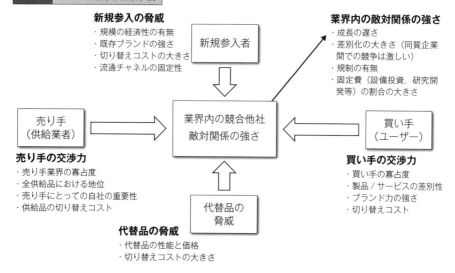

出所:Porter(1985)をもとに筆者修正。

　5つの競争要因のどれが決定的要因になるかは,業界の経済的・技術的特性によって変わってくる。5つの競争要因を順に見てみよう。新規参入を評価する基準のほとんどは他の要因でも活用可能なので,最初にやや詳しく説明する。

▶要因1:新規参入者(new entrants)

　新規参入者は当該業界にごく最近参入してきたか,今後参入しようと狙っている企業である。ある業界に新規参入者が起こる際には,価格が低下するか,既存業者のコストが高騰するなどして,収益が低下する可能性が高い。特に,経営資源を豊富に持つ会社が,多角化の一環などで参入した場合には,一挙に業界の再編成が行われることがある。米国の玩具小売のカテゴリー・キラーだったToys"R"Usは,1980年〜1990年代初期は米国玩具市場で25%のシェアを占める圧倒的No.1だったが,1990年初頭に総合ディスカウンターのWalmartが玩具業界に新規参入し,1990年代中盤にはWalmartが米国玩具業界No.1になり,Toys"R"Usのシェアは2000年代中盤には15%程度になってしまった。一方で,新規参入業者によって業界の収益率が向上する場合もある。dysonによって高価格帯市場が構築された,日本

の掃除機市場は好例だろう。

▶新規参入の障壁
新規参入の脅威がどの程度あるかは**参入障壁の高さ**と，**既存業者が新規参入業者に対してどの程度反撃を起こすと参入者が予測するかによる**。まず参入障壁の主なものは以下の6つが挙げられる。

① 規模の経済性：規模の経済性が効くと，一定期間内の生産絶対量が増えるほど製品の単位コストが下がる。規模の経済が効きやすい業界と，そうでない業界がある[5]。一般には固定比率の大きい業界で規模の経済性が効きやすいと言われているが，規模の経済性が参入障壁として作用するには生産規模と企業の生産コストの関係が**図10**のAのようなU字型をしていなければならない（Besanko et al., 2009）。Aは規模の不経済（大きすぎるコスト不利の存在）も表しており，生産規模が最適レベルから正負どちらかの方向にずれると企業は大きなコスト増を被ることになる[6]。多くの業界で実際にはAのようなU字型ではなく，生産量に応じた費用低下はなだらかで，ある程度でその低減が止まる図のBのようなL字型になっている（Scherer & Ross（1990），Johnston（1960））。

企業は十分な規模があればよく，ポーターは「十分な規模」とはたいていの場合市場全体の10%程度に過ぎないと言っている。自動車業界にはこの規模の前提にとりつかれた企業が多いようだが，2014年度に，1,000万台以上を販売

図10　規模とコストの関係

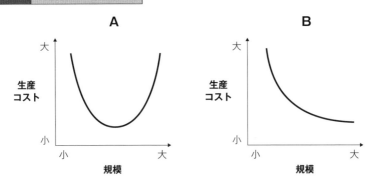

出所：Barney（2002）図3-3を修正。

し世界最大の売上規模[7]となったVolkswagen社の利益率は，燃費関連の不祥事が起こる前から業界平均以下であった。確かにウェルチ時代のGEは「1位か2位になれ！」という戦略を実践し，高業績を上げていた[8]。しかしそれは，1位ないし2位の規模が好業績につながる業界において行うということが大前提であった（Welch & Byrne, 2003）。

　規模の経済性が効く業界では，新規参入者は初めから大量生産に踏み切り既存業者の反撃にあうか，初めは少量生産で開始しコスト不利に甘んじるかの選択を強いられる。規模の経済は，企業の様々な機能分野（製造・購入・R&D，マーケティング，流通等）に効いてくる。また，万が一業界外から自社よりも圧倒的に巨大な企業が参入してきた場合は，その新規参入者が規模の経済性の恩恵をより多く享受する可能性があることも忘れてはならない[9]。

② 製品差別化：既存企業が高いブランド認知を持つ，顧客ロイヤルティを確保している場合は，新規参入企業は，既存企業の顧客ロイヤルティに負けないために，膨大なマーケティング費用を投入しなければならなくなる。ブランド確立の投資は，その市場参入が失敗した場合は元も子もなくなるので，リスクが大きいと考えられる。ビール業界では，業界内の競争のために投入されてきた広告投資が，既存メーカーへの高いブランド認知とロイヤルティを構築し，結果的に新規参入障壁は高くなってきた[10]。顧客のスイッチング・コスト（customer-switching cost）は，ある企業の製品から他の企業の製品に乗り換える際に，顧客が負担する一過性のコストで，製品差別化の派生形である[11]。新規参入企業は自社の製品価格が既存企業より優れていることだけでなく，「スイッチング・コストを含めたコストを上回る価値を提供する」ことを顧客に納得させなくてはならない，と考えてよいだろう。

③ 巨額の投資：初期投資が非常に大きいことは，参入障壁になる。特にリスクが大きく回収不能な投資は，新規参入の意欲をそぐ。既存のプレイヤーは，何らかのイノベーションによって少額投資による新規参入を可能にしないよう目を配っておく必要がある。

④ 規模とは無関係なコスト面の不利：これまでの要因以外にも，既存企業は新規参入に対して様々なコスト優位を保持している場合がある。例えば以下のコスト要因が考えられる。

・自社独自の占有技術：特許や社外秘で独占が保たれているノウハウや設計特徴。

- 習熟による経験効果：業界によっては累積経験が増加するにつれて，労働者が作業方法を改善し生産性が向上する，設計変更がよりスムーズにできる等となりコストが下がる。経験価値効果はコスト要素の様々な部分に出てくるので，要素ごとに測定すべきである。
- 原材料への有利なアクセス：有利な供給源を（ほぼ）独占的に確保していたり，将来に向け有利な価格で購入契約をしている。
- 有利な立地：有利な立地が限られているときに，既存企業がすでに押さえている場合，新規参入者が新たなチャネルを構築する投資が巨額にのぼることがある[12]。

⑤ 政府による参入規制[13]：政府が，許認可制度で特定の産業への参入を制限もしくは禁止する。こうした政府規制が厳しいと，新規参入者への壁は高くなる。一般に経済先進国では政府の参入規制は，既存企業の収益性をコントロールしようとする規制と抱き合わせで実施される（Barney, 2002）。米国やEUでの参入規制にはそうした傾向があったと言われる。一方，開発途上の経済圏では，政府の参入規制によって既存企業が標準を上回る高いレベルの利益を得るケースが見られる。これは，海外企業が国内業界に参入することに対しての規制と，国内業界内での規制の2種類であり得る[14]。

⑥ （障壁）参入に対して予想される既存企業の報復：既存企業が参入に対してなんとしても対抗するだろうと新規参入者が予測した場合には，参入を思いとどまる可能性が高くなる。参入を思いとどまらせる条件とは，例えば以下のものがある。
- 過去にも新規参入に対して猛烈に反撃した記録がある。
- 既存企業が参入に対抗できる十分な資源がある。
- 既存企業がその業界に対して執念を持ち，そのため多額の固定資産を投入している。
- 業界の成長速度が遅く，新規参入者を吸収する市場能力に限界がある。

▶要因2：競合の脅威（rivalry）

同業界内の企業間競争の激しさは，当然のように既存企業のパフォーマンスに影響する。競合度が高い業界の特徴は以下の9つになる。

① 競合企業が多数存在：会社の数が多いと自分だけは上手く抜け駆けできるのではないかと思う会社，勝手な行動をしても周囲に気付かれないのではないか

と思い込む会社が出てきやすくなる。

② 似たり寄ったりの同業が多い：規模，経営資源，市場への影響力の面で似た会社が多いと，互いに反撃をし合い，お互いの資源が反撃だけに費やされてしまいやすい。逆に業界集中度が高く，1社ないし数社が市場の大部分をおさえている場合は，互いの力を読み違えることが少なく，業界リーダー企業が調整役を演ずることがある。

③ 業界の成長が遅い：業界成長が遅い場合には，市場シェア拡大を求めての企業間シェア競争が起こりやすい[15]。

④ 固定コストが高い：固定コストが高い場合には，どの会社もキャパシティ一杯の生産をしようとするために値下げ競争に陥りやすい[16]。

⑤ 製品差別化が無いか，スイッチング・コストが低い：製品の差別化が無い場合は，価格かサービスの競争が激化しやすい。

⑥ キャパシティを小刻みに増やせない：規模の経済性を利用するためにキャパシティを一気に大幅に増やさなくてはならないような業界では，同業者がみな一気にキャパシティを増やすと長期にわたって需給バランスが崩れ，その間値下げ競争が繰り広げられがちである[17]。

⑦ 競争相手がそれぞれ異質な戦略を持つ：創業の事情，企業体質，親会社の関係等が異質な会社は，目標も違えば戦略も違ってくる。多角化の中の一事業なのか，中核事業なのかによっても戦略は違ってくる。自社にとっては当該業界が中核事業でありそこで収益を取ろうとしているときに，垂直統合をしている競合企業は川下事業で収益をとるために当該業界は低収益でもよいので販売量を確保しようとする場合がある。そうした際には，競合企業は低価格攻勢を仕掛けてくる可能性がある。

⑧ 成功による成果が大きい：競い合った末に成功すれば成果が大きそうな場合，敵対関係は激烈になる。ある市場で優位に立つことが，他の市場に波及する場合なども競争が激化しやすい[18]。

⑨ 撤退障壁が大きい：撤退障壁が高いと，収益率が低くてもその業界にとどまらざるを得ない企業が存続し，過剰キャパシティが解消されない。弱小プレーヤーが弱小ゆえに極端な戦略を打ち出し，業界の収益率が低下することもある。撤退障壁としては，以下のようなものがある。

・資産がその業種用に特化されていて流用しにくい。

・撤退のための固定コストが高い（人材再配置コスト等）。

・社内の他事業への悪影響（他の収益部門のイメージや顧客関係の悪化等）
・感情的障壁（当該業界こそ自社の本業であるという思い，プライド等）
・政府，社会からの制約（地域経済への打撃等から政府が撤退を抑制）

　こうした要素を検証することで競争の激しさを判断するのだが，特に業界内の競合数が何社であれば激しいといった基準は無い。実務では複数の業界（もしくは業界定義）を比較しながら判断していく場合が多い。

▶要因3：代替品（substitutes）からの圧力

　ポーターは代替品を，「現在の製品と同じ機能を果たし得る他の製品」と定義づけた。その後彼自身の代替品の定義も拡張しているようであるが，バーニーは代替品を自社とほぼ同じ顧客ニーズを異なる方法で満たすものとし，根来（2005）は部分的な代替も含めて代替品を考察すべきとした。第9章で説明するブルー・オーシャン戦略では代替品のコンセプトをさらに拡張し，チャン・キム（Kim & Mauborgne, 2005）はSubstitute[19]（代替品）は同じ役割・効用を持つものとし，Alternative[20]は機能や形状が異なっても同じ目的を満たす，Substituteより広い概念であると定義づけた[21]。

　業界によっては顧客が明らかに代替とみなしている製品がある業界と，代替品が曖昧な産業がある。例えば，飲料缶においてアルミはスチールの代替，もしくは火力発電の代替が原子力発電や太陽光発電というのはわかりやすいが，吉野家牛丼の代替は，ファーストフード・ハンバーガーやコンビニのお弁当等どこまで拡張すべきかは必ずしも明確ではない。

　代替品はある業界の既存企業に対して，価格と利益の上限を規定する圧力をかける。そして多くの業界で潜在的利益を減少させている。そして有力な代替品は既存企業の大きな脅威になり，場合によっては置き換えてしまう。古くは，綿などの天然繊維は化学繊維という代替品の出現で業界規模の縮小と利益率の低下を経験した。

　特にデジタル製品ではそのリスクは大きい。レコード産業から見るとCDは代替品であったが，保存性や音の再現性に優れたCDは，レコードをほぼ完全に置き換えてしまった。そしてそのCDはネットのダウンロードに置き換えられ，さらにはダウンロードもストリーミング配信に代替されつつある。スマートフォンはファックス，固定電話，PC，デジタルカメラ等の様々な業界を代替しながら成長を遂げてきた。スマートフォンに代替された業界は，利益が低下するどころではなく壊滅的な影響を受けてきた。今後，AIが人的サービスを代替していく可能性および，

自社の属する業界に直接・間接に及ぼす影響に関しては，どの企業も真剣に議論しておくべきである。

代替品への対処は大きく2種類ある。1つは業界全体としての共同対抗である。それは他社と共同でのマーケティング・キャンペーンだったり，製品開発であったりするかもしれない。もう1つは，その代替品を自社の事業に取り込むことである。もしその代替品が，①現在の製品よりも費用対効果が高く，②高収益を上げている業界によって製造されている製品である場合は，その代替品へのシフトが急激に進む可能性がある。その場合は，代替品を自社事業に取り込むことが一時的には収益低下要因になったとしても，中長期的視点から対応をした方がよい場合もあり得る。例えばインキ，印刷，製紙，出版等の紙媒体ベースの会社は，電子出版等のオンライン代替をいかに排除するかというよりも，自社の事業ドメインを再定義しつつ，オンラインと紙をセットにしたパッケージサービスを検討した方が将来性があるのではないか。

▶要因4：買い手（buyers）の交渉力

買い手は，より低い価格でより高い価値を引き出したいと願うことが多い。ゆえに，値下げを迫ったり，より高い品質・サービスを要求したり，売り手を競わせたりする買い手は少なくない[22]。買い手の総コストに占める割合が小さい製品・サービスは，コスト削減対象の優先順位が下がり，値下げプレッシャーは比較的おさえられる。買い手の脅威を示す指標は以下の4つになる。

① 購入者の数が少数で限定されている：こうしたときには，購買側のバイイングパワーが強くなりがちである。2000年代中盤時点の食品小売上位5社の集中度は米国では47.7％（2004），英国は56.3％（2006），フランスは59.2％（2006），ドイツは79.7％（2006）[23]である。欧米の食品小売の集中度は高く，そのメーカーへのプレッシャーは大きい。実は2000年日本の上位5社の食品小売は全体の13.2％（2006）で，集中度自体はそれほど高くはない。

② 差別化がされていない：これは「多くの代替可能な供給業者」が存在するいわゆるコモディティ業界[24]ということである。自業界の製品が顧客企業の製品やサービスの品質にほとんど影響を及ぼさないときにも，買い手の圧力は弱くなる。

③ 購入者の収益が低い：こうした場合は，購入コストをできるだけおさえようとする。日本の大手食品小売チェーンは海外の大手小売と比べて収益性は低め

である。ゆえに，小売の集約度は米英独仏等に比して低めなのだが，メーカーに対して強く低価格交渉をする動機づけが働くのである。

④　買い手が川上統合に乗り出す姿勢を見せる：買い手のこうした姿勢は，売り手側に譲歩を求める圧力になる。大手自動車メーカーのGMやFordは部品をいつでも「内製する」という川上統合の脅しを交渉圧力にしているという。逆に売り手が買い手の業界で川下統合の手を伸ばす姿勢を見せることで買い手の力をある程度抑えることができる[25]。

▶要因5：供給者（suppliers）の脅威

供給業者の力を上げさせる条件は，買い手に力を与える条件と類似している。主な条件は以下の5つである。

①　売り手の業界が少数の企業によって占められていて，買い手業界よりも集約されている。
②　買い手業界が供給者グループにとって重要な顧客ではない。
③　供給業者の製品が，買い手の事業にとって重要な仕入れ品である。
④　供給者グループの製品が差別化された特殊製品であって，他の製品に変更すると買い手のコストが増加する。
⑤　供給業者が今後確実に川下統合に乗り出すという姿勢を示す。

自転車部品（完成品に対しての供給者）は島野尚三がシマノ社長に就任した1960年代は自転車完成品メーカーへの交渉力は強くなかった。しかし1970年代からロードレース車向けにフリーホイール，変速機，ブレーキ等をシステムコンポーネント化して，買い手にとってメリットのある重要な仕入れ品化をしていった。結果的に差別化された特殊製品となり，他の供給業者には変更しにくいポジションとなっていった[26]。

供給業者を外部の他社とだけ考えるのではなく，労働力も供給業者と考える必要がある。人数の少ない熟練労働者，労働組合にがっちり組織化された労働力が業界の潜在利益のかなりの部分を奪うことは少なくない。日本航空が破綻した大きな理由として，複数の労働組合の存在（特殊なスキルを必要とするパイロットや整備なども含まれる）が指摘されていたことを記憶している人もいるだろう。供給業者の力として労働者を含める場合には，組織された程度と，労働力増の容易さの2点で考察する。

▶5つの競争要因以外の重要な要因

5つの競争要因として明示的にはハイライトされていないが，以下の2要素も重要な外部要因である。

- 技術：新たな技術が5つの要因にどのように影響を与えるかという観点で考察する。例えば，インターネットの普及が買い手，売り手，新規参入，代替品，業界内の競争の全てに何らかの影響を与えたという業界は多い。
- 補完品：補完品とは業界の製品とともに使われる製品・サービスのことを言う。例えばコンピュータのハードウェアとOSとアプリケーションソフト，電気自動車と充電設備等。業界の収益性を考察する上では確かに，補完品が業界の収益性に"直接"影響を与えるケースは少ないので，ポーターは補完製品は5つの要因にどのように作用するかという観点で考察するべきと主張している。一方で補完品，補完事業者に力点を置いた戦略アプローチもあり，それは第6章で見ていく。

【第3節】業界分析の手順

▶業界分析の5プロセス

5つの競争要因分析は以下のような5つのプロセスを経て行うことで，現在の競争相手を超えて広く競争を考えることも可能になってくる。1つの会社が，関連した業界グループにわたって競争することで優位性を持つことは十分あり得る[27]。

① 業界を「製品の範囲」と「地理的範囲」の2つの面から定義する：製品の範囲と地理的範囲を変えると，5つの競争要因が変わってくることがある。複数の競争要因に違いがあるとき，もしくはどれか1つでも大きな違いがあるときには，その製品範囲と地理的範囲の組み合わせは別の業界に属すると考えた方が（つまり別の戦略を考えた方が）よい。

② それぞれの競争要因を構成する当事者を特定し，必要に応じて分類する。

③ それぞれの競争要因を促進する要素（ドライバー）を分析する：どのドライバーの影響が強く，それはなぜか。

④ 一歩下がって，全体的な業界構造を見極める：収益性の鍵を握るのは具体的には何だろうか。業界において最も重要な競争要因は何か掘り下げる。分析の結果と現在（そして中長期）の業界の収益性水準と一致しているだろうか。業界内の収益性の高い企業は5つの競争要因で有利なポジションについているだ

ろうか。

⑤ それぞれの競争要因の最近と将来に起こり得る変化を分析する：仮に10年後の業界構造が大きく違うようであれば図11と図13のように，年代ごとに2種の5つの要因分析を提示してもよい。

⑥ 5つの競争要因に対して，自社をどのようにポジショニングできるか考察する。

5つの競争要因分析を通じて業界の魅力度（収益の取りやすさ）が判断できるが，それは分析のプロセスにおける中間成果物である。5つの競争要因分析は，以下の質問に答え打ち手を考えることが主目的である。なぜ業界の収益性は現在の水準なのか，何がどのように変化することによって現在の収益性は変わり得るのか，自社が生み出す価値の取り分を増やす（収益性を上げる）には，どういった制約要因を克服しなくてはならないのか。

図11　国内人材派遣業界（2009年）

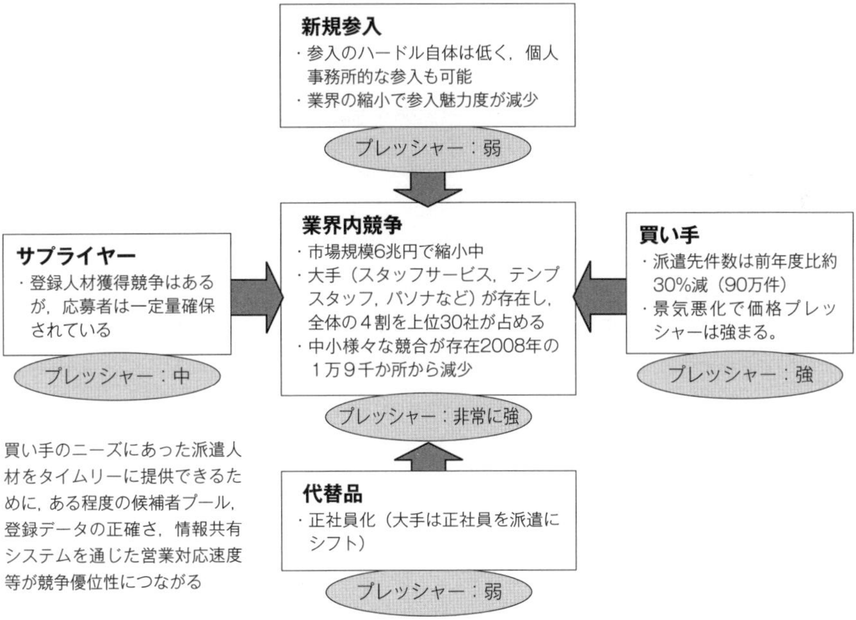

新規参入
- 参入のハードル自体は低く，個人事務所的な参入も可能
- 業界の縮小で参入魅力度が減少

プレッシャー：弱

サプライヤー
- 登録人材獲得競争はあるが，応募者は一定量確保されている

プレッシャー：中

業界内競争
- 市場規模6兆円で縮小中
- 大手（スタッフサービス，テンプスタッフ，パソナなど）が存在し，全体の4割を上位30社が占める
- 中小様々な競合が存在2008年の1万9千か所から減少

プレッシャー：非常に強

買い手
- 派遣先件数は前年度比約30%減（90万件）
- 景気悪化で価格プレッシャーは強まる。

プレッシャー：強

代替品
- 正社員化（大手は正社員を派遣にシフト）

プレッシャー：弱

買い手のニーズにあった派遣人材をタイムリーに提供できるために，ある程度の候補者プール，登録データの正確さ，情報共有システムを通じた営業対応速度等が競争優位性につながる

出所：筆者作成。

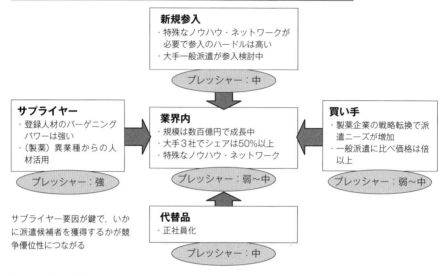

図12 製薬企業向けMR（医療情報担当者）派遣業界（2009年）

出所：筆者作成。

▶業界分析例

　1986年の派遣法成立以来，2008年までの22年で派遣社員数は20倍，利用する企業数は30倍になったと言われる。多くの企業にとって身近な人材派遣業界の5つの力分析事例を見てみよう。

　2009年時点の国内人材派遣業界は**図11**のようになっており，リーマンショック後の景気後退の影響を受け，急激な縮小を経験していた。業界内のプレッシャー，買い手のプレッシャーは強く，収益の取りにくい業界になっていた。業界内と買い手のプレッシャーをいかに緩和するかが競争上の焦点になっていた。当時の成功要因は左下に書かれている要素だったと思われる。

　同じ人材派遣業界ではあるが，**図12**のように業界を製薬企業向けMR（医療情報担当者）派遣と再定義すると，同じ時期でもその業界構造が違っていることがわかるだろう。一般派遣と比べると買い手のプレッシャーは弱くなり，サプライヤーのプレッシャーが強くなる。全体に収益の上げやすい構造になっており，競争優位の鍵は派遣人材の獲得（サプライヤー）であることがわかる。5つの力分析では，このように業界定義を微調整することで業界構造の違う業界を発見することもできる。

図13　国内人材派遣業界（2015年）

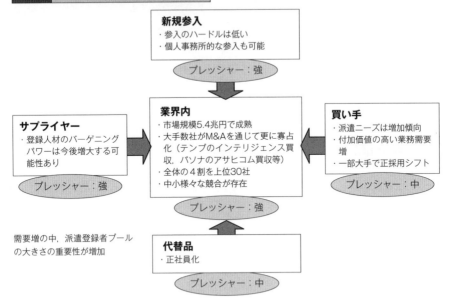

出所：筆者作成。

この方法は第8章の業界細分化で詳しく検討する。

　2015年の国内人材派遣業界（**図13**）は，2009年の業界構造とは若干変わってきている。市場規模が縮小するなか，大手プレイヤーがいくつかのM&Aを行い収斂してきた結果，業界内の競争のプレッシャーが2009年時点よりやや弱まり，買い手のプレッシャーもやや弱まった。一方で派遣登録者（サプライヤー）のプレッシャーが強まり，広告を打てる資本力のある大手がより有利な構造になってきた。業界大手のテンプ・ホールディングスは，こうした環境下でM&A等を通じて規模の拡大を目指し，2015年の売上規模は2009年の倍近くにまで拡張した。売上高原価率は10％近く低下し，売上高経常利益率は2009〜2010年度に3％台だったものが，2015年度には6％近くにまで改善してきた。

　ときがたつにつれて，業界構造は変わり得る。これは，どのような競争優位も永遠に有効ではないことを示している。人材派遣業界は，業界の黎明期には，信用を獲得するために派遣人材の質が非常に大事だった。ゆえにパソナは派遣人材の育成と品質管理に注力し，ある程度の高価格で派遣する差別化戦略をとって成長した。

その後，人材派遣が広く行きわたり人材派遣需要が拡張していたころは，派遣品質も安定化しつつあったので，ある程度の質でよいのでタイムリーさが求められるようになった。スタッフサービスはITデータベースに投資をし，スピーディに営業マンが客先に訪問し，依頼を受けて数時間で人材提案ができる仕組みを作り上げて，2000年代前半にはパソナを抜きNo.1シェアを獲得した[28]。人材派遣市場を創造してきたパソナの競争優位も，時代の変化のなかでスタッフサービスに後塵を拝したのである。

【第4節】5つの競争要因分析フレームワークの使用方法

　5つの競争要因分析の主目的は5つの競争要因ごとに防衛可能な地位を作り出すために，攻撃あるいは防御のアクションを打つことである。業界の競争を左右する要因（成功要因もしくは敗退要因）およびその背後にある理由がわかってくると，企業は業界平均と比較した自社の強みと弱みも見えてくる。その自社の位置づけと業界の競争要因を考慮に入れて，5つの競争要因に対してアクションをとるというのがこの分析の主目的なのである。会社の打ち手としては，以下の方法が考えられる。
① 　現在作用中の競争要因ごとに最良の防衛ポジションを構築する：業界の構造を所与のものとして，それに会社の長所・短所を適合させる方法である。正面から戦うべき相手，避けるべきところが明らかになろう。典型的には，コスト・リーダーシップ，差別化，集中等の独自のポジションをとることになる。
② 　競争要因間のバランスに努め，企業の相対的ポジションを向上させる：外部要因に適合するだけでなく，競争に影響を与える要因に対して自社が打ち手をとる。
③ 　競争要因の変化の理由を予想して，上手く利用する：競争相手が気づく前に構造変化に対応する。②と③は組み合わせて使われることが多い。例えば，成熟化するなかで川下統合が重要になる場合には，有力な川下の企業を早めに買収することも有効であろう。炭素繊維事業で顧客の要求水準が高まるなか，東レが炭素繊維の糸売りからいち早く中間製品分野へ乗り出して優位性を構築したのもこの一例である。

【第5節】競争優位と基本戦略

　競争優位（competitive advantage）は，経営戦略の鍵となるコンセプトである[29]。

ポーターにとって競争優位は相対的な概念であり，（業界内の他社と比較して）卓越した業績を上げるために，競合他社と比べて**相対的に高い価格を要求できるか，相対的に低いコストで事業を運営できるか**，もしくはその両方かを意味するとしている。ゆえに基本戦略として差別化戦略（相対的に高い価格を要求できる）か，コスト・リーダーシップ戦略（相対的に低いコストによる事業運営）か，集中戦略（顧客・製品・地域軸等で資源集中）を提示している。

彼は競争優位を議論する際，企業全体より単位の小さい事業部門を分析単位としている。ちなみに，ブルー・オーシャン戦略では戦略の単位は個別の打ち手となる。リソース・ベースト派の筆頭であるBarney（2002）の競争優位の定義は「その企業の行動が業界や市場で経済価値を創出し，かつ同様の行動をとっている企業がほとんど存在しない場合に，その企業が置かれるポジション」であり，競争優位に関してポーターよりもやや広く定義づけている。それぞれの事業戦略論の分析単位（unit of analysis）が，企業，事業，打ち手のどれなのかを意識することによって，使い分けがよりスムーズになるだろう。

▶相対的価値と価格による競争優位

買い手が認識する価値をより多く提供できれば，支払い意思額（willingness to pay）を引き上げることができる。この価値が競合商品よりも高ければ，企業は競合他社に比べて相対的に高い価格を設定して自社の製品・サービスを販売できる。差別化に向けて最も重要なのはどのような活動を，どのように行うかのポリシー選択である。特異性を樹立するポリシー選択の方法としては，製品特徴と性能の協調，サービス訴求，特定活動の熱心さ，活動内容，ある活動に使われる技術・原材料品質・従業員のアクションを律する手順，従業員の熟練度，ある活動を管理するのに使われる情報等がある。価値活動連鎖内部の連結関係も特異性を生む。その連結関係にはチャネルや供給業者との関係も含まれる。ある規模を超えると他社がマネのできない価値を生むような特異性を持つこともある。**図16**を見ると，バリュー・チェーンの活用によってどのような差別化が可能そうかのヒントが得られるだろう。

一般に法人向けビジネスでは「買い手価値」は定量化可能なことが多い。例えばあるメーカーが特定の機械に割高な価格を支払うのは，低価格の他社製品に比べて故障率が低く，その分事業機会ロスが防げるので価格の上乗せ分を補って余りあるからかもしれない。消費者向けのビジネスでも，買い手価値に「経済的」要素を含むことは可能である。例えばiPadの価格がメモリーの増加とともに高くなること

を，多くの人は受け入れている。しかし，一般消費者がメモリーの増加率と価格の上昇率が合理的かという計算を，法人向けビジネスのように計算することは稀である。また，消費者の支払い意思額には，感情的側面（目に見えない要素）の割合が多く含まれていることがある。ブランドの信頼感，満足感，ステータス等がこれに当たる。

一般に差別化というと「他社と違う何か（付加価値・特徴）」と認識している人が多い。ポーターにおける差別化（differentiation）は「競合他社よりも高い価格を訴求できる能力」である。つまり顧客が「プレミアム価格」を認める点において「他社と違う」ということである。ゆえに「ニトリは低コストで差別化を図っている」という言い方はポーターの競争戦略のロジックから見ると違和感がある[30]。

▶相対的コストによる競争優位

卓越した収益性を実現するもう1つの方法は，競合他社よりも低い相対的コストである。規模の経済，習熟からくる業務コストの低さ，特殊な設計等の何らかの方法で，競合他社よりも低いコストで製品・サービスを生産・提供できるということである。生産規模の大きさからくるバイイングパワーゆえに購買コストを低くできるということはもちろん重要な要因の1つであるが，実際にコスト・リーダーシップに成功している企業はそのコスト優位の要素が多面的で，様々な部門を連携させて競合他社よりも低い相対コストを実現していることが多い。「安かろう悪かろう」と混同してもいけない。業界標準レベル（もしくはそれ以上）の品質を実現した上で，相対コスト優位が実現できれば戦略となる。

例えば，ジュエリー業界では多くの競合がブランド投資，デザインの工夫，駅近くで高級感のある立地等で高付加価値を競っている。そのなかでツツミは，デザインは他社の二番煎じ，立地も二等地にし，原価構成比の高い原石は主にインドで購入してコスト削減に努めている[31]。最も特徴的なのは在庫管理で，店舗経験を積んだ外部採用人材を積極的に登用し死筋（シニスジ：売れない商品）管理を徹底することで，在庫日数を同業の田崎真珠の3分の2以下にとどめている。ターゲット顧客は違うが比較的似た価格帯の4℃は，売上高販管費率が46%なのに対し，ツツミは38%である。この相対的コスト優位を活かし，高めの原価率で顧客にお得感を与えている。原価率は4℃が43%でツツミが49%なので，お客さんが店頭で5万円の指輪を買うとき，4℃では原価21,500円の，ツツミでは24,500円のダイヤが入手できると想定できる[32]。ツツミは組織文化，店舗選択，デザインまで一貫してコスト

優位を目指しており，営業利益率は13%（4℃は10%）と比較的高い収益性を実現してきた。

このように，コスト・リーダーシップには低コストの文化が全社的に浸透していることが必要になる。Nucor（鉄鋼メーカー）は製造コストの優位性のみでなく，長いこと歯科医院ほどの大きさの本社で数十億ドル規模の企業を運営していたという[33]。

競合に比べ相対コスト優位ということは，厳密に言えば（キャパシティの制約が無ければ）同じセグメント内でコスト・リーダーシップをとれる企業は１社ということである。

ポーターは，コスト・リーダーシップと差別化を同時に行おうとすると中途半端なポジションとなりがちで，この２つのポジションを同時に追求して成功するためにはいくつかの条件があると述べている。こうしたトレードオフに関しては第13章で取りまとめて議論する。

【第６節】 バリュー・チェーン（value chain）による優位性の源泉の特定と構築

企業（経営者）が競争優位をコントロール可能にするためのツールが，バリュー・チェーンである。企業間のコストや価格の違いは，結局は人材・技術・固定資産・運転資本・様々な情報等を用いて企業が行う無数の「活動」から生じる。この活動には，例えばサプライ・チェーンの管理，営業部隊の運営，製品開発，顧

図14　バリュー・チェーンの基本構造

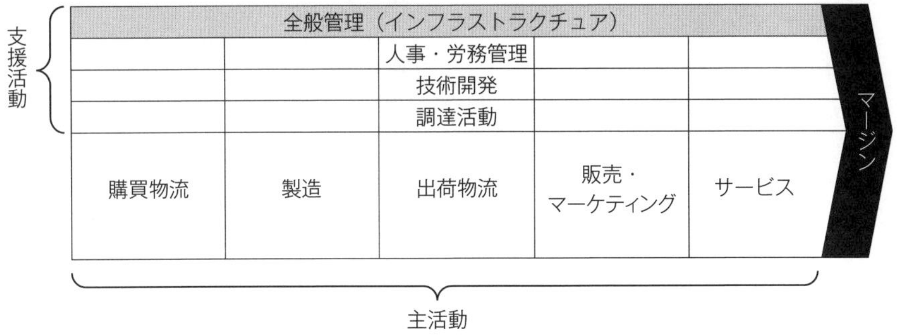

支援活動	全般管理（インフラストラクチュア）					マージン
			人事・労務管理			
			技術開発			
			調達活動			
	購買物流	製造	出荷物流	販売・マーケティング	サービス	

主活動

出所：筆者作成。

客への配送，アフターサービス等も含まれる。

後述するリソース・ベースト戦略では，会社組織全体の価値ある独自リソースに力点を置いて戦略を構築する。ポジショニング戦略は，会社全体のリソースからくる優位性はやや抽象的で範囲が広く，コントロールがしにくいので，コストや価格に影響を及ぼす方法を具体的に考えるには，事業における「活動」単位がよいという前提を置いている[34]。

企業内の活動の集合体はバリュー・チェーンと呼ばれ，顧客に直接的に付加価値を提供する直接活動と，それを支援する間接活動に分けられる。バリュー・チェーンは，業界全体のより大きなバリュー・システムの一部である。競争戦略におけるバリュー・チェーンの意味は「企業を戦略的に意味のある付加価値活動に分解するツール」と考えてよい。バリュー・チェーンによって企業は，自らの競争優位の源泉，つまり価格の引き上げまたはコスト低下をもたらす特定の活動（もしくはその活動のつながり）に焦点を当てることができる。

▶バリュー・チェーン分析プロセス

バリュー・チェーンの分析は以下のようなプロセスで行う。

① 自社のバリュー・チェーンを確認する：具体的にどのような活動を行っているかを分類し，どれだけのコストと付加価値を生んでいるかを定量化する。業界のバリュー・チェーン分析を経て，活動の分類が変わることもある。

② 業界の標準的なバリュー・チェーンを確認する：確立した業界には，多くの

図15　バリュー・チェーンとバリュー・システム

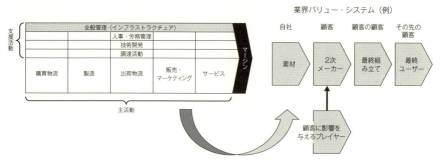

出所：Porter（1985）をもとに筆者修正。

企業が行う活動の範囲と典型的なプロセスがある。業界各社の活動は上流・下流のどこまで及ぶのか，各段階での主要な価値創造は何かといった問いに答えていくのだ。同業他社のバリュー・チェーンを比較して，自社の価格やコストにおける違いを理解することが初期ステップである。どの活動が競争優位の鍵となるかは業界によって異なる。例えば，一般的には製薬業界であればR&D活動でブロック・バスター（大ヒット）新薬が開発できるか，半導体業界であればR&Dに加えて生産活動での品質管理力，化粧品業界であればマーケティング活動におけるブランディング・チャネル支配力，エレベーター業界であれば販売後活動におけるメンテナンス力が優位性の源泉として重要な活動と言われてきた。

　　複数のビジネスモデルが存在するときは，それぞれの一般的なバリュー・チェーンを洗い出す。
③　自社と他社のバリュー・チェーンを比較し，どの程度似通っているか，もしくは異なっているかを確認する：同業他社に比べて，持続的な高価格か低コス

図16　価値連鎖における代表的な差別化要因

	購買物流	製造	出荷物流	販売・マーケティング	社員訓練	
全般管理		トップマネジメントの販売支援 会社のイメージを高める建物・施設 優れたマネジメント情報システム				
人事・労務管理	優れた社員訓練	安定した労務政策 労働の質を高める生涯計画 最高の科学者・技術者を引き付ける計画		最高のセールスマンをやめさせない奨励策 質の高い販売・サービス用品の募集	サービス技術者の広範な訓練	マージン
技術開発	原材料の扱いと仕分けのための優れた技術 独占的な品質保証機器	特異な製品特徴 モデル導入の速度 特異な生産工程または機械自動検品法	特異な輸送車スケジュール ソフトウェア 特殊用途の車またはコンテナー	応用技術支援 優れた媒体調査 特注モデルに関してすばやい見積り	一歩抜きん出たサービス技術	
調達活動	資材納入のための最も信頼性の高い輸送	最高品質の原材料 最高品質のコンポーネント	最良立地の倉庫 破損を最小に抑える輸送会社	最も望ましい媒体利用 製品ポジショニングとイメージ	高品質の取替部品	
主活動	破損または品質低下を最小に抑える資材の扱い方 製造にタイムリーに納品される資材	仕様書に完全に一致する 魅力的な製品外観 仕事の変更にただちに応じる 低い不良品率 製造時間の短さ	タイムリーな急配 正確ですばやい受注処理 破損を最小に抑える取扱い	うまい広告 セールス活動のもれのなさと質の高さ チャネルとの個人的な親密さ 技術説明書その他の販売援助物が優れている 広範な販売促進 買い手に供与するクレジット	早い据付け 高いサービスの質 取扱部品の完全装備 サービス範囲の広さ 買手訓練の徹底 サービス	

出所：Porter（1985）。

ト（もしくは両方）を継続的に実現できるようにバリュー・チェーンが適合しているかという視点で考察する。自社のバリュー・チェーンが同業他社と区別がつかない場合，最高を目指す競争に突入している可能性が高い。この点においては戦略キャンバスも同様の目的で使えるが，戦略キャンバスはもう少し市場寄りの視点で分析している。

④　まず価格ドライバー活動に着目し，次にコストドライバーに着目して活動を見直す：まずは，競合他社と同じ活動を違うやり方で行うか，競合企業がやらない活動を行うことによって顧客が高価格を支払うような価値を創造しているか，できるだろうかと自問してみる。次には，自社の相対的コストポジションは競合とどの程度異なっているか，自社と競合のコスト構造には，現時点そして潜在的にどのような違いがあるか問うてみる。その際，各活動に伴うコストを（直接活動のみでなく，それに付随する間接コストも含めて）できる限り正確に把握したい。特定の活動を止めたら，どの間接コストを削減できるかを考えるのも有効である。重要なコストドライバーに関しては定量的かつ具体的に改善案を徹底的に掘り下げる必要がある。大事なのは**顧客に何らかのバリュー（価値）を生み出す活動**であり，その活動のコストを掘り下げていくことを忘れないように。

バリュー・チェーンはポジショニング戦略と次章のリソース・ベースト戦略をつなぐ橋でもある。リソース・ベースト・アプローチで使うVRIOで特定した価値あるリソースをバリュー・チェーンに落とし込んで活動レベルで分析（定量化含む）することで自社の強みとなる資産のコントロールをしやすくできる。

【第7節】ポジショニング戦略におけるその他の重要概念

ポジショニング戦略ではこれまで見てきた5つの競争要因分析，バリュー・チェーン分析，コストリーダーシップや差別化といった競争優位の持ち方以外にも有用な事項が多数ある。そのいくつかは後段で説明しているが（細分化等），紙幅の制約上，本書では詳細に紹介できないものも多い。ここではその項目のみを紹介しておく。

・競争の基本戦略とそのリスク（Porter, 1980の第2章）
・成熟期へ移行する業界の競争戦略（Porter, 1980の第11章）
・衰退業界の競争戦略（Porter, 1980の第12章）

・競争相手の選び方：特によい競争相手（Porter, 1985の第6章）
・業界シナリオ　（Porter, 1985の第13章）

【注】

1　この考えは，アメリカの反トラスト法や日本の独占禁止法の背景となっている。
2　製品に焦点を当てたバラエティ・ベース，顧客に焦点を当てたニーズ・ベース，アクセスの違いに焦点を当てたアクセス・ベースのポジショニングを提示している。
3　筆者自身も，振り返るとそうした誤解をしていた。
4　日本企業のなかには，顧客やサプライヤーも利益を奪い合う敵対関係と位置づけるポーターの考えには，違和感を持つ人がいるかもしれない。この前提に同意しないとしても，そうした前提を持って事業戦略を構築する考えや企業が存在することは知っておくべきであるし，有用な部分は活用すべきである。
5　業界の最大手企業が最も高い収益性を実現している（もしくは最も成功している），体系的な証拠は示されていない。三菱ケミカルホールディングスは国内化学業界の最大手だが，収益率は必ずしも高くはない。
6　金属缶やアルミ精錬業のように，いくつかの業界ではU字型の最適生産規模が非常に狭い範囲になっていることには注意を要する。
7　Volkswagenの4輪の世界シェアは10％を超えていた（一般社団法人　日本自動車工業会）。
8　この戦略方針自体はウェルチ以前からあった。
9　先に挙げたToys"R"UsがWalmartという新規参入者に負けたのは，その好例である。また，既存の技術を前提にした規模の経済性ゆえに新規参入が阻まれていたものが，例えば製鉄産業におけるミニミル（小型溶鉱炉）のような，新技術の開発を通じて小規模での効率的生産が可能になり，新規参入が増加することもある。
10　しかしこの広告投資競争が，ビール・メーカーの利益を押し下げてきたとも言われている。
11　ある種の製品・サービスを適切に使いこなすために，顧客側が訓練をする等の投資をすることがある。
12　この立地は主に物理的な立地で語られてきたが，近年はサイバー上の集客立地等も視野に入れて議論されるようになってきた。このように，規模とは無関係のコスト要因で既存企業が優位性を持っている場合には，必ずしも大規模な売上を上げていなくても，新規参入者への障壁を高められる。
13　ポーターは政府による規制は6つめの競争要因として考えるよりも，5つの競争要因にどのように影響を与えるかという観点で考察するべきとしている。5つの競争要因全てを通じて政府が競争をどのように左右するか，競争によって政府も影響を受けるかという視点で考えるのだ。多くの業界において政府は買い手でもあり，売り手でもある。また規制や補助金などによって代替品を奨励もする。例えば，製薬業界における代替品としてのジェネリック医薬は，政策の影響をかなり強く受けることになる。

14 政府の外資参入規制は，ときに事実を超えて誇張される場合もある。欧米圏から，日本は関税障壁と非関税障壁によって国内市場を保護していると指摘を受けてきた。日本国内でビール製造を開始するには，日本の大蔵省（財務省）からライセンスを取得する必要があった。ところがそのライセンスを取得するには，企業は200万リットルのビールを製造していなければならない。結果として外国のビール会社は日本市場において高価な「輸入ビール」セグメントとして参入せざるを得なかった。これは実際の政府による参入規制の例だが，日米貿易摩擦が激しかった1980年代には，古くからの商慣習や日本語までを参入障壁という米国議員もいたが，それは言い過ぎであろう。多くの国で通信事業は許認可制だが，日本の通信業界も政府認可のもと，テレビも携帯電話業界も参入企業数は制限されているが，これまでこれらの企業はかなりの高収益を上げている場合が多かった。

15 成長の高い業界は魅力的と思われがちだが，成長しているからといって収益性が高いとは限らない。高成長と低い参入障壁の組み合わせで新規参入が増加し，業界全体の収益性が低下することもある。携帯電話のアプリケーション市場が急成長中のアプリケーションソフト業界では膨大な数の競合が参入した結果，多くのプレイヤーにとっては儲けにくい業界になってしまった。

16 付加価値が低い（外部から仕入れるコストの比率が高い）会社は，固定コストの絶対比は低くても，損益分岐点を超えるためにキャパシティ一杯の生産をしがちである。

17 2010年代中盤の鉄鋼（特に中国）業界は，過剰キャパシティ問題と価格競争の解決に数年以上を要するであろう。

18 例えば自動車業界では，これまで米国の自動車市場での成功が技術的ブランド確立に貢献し，他市場にも波及することが想定されていたため，米国での競争が激化しやすかったが，昨今は新興市場の成果期待が高まり，そこでの競争が激化してきている。

19 代理人，代用品，代替品と訳される。

20 他の選択肢，手段と訳される。

21 事業戦略では業界内のみでなく，業界外のプレイヤーやイノベーションをどう扱うかの重要性が増している。が，業界外を広く見渡すといっても，どこまでも広げていってはキリがない。ポーターは業界内ですら，詳細に分析するには広すぎるので，戦略グループという概念で業界分析の区切りを提案している。業界外を見る際にも，何らかの基準が必要となるが，その際Substituteか Alternativeか，完全代替か部分代替か等の定義にこだわると比較的混乱が少なく業界外の考察ができよう。業界を広げて考察する方法は第9，10，11章などで見ていく。

22 全ての買い手が値下げ圧力をかけるわけではない。筆者が前職で某飲料メーカーにリバースオークション・サービス（一番価格の低い業者に落札させる購買支援）の営業をした際には，その会社は「全ての供給業者さんは弊社製品の顧客でもあります。その顧客に逆入札型で値下げを強いることはわが社の方針にそぐわない」とコメントした。

23 日本　商業統計，日系MJ，英仏独　Mintel "European Retail Handbook"，米国 Statistical

Abstract of the United States, Progressive Grocer。

24 小麦，トマト，イチゴなどは差別化が困難と思われているが，宮城県山元町で栽培されたミガキイチゴの1粒1,000円という価格設定を見ると，どのような製品分野でも差別化は不可能ではないようである。参考：農業生産法人GRAHP　http://www.gra-inc.jp/

25 例えば，1871年創業のドイツのタイヤメーカーだったContinental社は，自動運転関連のセンサーや制御ソフトウェア事業に事業を拡張し，売上成長と高利益率を両立させている。日経ビジネス10/26号　特集「自動運転の覇者 コンチネンタル」。

26 シマノの戦略展開には学ぶべきものが多い。新原浩朗　2003年「日本の優秀企業研究」p.53-57，「日系ベンチャー」社長大学第1回　世界市場を相手に技術を追求　p.104-106　2002年10月　日系BP等が参考になるだろう。

27 企業によって事業の定義も変わるので，ある会社の事業定義に複数業界が含まれる場合もあれば，ある会社の複数事業が1つの業界に含まれる場合もあり得る。

28 スタッフサービスは2007年にリクルートに買収されている。これはリクルートの成長戦略の影響が強いと思われる。

29 競争優位にも様々な解釈がある。多くの戦略論は，競争優位とは何か，何が競争優位をもたらすのか，持続的に競争優位をもたらすものは何かを研究していると言っても過言ではない。McGrath（2013）は競争優位という概念は古い，持続的競争優位は期待できないので，優位性を構築し続けるイノベーションに注力し企業の柔軟性を担保すべきと主張している。その場合は，そのイノベーション力と柔軟性自体が競争優位性になる。

30 伊丹・加護野（2003）はコスト優位を差別化戦略の手法の1つに入れており，コスト優位を差別化の手段にしてはならないというわけではない。ある戦略理論を使う場合は一貫した定義のなかで考えた方が混乱が少ないので，例えばポーターの場合はそれぞれの戦略をどう定義づけているかを意識しておいた方がよいだろうということである。

31 ツツミは駅ビル地下，4℃は大手デパートの1～2階のイメージ。

32 2014年3月期　有価証券報告書ヨンドシー・ホールディングス，2014年3月期有価証券報告書　ツツミ

33 売上高が35億ドルを超え，Fortune500企業に入っても，本社には経営幹部，財務スタッフ，秘書合わせて25人しか勤務しておらず，小さな歯科医院ほどの賃貸オフィスで働いていた。ロビーは安物の合板家具のみで，経営幹部への来訪者があると，向かいの商店街にあるサンドイッチ店フィルズ・ダイナーに行く。Richard Preton（1991），American Steel（New York: Avon）p.4-5。

34 会社全体の共有コストの配賦方法を再考する場合もある。

第5章

主要な競争戦略②
リソース・ベースト戦略（Resource based view）と
ダイナミック・ケイパビリティ（Dynamic Capability）

　ポジショニング戦略の重要な前提は，産業特性という外部要因が企業の収益を大きく左右するということだった。しかし，多くの脅威に囲まれ，限られた機会しか存在しない業界にあっても，卓越した業績を継続的に上げている企業も存在するし，目立った脅威もなく機会に満ちた業界にあっても，標準以下の業績しか上げられない企業も存在する。企業の外部環境よりも，企業の内部要素が企業収益に影響を及ぼす，個別企業は，それぞれ独自の強みや弱みに着目するべきであるというのがリソース・ベースト戦略の前提である[1]。

【第1節】企業固有能力と経営資源

▶リソース・ベースト戦略の理論背景

　企業の強みと弱みに関する研究には，①企業固有能力に関する伝統的研究，②リカード経済学，③企業成長の理論がある。企業固有能力の源泉として経営者（Learned et al., 1969），や経営幹部のリーダーシップ（Selznick, 2011）を挙げる研究とその他の組織的属性に着目する研究がある。経営者は，その組織の重要な強み（弱み）になり得るのだが，質の高い経営を行っている経営者のスタイル，スキルは多様である。リカード経済学は企業の強みとして，他の生産要素と異なり，総供給量が相対的に固定されている（突然供給を増やせない）土地に着目した。供給が非弾力的で質の高い生産要素（土地）を有している企業は持続的競争優位を保持でき，標準を上回る経済的利益を獲得することができると想定した（Ricardo, 1891）。Penrose（1959）は，企業の成長能力を分析するにあたり企業は生産資源（productive resources）の集合体であり[2]，企業のコントロール下にある生産資源の束は個々の企業によって大幅に異なっており，それらの企業がたとえ同一業界にいたとしても根本的に異質であると主張した。さらに生産資源の対象を，土地以外

の供給が非弾力的な多様な資源（価格を上げても供給が急に増えない資源，例えば起業家としてのスキル等）にも拡張した。

▶リソース，ケイパビリティ，コア・コンピタンスの関係

リソース・ベースト戦略は，競争優位につながる独自性のある強みを抽出し活用することによって，優れた業績を達成しようとする戦略理論である。その前提は，①企業の内部要因が業績に最も影響を及ぼす，②企業ごとの経営資源は異質性（resource heterogeneity）を持つ，③経営資源のなかにはその複製コストが非常に大きかったり，供給が非弾力的なものがあるという形成資源の固着性（resource immobility）の3つである。

企業の経営資源（firm resources）には，非常に広範囲の属性が含まれ得るので，経営資本（firm capital）や経営資産（firm asset）等の様々な用語が使われる。本書では主に経営資源（resource）を使う。経営資源は個人，社会，組織現象を広くカバーするが，経営資源だけで，企業が平均以上のパフォーマンスを達成するような価値を生み出すことは無い。経営資源は組み合わされ，活用されてケイパビリティを形成する[3]。ハメルとプラハラドは「顧客に対して，他社にはまねのできない自社ならではの価値を提供する，企業の中核的な力」をコア・コンピタンス（core competences）と呼び[4]，Stalk et al.（1991）とLeonard-Barton（1995）[5]

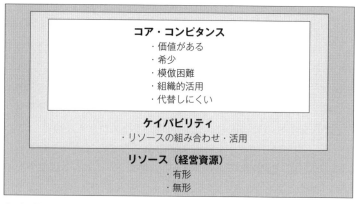

図17　リソース，ケイパビリティ，コア・コンピタンスの構造

コア・コンピタンス
・価値がある
・希少
・模倣困難
・組織的活用
・代替しにくい

ケイパビリティ
・リソースの組み合わせ・活用

リソース（経営資源）
・有形
・無形

出所：筆者作成。

はこうした競争優位性をもたらす独自の組織能力をコア・ケイパビリティ（core capability）と呼んだ。本書は，独自の中核資源をコア・コンピタンスと総称する。

▶経営資源（リソース）の種類

　企業のリソースは，一般に有形資源（tangible resources）と無形資源（intangible resources）という分類がなされる[6]。有形資源は，観察し数値化しやすい資源で，以下の4種類がある。
　・財務資源（financial resources）：借入能力，内部資金捻出力等
　・物的資源（physical resources）：工場・設備の高度化，立地，在庫等
　・技術資源（technological resources）：特許，商標，著作権，技術関連の利用可能性等
　・組織資源（organizational resources）：公式な指揮命令体系，人材育成訓練体系等

　生産設備資産は有形だが，この資産を使うプロセスの多くは無形である。品質管理プロセスや，特有の製造プロセス等は，ユニークな無形資源に発展する可能性がある。
　無形資源は，可視化が難しい資源である。企業の歴史に根付いて蓄積され，その企業の独特のパターンに埋め込まれている場合が多く，他社が模倣しにくいとされる。無形資源は以下の3種類がある。
　・人的資源（human resources）：知識，信頼，スキル，他人と協働する能力等
　・イノベーション資源（innovation resources）：アイデア，科学的能力，イノベーションを生む能力等
　・評判資源（reputation resources）：ブランドネーム，製品品質，耐久性の認知，サプライヤーや顧客等ステーク・ホルダー間のよい評判等

　分類方法にこだわりすぎる必要はないが，こうした分類を意識することで抜け漏れが減る。無形資源は上手く活用すれば使用しても減少することは少なく，むしろ成長し得る場合が多い。
　経営者・マネジャー・社員の持つ経験，情報，判断力，人間関係等の経営資源はコア・コンピタンスの源泉になり得るのだが，その捕捉・管理は簡単ではない。社内外の知識を蓄積・活用するナレッジ・マネジメントの能力は，それ自体がコア・コンピタンスになり得る。

▶経営資源と環境のフィット

資源は，正の効果をもたらす資源のみではなく負の効果をもたらす資源もあり，その資源の効果が正か負かは時代や環境によって変わり得る。リソース・ベースト戦略は社内資源の棚卸しによる内部分析に加えて，しっかりとした外部環境分析を行い環境とのフィットを確認することが必要である。

例えば，企業文化のような無形資源は正負が見えにくい場合が多い。「顧客重視の文化」というのは，一見すると常に正の効果をもたらしそうである。しかし同じ業界で顧客重視の文化を標榜するA社とB社の2社があり，よくよく見てみるとA社は「全てのお客様を等しく大事にするという顧客重視」，B社は「お客様に優先順位づけを明確にして，対応に大きくメリハリをつけるという顧客重視」であった。業界全体が成長しているときは，A社もB社も伸びていた。停滞期には，収益の出ない顧客にも対応するA社の収益性は優良顧客に集中するB社に比べて著しく低下した。しかし，その後再度成長期が来たときには，以前とは異なる顧客群が成長しはじめたのだが，そのときには広く全方位に網を張っていたA社の収益の方が高くなった。

【第2節】競争優位につながるコア・コンピタンス（独自の中核経営資源）の特定

▶バリュー・チェーンとVRIOによる独自中核資源の特定

リソース・ベースト戦略は，競争優位の源泉となる自社のコア・コンピタンス（中核となる独自資源）を特定し，それをてこにして事業展開を行うというのが基本的な考え方である。ゆえに，何が自社の競争優位につながる経営資源なのかを適切に特定することが重要となる。経営資源分析方法の1つは，前章で見たバリュー・チェーン分析である。同業内でも同じ活動を違う方法で取り組み，異なる経営資源やケイパビリティを蓄積する例はよく目にする。例えば，同じ半導体メーカーでも企画・設計にフォーカスして生産設備を外注している会社もあれば，自前で生産設備を持ちその品質管理能力で勝負しようとしている会社もあるだろう。

バリュー・チェーンに加えて，企業の中核資源をより明確に特定するためのフレームワークがVRIOである。企業の経営資源が強みとなるのか否かを判断する以下の4つの問いの頭文字をとってVRIOという。

① Value（経済価値）：企業が保有する経営資源や能力は，外部環境における

機会や脅威に対してその企業が適合することを可能にするか。
② Rarity（希少性）：その経営資源を保有・コントロールしているのはごく少数の企業だろうか（できれば自社のみ）。希少性は他の手段でその資源が代替できないことも意味する。代替性の無さを強調しVRIOにNonsubsitutability（代替性の無さ）を加える考えもある[7]。
③ Inimitability（模倣困難性）：その経営資源を保有していない企業は，その経営資源を獲得あるいは開発することが困難か。
④ Organization（組織としての活用）：企業が保有する価値がある希少で模倣困難な資源を，組織的に活用する方針や手続きが整っているか。
以下に個別のチェックポイントを見ていく。

▶Value（経済価値があるリソース）

経済価値があるリソース（強みとなる資源）とは，外部機会を獲得できるか，脅威を無力化できる資源である。経済価値は，その企業が当該経営資源を保有していなかった場合と比較して，企業の正味コストが減少するか，企業の売上が増大するかを考察すると明確になってくる[8]。機会を捉えることもなく脅威を減少させることもない（売上を増大させず，コストを下げるわけでもない）経営資源は，企業のなかに実際に存在する。

特に日本企業では，過去に経済価値を生んでいたが現在は生んでいない経営資源を温存する傾向があると言われる。将来に向けての中長期的視点を持ちながら[9]，現在の経営資源の位置づけを定点的に客観視しておくことも必要である。

企業が想定している「強み」が，必ずしも経済価値のある資源になっていないことも少なくない。ある産業材メーカーの経営幹部は自社の中央研究所の研究開発能力を強みの源泉として挙げていたが，市場ニーズとかい離した基礎開発中心だったその中央研究所は，残念ながらその会社にほとんど経済価値をもたらしていなかった。

強みとなるリソースは，組み合わせないと価値を生まない場合も多い。例えば，製薬業界では従来いかに売れる新薬を開発するかが重要な成功要因であった。そのためには，開発投資にどれだけ投資ができるかという企業体力の大きさ，当該分野におけるコア技術，基礎開発の知見等が重要な資産と思われていた。Merck社は必ずしもトップ規模の会社ではないが，社内の技術や知見に加えて提携・ライセンス・買収における目利きや交渉等の外部資源を活用する能力に優れていた。この外部活用能力が社内の技術知見等と組み合わさって，有望な新薬候補をパイプライン

に組み込むという経済価値に貢献したという[10]。

業界の構造が時間とともに変化するにつれて、経営資源の価値も変化する場合がある。1980年代にロジック半導体と呼ばれる分野で、日本の半導体は世界市場を席巻した。日本企業は微細加工技術を持っていたために、コストおよび性能上の優位を得ることができた。微細加工技術という経営資源は明らかに大きな経済価値を生んでいたので、組織全体が微細化で優位に立つことを最優先の目標として行動様式を規定するまでになっていた。しかし、1990年代後半以降、微細化が進んだことで複雑な半導体が作れるようになり、設計のコストは増加した。また、量産化に必要な製造設備への投資額も非常に大きくなった。これらの固定費が増加したことで、半導体製品は1つの製品当たりの製造量を大きくせざるを得なくなった。次第にマス市場では、製造量の少ないカスタム製品が得意な日本企業は効率が悪くなり、製造量の多い標準品を得意とする欧米企業に優位な状況に変化し、微細化技術という経営資源は優位性よりも劣位の源泉になってしまった（関根，2010）。

一方で、環境変化に自社の経営資源を適応させ続けるケースもある。GEはこれまでの100年以上の歴史のなかで、技術の陳腐化等大きな事業環境の変化に何度も遭遇してきた。その厳しい環境のなかにおいても技術を他の市場に応用したり、同じ市場に対して異なる技術や製品を展開したりすることで、形や範囲を変え経営資

図18 GEにおける事業領域と能力展開の推移

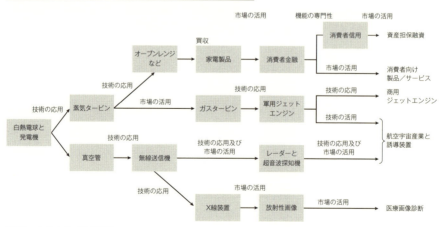

出所：Adolph（2009）。

源を維持している。

▶Rarity（希少性）

希少性というのは，当該資源の供給が不足していることなのだが，単にその資源を保有している同業他社が少ない（もしくは自社のみ）ということだけを指すのではない。自社がそのリソースによって実現する結果としての経済価値を実現できるような，別の種類のリソースを保有する競合が少ないということも意味する。つまり，代替性が無い（nonsubsitutable）ということである。

例えば，自社はこれまで蓄積してきた経験によってある製造と加工プロセスを低コストで行うことができ，当該分野でこのような経験を持つのは自社だけの場合，希少性を持つように見える。しかし，競合他社が自社のプロセスとは違う方法で同等の品質・コストを実現できていたら，自社の製造プロセスと経験・ノウハウは必ずしも希少ではない。

▶Inimitability（模倣困難性）

自社の希少な資源が容易に模倣できるのであれば，独自とは言い難い。模倣が困難な資源の特徴には以下の4つが挙げられる。

① 資源が物理的にユニーク（physically unique）：広大な不動産用地，採掘権，法的に保護された医薬品特許等。本当にユニークな資源は会社が自認しているよりも一般には少ない。

② 経路依存性（Path dependency）の存在：時間の経過とともに形成され，形成のスピードを速めることが困難で，時間をかけないと蓄積できない資源。長期の顧客経験に裏打ちされてきたブランドやデータ等は模倣に時間がかかる。

③ 因果関係が不明瞭：外部模倣者が，何が本当に価値ある資源なのか解明することができない，もしくは複製するための正確な方法が特定できない。因果関係が不明瞭な経営資源は，無形資源の組み合わせ，例えば特殊な知識，ノウハウ，組織文化等であることが多い。

ある産業材メーカーは部材にコモディティ（汎用品）を使うが，その加工工程は社内で門外不出にして，その製品を競合他社がリバース・エンジニアリング（reverse engineering：最終製品から作り方を逆算）しても作り方がわからないようにしている。Southwest Airlinesの同一モデル飛行機の集中購買や，短距離高頻度のフライトスケジュール等は外から見てもわかるし，複製も難し

くない。しかしSouthwest Airlinesの低コストを支える企業文化は，外部からどのように形成されたかを明確に認識しにくい。
④　経済的抑止力：その市場において競合企業が他社の所有する資源を模倣すること自体は可能でも，市場規模が限られているので複製を行う動機づけが働かないような状況である。その資源が特定市場に特化しており，再配置が不可能と思われる場合，先行している企業がその市場にとどまり続け，資源を複製しようとする企業と戦い続けるという強いコミットメントを示すと，限定された市場では資源の模倣がしにくくなるだろう（Ghemawat, 1991）。

特許は希少性が高く模倣困難性が高いと言われるが，当該特許以外の方法で経済価値が実現できるのであればその効果は少ない。かえって特許として公開することによってそれ以外の方法を研究する足がかりを与えてしまうことにもなりかねない。また，特許群として周辺特許も含めておさえつつ，一部の鍵となるプロセスは公開せずにブラックボックス化して，希少性と模倣困難性を高めようという施策をとる方法もある。

▶Organization（組織としての活用体制）

経済価値があり独自性のある経営資源を十分に組織的に活用できて，初めて競争優位性となる。企業は「自社の保有する経営資源やケイパビリティを，その潜在性がフルに発揮できるような組織体制になっているか」という問いに答えなければならない。自社の有用な経営資源や能力を組織がフルに活用できるようになっていないケースは少なくない。例えば，ある法人向けビジネス企業は，顧客向けにカスタマイズされたソリューションの多さが価値ある経営資源としてリストアップされており，業界内でもその種類の多さは際立っていた。しかし，その会社は部門間の壁が高かったので，部門ごとに構築されたソリューションを，部門を超えて全社的に販売することが容易にできなかった。

経営資源を組織的に活用するためには，公式の命令・報告系統，マネジメント・コントロール・システム，評価・報酬体系，ナレッジマネジメントシステム，組織構成等の調整が必要になってくる。

例えば人材サービスとしてのみでなく情報集約型サービスの雄として名高いリクルート社は，その起業家マインドあふれる社風が重要な経営資産と言われている。その起業家マインドのある社風を維持すべく，組織的な仕組みを種々工夫している，

1983年に『RING（Recruit Innovation Group）』として開始したグランプリ賞金額200万円の新規事業提案制度は，1990年に『New RING』と改称して毎年継続され，2013年度で24回目を迎えたという[11]。新事業提案制度を導入しても途中で立ち消える会社が多いなか，それを真剣に継続させている。また38歳定年制という，この年齢で辞めなくていけないわけではないが，この年齢までに退職すると退職金が最大になる仕組みは，社内の新陳代謝を促す[12]。こうした様々な施策の積み上げが「個の可能性に期待し合う文化」を生み出している[13]。

▶社内資源とケイパビリティの価値評価と活用の難しさ

自社がどのような経営資源を持ち，それがどのような経済価値を生む（生み出し得る）のかを判断するのは，実は簡単ではない。不適切な組織によって，社内の価値ある資産を発見し活用できないことのインパクトは，ときには壊滅的ですらある。パロアルト研究所は，有力な社内資産を活用できなかった有名な例の1つである。1960年代から70年代にかけて，Xeroxはカリフォルニア州にパロアルト研究所（通称PARC）を設立し，そこで革新的な科学者とエンジニアたちを大量に動員して，非常に革新的な研究投資に注力した。このXerox研究所の研究者・エンジ

Column　比較的軽視されてきた競争優位性をもたらす能力

① 模倣能力：シェンカー（Shenkar, 2010）と井上（2012）といった日米のトップ経営学者が，模倣能力をこれからの重要な経営能力として主張している。実は多くの企業が，模倣能力をてこに高いパフォーマンスを達成してきた。ドラッカーはIBMを「世界一の実績を持つ創造的模倣者」と呼んだと言う。すでに述べたが，AppleはXeroxの研究所の基礎研究を模倣しPCに革命をもたらし，SamsungはそのAppleを模倣してスマートフォンではAppleを超えるシェアを獲得した。模倣も適切な方法論があり，学習して向上可能な能力である。

② B2B企業におけるマーケティング能力：これまでB2B（ビジネスToビジネス：産業材）企業は技術力，イノベーション力を優位性の源泉とすることが多かった。これからのB2B企業に競争優位性をもたらす能力として光を当てられはじめているのが，マーケティング能力である。横河電機は世界の大手競合を相手に過去10年ほど順調に成長を遂げてきたが，その背景にはインターナル・ブランディングを含めたマーケティング能力があったと言われている。

ニアたちは、革新的技術を次々に生み出した。パソコン、マウス、レーザー・プリンター、グラフィック・ユーザー・インターフェース、イーサーネット等、どれも振り返ってみると膨大な市場ポテンシャルを秘めた経済価値の大きな技術群であった。そしてこれらはPARCで開発された独自性のある技術であった。ゆえにXeroxがこれらの技術資産の市場化に成功していれば、大きな収益を獲得できていたはずである。

しかしこれらの技術がXerox本体のマネジャーに適切に知らされる組織構造が無かったために、1970年代半ばに至るまで、Xeroxの経営陣、マネジャーはこうした研究成果を認識していなかった。そしてこの技術群を経営陣が知るところとなっても、Xeroxの官僚的な製品開発プロセスを[14]生き残った技術はわずかであった。さらに不幸なことに、マネジャーの報酬は「現在の売上の最大化」目標の達成度によって決まる仕組みになっていたので、将来の売上・利益につながるようなPARC発の製品・技術はマネジャーから重要視されなかった。

Xeroxの組織はPARCの希少な経営資産を活用するような仕組みになっていなかったので、PARCの市場価値を持ち得る資産を会社として活用することができなかったのである（Kearns & Nadler, 1992）。皮肉なことにPARCの技術資産の一部は見学に来たジョブズらによって、Appleのビジネスとして開花した（Isaacson, 2011）。

【第3節】リソース・ベースト戦略の展開方法

▶ストレッチとオーバー・エクステンション

コア・コンピタンスが特定できたとして、どのように戦略に活用し、卓越した業績を実現すればよいのだろうか、もしくは競争優位を支えるような資源・能力の無い会社はどうすればよいのか。Prahalad & Hamel（2006）はそれを「ストレッチ（高い目標を掲げた頑張り）」に求めた。組織にストレッチを強いる意義は、それを通じて意図的に不均衡状態を作り出し、そこで生じたギャップを埋めようとする努力を通じて、コア・コンピタンスの源泉となる経営資源・能力基盤が拡充されていくダイナミズムにある。

これは伊丹（2003）のオーバー・エクステンションにも通じる考えである。伊丹は資源と戦略の適合を、レベル1：戦略が資源を有効活用する、レベル2：戦略が資源を効率的に蓄積させる、レベル3：高い目標を課して戦略と資源の不均衡ダイ

ナミズムを生み出す,という3つのレベルに分けた。レベル1から3へとより難しい適合となるのだが,企業の戦略は自社の保有する資源にぴったり合っているだけではいけない,それを多少オーバーするような「資源を超えた戦略」をあえて作り出すべきとしている。つまり,資源不足がばねとなってダイナミズムが生み出され,そこで可能になる資源蓄積によって新しい戦略展開が将来可能になっていくというのだ。これは,ダイナミックな企業の成長がいくつもの踊り場を経て可能になっていく姿をイメージしている[15]。

例えば,1960年代のコマツはCaterpillarに比べて優位な経営資源は有していなかった。世界最高品質を誇るCaterpillarに品質で対抗しようという目標をコマツが立てたときに,コマツの品質レベルは目標の半分にも達していない中堅企業であった。しかしコマツは並外れた挑戦目標を立て,経営資源をアップグレードしていったのである。リソース・ベースト戦略を豊富な経営資源を持たない会社が使うには,ストレッチした戦略目標において優位性になり得る資源を特定し,VRIOの基準を満たすべくその資源を育成せよというのが処方箋となる。

▶リソースからケイパビリティへの展開

資源はどのように能力へと転化するのだろうか。組織を構成する社員の行動が適切に調整されるときに,資源は組織能力に転化する。こうした調整は組織ルーティンと呼ばれる(中橋,2008)。グラント(Grant, 1991)[16]は,高い目標設定を前提に資源をアップグレードする図19のような戦略策定モデルを提唱した。

コリス他(Collis et al., 1998)は,コア・コンピタンスが特定されることを前提に,以下のような資源活用プロセスをとりまとめた。

① 既存の経営資源にとってかなりの**ストレッチが必要かつ大胆な目標設定**を行う:目標設定は組織がワクワクするような,それでいて非現実的ではない,未来志向のものが望ましい。ここで経営陣は高い目標設定と,今ある経営資源の間に意図的にギャップ(不整合)を作る。

② 資源と経済価値の紐づけ:経営資源を,改めてより高い価格,相対的な低コストを実現できる経済価値へと変換するプロセスとして再定義する。ただし,途中経過のオペレーションプロセスに整合性を求めすぎると,中長期の高い目標に挑戦しにくくなってしまう。[17]

③ 会社(事業)の挑戦課題を個人成果に落とし込む:目標設定に向け,成果を見えるようにし,評価基準・報酬と目標とに一貫性を持たせることも必要である。

図19　リソース・ベースト戦略のプロセス

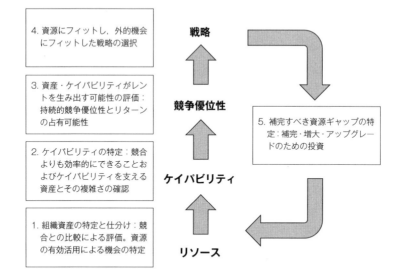

出所：Grant（1991）。

④　資源の育成とアップグレード：企業は様々な方法で資源をアップグレードできる。その方法は　質を高めることで既存の資源を強化する（strengthening existing resources），市場におけるその企業のポジションを向上させるような補完的資源を追加する（adding complementary resources），新規の（より魅力的な）業界に参入するために必要な新しい資源を開発する（developing new resources）等である。先に紹介したコマツはCaterpillarに追いつき追い越すために，毎年，広く意見を募った後で，会長が次の課題となる挑戦課題を発表した。それはある年は品質改善であり，次の年は大幅なコストダウン，次の年は国際市場への拡大，そして製品ラインの拡大へと変わっていった[18]。

⑤　資源の複合的な活用：企業が価値ある資源を現在の市場で十分に利用していない場合（もしくは活用できなくなりそうなことが予測できる場合），それらの資源が価値を創造する可能性がある他の市場（セグメント）において複合的に活用することを考える。上手く潜在価値を実現できない会社は買収の標的になる可能性も出てくる。新たな市場に対して資源を複合的に活用することは，事業戦略から全社戦略への展開でもある。

例えば、富士フイルムはアナログフイルム業界が縮小する際に、それまでの自社の資源価値を見直して再定義した。同業のKodakが破綻する中、デジタルに適切にシフトできたことも重要だが、一見フイルムとは全く畑違いの化粧品事業にまで展開している。これは自社が写真フイルムの原料であるゼラチンを80年近くも研究してきた蓄積が背景にある。このゼラチンとはコラーゲンであり、人間の皮膚も80％はコラーゲンであることから、そのゼラチンを扱う技術の展開先をフイルムから人の肌（化粧品）へと複合展開した。また写真が時間経過とともに色あせるのは「酸化」作用によるので、酸化を管理するノウハウも蓄積されていた。体の老化の原因と酸化には深い関係があることから、人の肌の老化に対して「酸化」ノウハウを複合展開しようとも考えたという（古森, 2013）。

【第4節】リソース・ベースト戦略の問題点

リソース・ベースト戦略への批判の1つに組織能力のリジディティ（rigidity）、つまり硬直性が挙げられる。ケイパビリティとコア・コンピタンスは競争優位性の源泉として働くが、大きな環境変化に直面すると、これまで自社に成功をもたらしたコア・コンピタンスという組織能力を解体しなければならなくなる。しかし競争優位を生み出したコア・コンピタンスというシステムは慣性を持っており、解体が難しくなる。これを「コア・リジディティ（core-rigidity）」と呼ぶ。優位性の源泉であるコア・ケイパビリティがコア・リジディティ（負債）になる二面性を持っているのだ（Gilbert, 2005）。

企業の中核能力が変化を妨げる負債と化してしまう背景として、レオナード-バートン（Leonard-Barton, 1995）はこれまで利益をもたらした活動であっても、それが行き過ぎると成功の助けではなく妨げになってしまう「オーバー・シューティング」を挙げている。例えば日本の自動車メーカーは80年代にはスピーディな新製品開発能力を優位性の源泉として、欧米の競合よりも短いモデルチェンジ期間で迅速に新車を発表し、製品ラインナップを拡充し、高い顧客満足を実現した。しかし、日本の自動車メーカーは、1990年代に入っても同じ能力を適用し次々と新車を投入し、円高が進みコストが合わないにもかかわらず過剰な品質管理を実践し続けて一時期失速した。かつて米国企業は専門化による大量生産方式で競争力を得たが、その後過剰な専門化によって苦しむ結果となった[19]。同様に、日本企業は一時期、製品の多様性で競争優位を獲得したが、その後過剰な多様化によって苦しん

だという。

このような組織能力の硬直性という問題に対して，ダイナミックな環境変化のなかで絶え間なく，自社の組織能力を改良，拡大，再構築できる能力，すなわちダイナミック・ケイパビリティの必要性が叫ばれるようになった。

【第5節】ダイナミック・ケイパビリティ戦略

ダイナミック・ケイパビリティ戦略（Dynamic Capabilities Framework：DCF）を日本語に訳せば「変化対応的な自己変革能力」[20]であろうか。DCFの中核的提唱者であるティース他（Teece et al., 1997）によれば「ダイナミック・ケイパビリティとは急速に変化を続ける環境に対処して，社内外の能力を統合・調整したり調整したり組み替えていく企業能力」である。必要とあれば，他企業の資産や知識も巻き込んでオーケストラのように構成して持続的な競争優位を作り上げる能力である[21]。組織の経営資源の硬直性（特にコア・コンピタンス）への対応として重要なアプローチである。また戦略パレットでは，アダプティブ型戦略にフィットするアプローチでもある。

ダイナミック・ケイパビリティは，①センシング（sensing：感知）能力，②セイジング（Seizing：捕捉）能力，③トランスフォーミング（Transforming：変革）能力の3要素に分類される（Teece, 2009）。

① センシング：感知
　変化する環境のなかで機会を感知する能力。環境変化に伴う脅威や機会を感じとる能力。

② セイジング：捕捉
　その機会を捕捉する能力。見いだせる機会を捉えて，既存の資源，ルーティン，知識を様々な形で応用し，再利用する能力。

③ トランスフォーミング：変革
　企業境界の内部・外部に存在する資産の結合・再結合・再配置を通じて，脅威を和らげるマネジメントを実行する能力。より正確に言えば，新しい競争優位を確立するために，企業内外の既存の資源や組織を体系的に再編成し，変革する能力。

▶特殊なもの同士が相互に結びつく共特化

環境の変化に対応して，企業が既存の資源，資産を再構成，再配置，再利用する際に，ティース（Teece, 2009）は「共特化（co-specificity）の原理」を提唱した。共特化は特殊なもの同士が相互に結びつくことによって，より大きなメリットが発生するような資源や資産の結合のことである。ある資産が別の資産に対して，あるいは戦略がプロセスに対して，それぞれ持ち得る関係性を指す。そして，捕捉，再配置の両方にとって重要な意味を持つ。

この共特化の経済は，「範囲の経済」とは異なる。範囲の経済は，ある共通の資源の下に，異なるビジネスを多角的に展開する「広い範囲に適用する」ことによって得られるメリットである。例えば，認知度の高いブランドという資源（アルマーニ）を様々な製品（服，カバン，香水，家具等）を製造し，販売することである。これに対して，共特化の経済は逆で，2つ以上のものを統合することによって得られるメリットのことである。例えば，OSとアプリケーションの関係，自動車とガソリンスタンドの関係，クレジットカードとそれを使用できるお店の関係，美術館とカフェの関係などである。環境変化に対応して，資源や資産を再構成，再配置する場合，この共特化の経済性原理に従うことが重要なのである。

▶ダイナミック・ケイパビリティを構築する3つの選択肢

クリステンセン（Christensen, 2013）は企業がダイナミック・ケイパビリティを構築するには3つの選択肢があるという。それは，①適切なプロセスと価値基準を持つ別組織の買収，②現在の組織プロセスと価値基準の変更，③独立した別組織の新設，である。しかし，プロセスと価値基準は，同じことを繰り返すために存在するのであり柔軟性が無いので，プロセスと価値基準の変更は現実的ではないと主張している。これは例えばものづくりや業務効果で成功してきた企業が，成功体験に裏づけられたプロセスと価値基準を変えるのは難しいということである。多くの日本企業は過去20年ほどこの問題に頭を悩ませてきたのではないだろうか。

ダイナミック・ケイパビリティは日本ではまだ比較的新しい戦略アプローチで，まだ十分に国内での研究が進んでいるとは言い難いが，アダプティブ型の戦略をとっていく上では注目していくべきアプローチである。

【第6節】ポジショニング戦略とリソース・ベースト戦略の関係と日本企業

　第1章でポジショニング戦略とリソース・ベースト戦略を，企業業績の差には業界要因が15％，企業の内部要因が45％程度の説明力を持つという調査を紹介した。実務の観点からは，外部要因（業界特性）も内部要因（独自経営資源）も両方必要だが，異なる前提を持つ2つの戦略論が存在することで，複雑な戦略立案における論点が整理しやすくなる。

　この節では，ポジショニング戦略とリソース・ベースト戦略の2つの戦略における業務効果の関係を検討する。業務効果は多くの日本企業が意識的もしくは無意識に戦略の前提にしている概念であり，この関係を整理することで，多少なりとも日本企業がポジショニング戦略とリソース・ベースト戦略との接点を見いだしやすくなるのではないか。

　1970年代から80年代に日本企業が欧米企業を脅かした背景には，この業務効果があったと言われる。多くの日本企業は業務効果で欧米企業を大きくリードしており，低コストと高品質を両立させてシェアを拡大していったのだ。しかし90年代以降，いくつかの日本企業が国際的にも大きなシェアを獲得していた分野でシェアを落とし，三品（2011）が指摘するように日本企業の収益率は下落傾向にある。この背景の1つとして，日本企業の業務効果への過剰依存が指摘される。以下，一時は日本企業躍進の原動力，その後は一部の論者から低迷の戦犯のように扱われる業務効果を，2つの戦略理論の文脈のなかで検討する。

▶ポジショニング戦略における業務効果と日本企業

　まずポーターが戦略と業務効果（OE：operational effectiveness）の関係性をどのように捉えているかを確認する。ポーターの前提はあらゆる企業において，優れた業績の達成が究極の目標であるが，そのためには戦略と業務効果の両方が必要としている。逆に言えば，戦略と業務効果は違うとしている。戦略は，競合他社とは「異なる」活動を行う，あるいは類似の活動を「異なる方法」で行うことであり，業務効果とは，類似の活動（オペレーション）を競合他社より優れて実行することである。業務効果には，製品の欠陥を減らす，より優れた製品をより早く開発する等のインプットを有効活用する活動が含まれる。無駄な作業を無くす，新しい技術

を適切に採用する，従業員を動機づける，ある種の活動を管理するコツを心得ているといったことを通じて，競合企業間で業務効果の違いが生じ，この業務効果の差が収益性の差に影響してきた。

▶生産性の限界線とベスト・プラクティス

「生産性の限界線（Productivity Frontier）」という概念がある。生産性の限界線とは「ある時点における既存のベスト・プラクティス全ての合計からなる曲線」である。言い換えると「ある特定の製品やサービスを提供する企業が，一定のコストの下で利用し得る最高の技術，最高のスキル，最高の経営手法，最高の材料を使用することで生み出し得る最大の価値」である（Porter, 2002）。生産性の限界線は，受注，製造，部門間連携の業務等の全ての企業活動に適用可能である。新たな設備投資，異質な人材の投入，新たな経営手法，開発方法の工夫等で業務効果を向上させると，生産性の限界に近づいていく。

ベンチ・マーキング（他社比較）や，TQM（Total Quality Management）等を通じてベスト・プラクティスを実現しようという活動は，業務効果の改善を行っていると言える。イノベーションが上手く適用されたり，新たな技術や経営手法が開

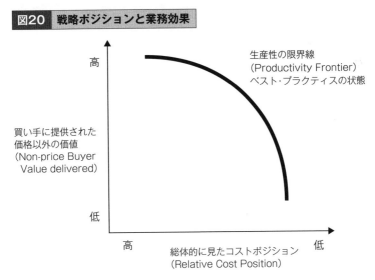

図20　戦略ポジションと業務効果

出所：Porter（2002）をもとに筆者修正。

発されると，生産性の境界線は外部へ移動していく。生産性の限界線が外側に移動するのに遅れまいとして，企業は継続的改善，学習する組織等を取り入れてきた。アライアンスが広まる背景には「企業の全ての活動において，それぞれの活動を専業としている企業と同じくらい生産的に活動することは困難である」という認識がある。生産性の限界線に近づくにつれて，多くの場合で様々なパフォーマンスが同時に改善される。70年代の欧米企業は欠陥とコストはトレードオフであると信じていたが，日本企業のベスト・プラクティスを学ぶにつれて，業務効果の低さが欠陥とコストをトレードオフにしていたことに気が付いた。

▶ベスト・プラクティスによる同質化のリスク：スタック・イン・ザ・ミドル

　高収益を実現するには業務効果を継続的に向上させることが必要であるが，それだけで高収益を継続させることは難しい。なぜなら，多くの場合で業務効果の改善手法は模倣可能であるからある。最先端のベスト・プラクティス手法を模倣し合うことで，多くの企業の業務効果は底上げされるが，同じようなレベルの業務効果になり，差が付きにくくなるのだ。また，業務効果の向上競争は，競争手法の収斂にもつながる。相互にベンチ・マーキングし合うことによって，お互いの戦略が似てくるのだ[22]。製品バラエティ，品質，サイクル・タイム，サプライヤーとの関係等において競合企業同士が模倣し合って改善を続ければ，レッド・オーシャン（競合が同質化競争で収益を奪い合う血みどろの海）となり，業界としての収益性も低くなる。第10章，第11章で後述するブルー・オーシャン戦略はレッド・オーシャンとの対比で事業創造戦略を語っているが，必ずしもポーターの競争戦略自体をレッド・オーシャンと呼んでいるわけではない[23]。ポーターも，同質化競争によるレッド・オーシャン化には警報を鳴らしているのだ。レッド・オーシャンとは，ポーターの競争戦略を単純化しステレオタイプ化したドグマ（教義）であり，実はポーターが避けるべきといった，最高を目指す同質化競争である。独自性を持つべしという点で，ポーターのメッセージとブルー・オーシャン戦略は共通している。

　ポーターの競争戦略では，コスト・リーダーシップと差別化の両方を狙うと中途半端な立ち位置になり，業績が低下する（スタック・イン・ザ・ミドル／stuck in the middle）としている。これを生産性の限界線のなかで表現すると図21のようになる。

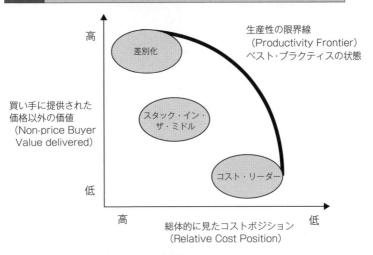

図21 戦略ポジションと業務効果：スタック・イン・ザ・ミドル

出所：Porter（2002）をもとに筆者修正。

▶リソース・ベースト戦略における業務効果と日本企業

では，リソース・ベースト戦略ではこの生産性の限界線がどのように位置づけられるのだろう。リソース・ベーストでは"模倣されにくい経済価値のある組織能力"を企業のコア・コンピタンスと位置づけている。ベンチマークされても外部からわかりにくい，わかってもその資産・能力を模倣するのが困難だったり，コストや時間がかかる資産や能力を重要視している。その場合には，競合他社がある企業の業務効果を模倣しようとしても，同じレベルにまで模倣できないことが多い。真のコア・コンピタンスに裏打ちされた業務効果は，コストと付加価値を他社が模倣できないレベルで両立させ得るのである。例えば，トヨタの年間60万件を超える改善提案[24]を数十年にわたって継続する徹底した組織文化は，頭で理解しても模倣は困難であり，図22の右上の線上に位置する。ポーターが独自の戦略ポジションと位置づけた差別化やコスト・リーダーのポジションも，それを安定的に収益が取れるようにするためには，可能な限り模倣困難な資産に裏づけられている必要がある。

経営層，マネジャー，現場にまたがる組織全体から構成される有形・無形の経営資源を組み合わせた組織能力からなる業務効果が[25]，十分に競争優位性の源泉として戦略を成立させ得るというのが，リソース・ベースト戦略の前提である。

図22　戦略ポジションと業務効果：模倣困難な資産

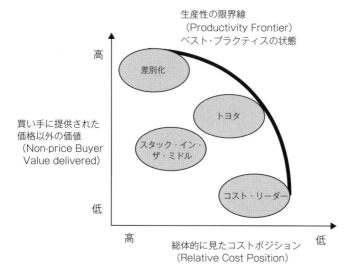

出所：Porter（2002）をもとに筆者修正。

▶日本企業の戦略ポジションと業務効果

本節のポジショニング戦略とリソース・ベースト戦略の業務効果の位置づけの違いに関する議論は，必ずしも厳密な議論ではないのだが，業務効果を戦略面から見直すヒントにはなるであろう。自社にとって，オペレーション・エクセレンスとは何を意味しているのか，その業務効果の有効性が高い事業環境なのかを客観的に問い直し，必要に応じて戦略アプローチを変更することを検討する必要があろう。

一括りにして日本企業を語るのは乱暴であるが，ここではあえてステレオタイプの日本企業をイメージしてみる。社内のコンセンサスを重視し，様々な顧客から要求されたニーズに可能な限り全て対応すると，曖昧な戦略になりがちである。優秀な中間管理職と現場スタッフがいると，多様な顧客の要求に柔軟に対応することも，社内ステークホルダー間のバランスをとることもある程度できてしまう。声をかけてくる全ての顧客に全方位でよいものを提供することが能力的に可能だからといって，明確な戦略なくそれを実行すると，中途半端な戦略になり低収益の罠にはまるリスクはないだろうか。

第7章でも見るように業務効果は戦略になり得るが，本書で述べる様々な戦略オプションも同時に検討した上で業務効果を活用することで，優れた業績が達成できよう。

【注】
1　Rumelt（1987）は，米国企業1,292社における20年間の資本利益率に関しての分散分析を行い，産業内における長期的な利益率の分散が産業間の分散よりも３〜５倍も大きいことを明らかにした。彼はこのデータをもとに，ある産業の構成員であることよりも，むしろ企業が内部に有する特殊性が，超過利潤の重要な源泉になっていると指摘した。
2　その前提として企業は，多くの個人やグループによる行動をリンクさせたり調整したりする管理のフレームワークであるとしている。
3　ケイパビリティ（組織能力）のうち，独自の競争優位性につながるものを独自コンピタンス（distinctive competence）とも呼ぶ。Collis et al.（1998）は事業運営に不可欠（コアとなる）コア・コンピタンスでも，競争優位に貢献しなくては意味が無いので，独自能力と呼ぶべきと主張した。
4　Hamel & Prahalad（1994）が，提示していた初期のコア・コンピタンスは技術と製造スキルの組み合わせにややフォーカスしており，Stalk et al.（1991）の定義の方がやや包括的であったが，現在はコア・コンピタンスは競争優位につながる包括的な組織能力として使われている。
5　Leonard-Barton（1995）はコア・ケイパビリティが，①従業員の知識とスキル，②物的システム（従業員の知識を蓄積するデータベース，機械，ソフトウェア・プログラム），③マネジメントシステム（従業員の知識を買い出し，モニターするための教育システムやインセンティブシステム），④価値観と規範（どんな知識を探して育てるかどんな知識構築活動を受け入れ奨励していくかを指定するもの），という４つの次元が相互に連動して作用し合っていくシステムと捉えている。このうち①②は知識が蓄積される場，③④は知識をコントロールするもしくは伝達するメカニズムとして機能する。
6　経営資源に関しては，研究者によりいくつかの定義がある。ここでは，米国の比較的スタンダードな経営戦略の教科書であるHitt et al.（2012）に沿っている。
7　その場合はVRNIOになるが，少々言いにくいのでVRIONでもよい。
8　経営資源を保有していないケースを比較するのは困難なので，成功している他社とのベンチマークを流用することは有効である。Martin（1996）p.142.
9　特に基礎研究は，そもそも中長期的な経済価値が期待されるが，客観的に中長期の経済価値の可能性を予測することは難しく，20年も赤字を垂れ流した後に稼ぎ頭になるような事例も存在する。
10　こうした目利き能力等は蓄積に時間がかかる。http://pro.merckgroup.com/ja/の「"強み"

を伸ばす」も参照されたい。
11　http://recruit-saiyo.jp/value/value.html
12　38歳定年制は社外に出ることを推奨しているのではなく，自らのキャリアの意思決定を自分でしてほしいという意図での仕組みだという。これら以外にも様々な仕組みがあり，例えば，人事制度ではミッション・グレード制度という，日本では比較的ユニークな制度を初期から導入していた。これは年齢や入社年次にかかわらず，いま任されているミッションのレベルとそのアウトプットによって報酬（給与・賞与）を決定する人事制度で，これにより，スピーディで柔軟な人材任用，ミッションの高低に応じた客観的な報酬決定，常に人材の最大活用が意識される風土が，維持・促進されるという。
13　峰岸真澄（2015年8月10日）リクルートが人材輩出企業と呼ばれる理由，ダイヤモンド・ハーバード・ビジネスレビュー。
14　製品開発プロジェクトは何百もの細かいタスクに分けられ，その個々のタスクの進展は何十もの大きな委員会によって監視・評価されていた。
15　こうした資源適合には戦略の組み合わせの妙が背後に必要とも言っている。
16　Grant（1991）は当初，資源と能力の概念を生産課程に絞って考察していた。生産課程へのインプットが資源であり，その資源を協働し調整する遂行力を能力と定義づけ，資源が能力の源泉であり能力が競争優位の源泉になるとした。
17　高い目標に取り組む際にはある程度の組織内の摩擦はつきものである。
18　Hamel & Prahalad（1994）に詳しい。
19　別の例でいえば，シャープは液晶技術をコア・コンピタンスと見なし，液晶技術を中心に組織能力を構築してきたが，それがシャープを硬直化させ，環境に適応できなくなってしまった可能性が高い。
20　菊澤（2014）の下記URL参照：http://www.dhbr.net/articles/-/2965?page=3
21　Helfat & Winter（2011）は通常のリソース・ベースト型の資源・能力とダイナミック・ケイパビリティは明確に線引きできないという。なぜなら，変化というものは常に起こっており，常に現実は大なり小なり変化しているからである。したがって，通常のリソース・ベースト型の資源・能力でも，実は絶えず小さな変化に対応しているのであり，その能力の下に企業は変化に対応することができるからと主張している。
22　1990年代～2000年代の日系企業の家電業界で同質化競争が行われていたことは，わかりやすい事例だろう。他の業界でも似たような状況で，同業内で広範囲の製品種，機能，サービスを提供し，広い流通チャネルに対応し，似たような工場（海外進出の仕方も）で生産していた。
23　ブルー・オーシャン戦略自体への誤解も多いが，レッド・オーシャン戦略の前提にも誤解が多い。必ずしもポーターの競争戦略自体をレッド・オーシャンと呼んでいるわけではないのだが，ポーターの戦略論を研究している論者でもそうした誤解をしている人は少なくない。こうした誤解に関してはMagretta（2012）を参照されたい。

24 トヨタではこうした改善は工場・生産現場のみでなく，バックオフィス業務等様々な業務で行われている。
25 そのためにはトヨタなどのような，一環し，徹底した組織能力が必要となるだろう。

第6章

主要な競争戦略③
ビジネス生態系戦略（Business eco-system）

　ポジショニング戦略は1980年代、リソース・ベースト戦略は1990年代に主要な経営戦略論としての地位を確立したが、1990年代中盤以降、補完業者等も含めたビジネスの生態系全体を戦略立案の単位として捉え、その生態系をダイナミック（動的）なものとして認識するビジネス生態系戦略論が注目を浴びるようになった[1]。この戦略は戦略パレットにおけるシェイピング型アプローチにおいて特に必要となる戦略である。

　ビジネス生態系[2]において業界標準（industry standard：業界スタンダード）を握るチャンスはそう頻繁にあるわけではないが、適切に業界スタンダードを構築できた場合の果実は大きく、逆に競合企業に奪われたときのリスクも大きい。ポジショニング戦略は、ある程度業界構造が固定的であることを前提としているが、業界構造が不安定で、業界や製品区分が曖昧で変化の激しいIT業界が成長を遂げるなか、業界標準を握って高業績を達成する事例が増えたことが、業界標準に焦点を当てた戦略論の後押しをした（山田，2004）。

　本書ではどのようにしてその生態系を構築し、標準を獲得していくのかのプロセスが比較的明示されているHax & Wilde II（2001）のシステム・ロックインと呼ばれるビジネス生態系（ビジネス・エコシステム：business ecosystem）戦略と、山田（2004）のデファクト・スタンダード（de facto standard）競争戦略研究を中心に、ビジネス生態系アプローチを見ていく[3]。

【第1節】ビジネス生態系戦略[4]の理論的背景

　ビジネスにおいてはお互いの選択や活動が相互に依存し合っている多数の組織や個人が存在する。こうしたプレイヤーの経済的共同体をビジネス・エコシステム（もしくはビジネス生態系）と呼ぶ（Moore, 1996）[5]。このビジネス生態系には顧客、主要生産者、競合企業、補完事業者（Complementors）、その他のステークホ

ルダーが含まれる[6]。こうしたビジネス全体の生態系を戦略の単位とし，その生態系の仕組み（標準・ルール）を自社に有利なようにコントロールすることを狙うのが，ビジネス生態系戦略である。

▶スタンダード（標準）とプラットフォーム（基盤）

スタンダードとプラットフォーム（platform）は[7]ビジネス生態系戦略において中核をなす概念である。

スタンダードは「人々の便益を向上させる取り決め」となる標準で[8]，これにはいくつかの種類がある。戦略立案時によく使われるのはデジュリ・スタンダード（dejure standard）「公的標準」と，デファクト・スタンダード「標準化機関の承認の有無にかかわらず，市場競争の結果，事実上市場の大勢をしめるようになった規格（山田，1993）」である。デファクトは状態を表し，デジュリはプロセスを表すので，両社を規定する軸は異なる。ゆえに，デファクトでもありデジュリでもあるスタンダード（例：VHS），デファクトではあるがデジュリではないスタンダード（例：ドルビー）[9]といった分類は可能である。

デファクト（市場競争の結果）ではなく，デジュリ（公的標準化機関が関与）でもないスタンダードとして「コンソーシアム型スタンダード」という形式も広まってきた。市場での競争を経ることなく，事前に複数の企業が協議を通して1つの規格を標準として合意するものである。「コンソーシアム型スタンダード」が出てきた背景としては，企業間の力が拮抗して1社では標準が決めにくいケースの増加，標準化競争に負けた場合の負け組の損失[10]が膨大になる傾向等が挙げられる。

規格競争の勝負が決まるまでの時間がどんどん短くなるなか[11]，競合に対する市場導入の遅れが利益に大きなマイナスを与えることがわかってきた[12]ことから「コンソーシアム型スタンダード」を，他社に遅れないための手段とする見方もある。しかし，コンソーシアムの足並みをそろえることにかえって時間がかかるケースもあることには留意が必要である。例えば韓国ではLEDの標準化に際し，民間団体であるLED標準化コンソーシアムが標準作りを担っていたが，130社を超える参加企業の意見調整に難航し，結局は政府主導での標準化になったという[13]。

プラットフォームは個別の製品ではなく，顧客や参加メンバーの抱える問題に対するソリューションのセットであり，使用者に共通のインターフェースを提供する（Iansiti & Levien, 2004）。マルチ・サイド・プラットフォーム（multi-sided platform）は多くの顧客と様々な事業者とを結びつけるプラットフォームである

(Boudreau & Hagiu, 2008)。本書でいうプラットフォームは主にこのマルチ・サイド・プラットフォームを指す。プラットフォーマー（platformer：プラットフォームの提供者）が，必要な仕組みを集約してサービスを提供することによって提供コストが下がり，プラットフォームによって参加メンバーの多様性や生産性も向上する（Farrel & Katz, 2000）ことがプラットフォームのメリットと言われる。

▶スタンダードと競争戦略

ビジネス生態系のなかで業界におけるスタンダードをめぐる競争では，既存の競争戦略論では説明しきれない特徴が大別して4つある（山田，2004）。

① 世代間，規格間，規格内競争の併存：通常の競争では同世代内の競争を意識すればよいが，スタンダードをめぐる競争では「旧世代規格と新世代規格」の競争も意識する必要がある。その際，現世代の規格で優位な会社であるほど新世代の規格に対応しにくい傾向があることには留意が必要だろう。クリステンセン（Christensen, 2013）が指摘するように，次世代技術が破壊的イノベーションで，現行規格より何か劣る要素がある場合が特に対応しにくい。同一世代のなかでも企画間・規格内の競争があり，世代間とはその戦い方が違う場合もある。規格間競争では規格提唱企業は技術供与やOEM（other end manufacturing）等を通じて同じ規格の仲間を増やす必要があるが，規格内競争では仲間の追い落としが必要になる。「誘因しながら排除する（柴田，1992）」戦略である。

② プロダクト（製品）ライフサイクル論とのギャップ：プロダクト・ライフサイクル論の定石では，成長期の競争は激しいとされる。しかし業界スタンダードをめぐる競争では競争が少ないはずの「開発期〜導入期」での競争が非常に激しい。また，撤退が増えるのは成熟期以降ではなくて，市場が立ち上がった直後の導入期には撤退が始まる。それはスタンダードを取れないと判断した企業が，これ以上サンクコスト（sunk cost：埋没費用）をかけたくないと判断するからである。さらにはプロダクト・ライフサイクル論では成熟期にリーダー企業のキャッシュフローが最大になるはずなのだが，業界スタンダードをめぐる競争では成熟期にキャッシュが回収できない事例が少なくない[14]。

③ 競争地位別の戦略定石とのギャップ：業界内序列ポジションによる戦略は第9章で詳しく述べるが，戦略定石ではリーダーの戦略は同質化であり，チャレンジャーは差別化をすべきとされている。しかし業界スタンダードをめぐる競

争ではリーダーは同質化を避け，チャレンジャーが同質化で攻める事例がしばしば見られる。チャレンジャーは自社の規格を維持しつつ，リーダーの規格とも互換性を持つことでリーダーの市場に食い込むことが可能になる[15]。また，チャレンジャーがあまりに差別化していると互換性を失い，その規格に乗ってくる仲間ができにくくなる場合がある[16]。

④　コア・コンピタンスの外販：通常の競争戦略では，自社のコア・コンピタンスは他社に公開や共有をせずに自社の優位性を維持するよう内部に囲い込むことが基本だが，業界スタンダードをめぐる競争では，コア・コンピタンス（の一部）を積極的に外部に公開することが有効な場合がある。コア・コンピタンスを外部に公開・共有することで，業界スタンダードの仲間づくりがしやすくなる，展開の早い業界のなかで多くのプレイヤーに供給することでより早く経験効果を得ることができるからである。OEM嫌いと言われていたソニーも，CDプレイヤーを普及させるためにキー・パーツである高額ピックアップ，レーザーダイオード等を積極的に外販した。コア・コンピタンスの何をオープンにし，何をクローズにするかが重要な論点となる。

【第2節】ビジネス生態系戦略と
　　　　システム・ロックイン（System Lock-In）

▶デルタ・モデルのシステム・ロックインと
　デファクト・スタンダード戦略

　MITのHax & Wilde II（2001）はデルタ・モデルという包括的な戦略論のなかで，①製品の経済性，②顧客の経済性，③ビジネス生態系の経済性に着目して3種類の戦略を提示しており，そのなかでビジネス生態系を分析対象とする戦略をシステム・ロックインと呼び，補完製品・補完事業者をも含めた生態系全体として顧客への提供価値を最大化する戦略モデルを提唱した。ビジネス生態系を扱う戦略の多くが，ICT（情報通信技術）系企業を主対象としているなか[17]，このシステム・ロックインはアナログな業界も対象にしており，その適用性の広さと，戦略を立案し実行するプロセスが明解である点が特徴である。

　また山田（2004）のデファクト・スタンダード戦略は，①規格の種類，②規格のライフサイクル，③業界序列ポジションの3軸で標準化競争を緻密に整理している。

【第3節】システム・ロックインの前提と種類

▶システム・ロックインの前提

システム・ロックインは，自社に有利な形でビジネス生態系の価値を高める戦略であり，それには以下の6つの前提がある。

① 買い手は利益を奪い合う相手ではなく，絆を構築するパートナーである。システム・ロックインはコスト・リーダーシップや差別化に比べて最も絆の強い状態。
② 戦略は，製品や顧客だけに焦点を当てるのではなく，ターゲット顧客の経済価値を高めることに関与する主要プレイヤー全てを視野に入れる。
③ 主要プレイヤーには買い手，供給業者，販売チャネル，新規参入候補企業（ポーターの5つの力）に加え[18]，補完事業者[19]が含まれ得る。
④ 補完事業者は競合他社ではなく，必ずしも供給業者とは限らない。補完事業者は直接的・間接的に，自社製品（サービス）の価値を高めるような製品（サービス）の提供者を意味し，業界に影響を与える大学教授や公的機関等も含まれ得る。
⑤ 限界利益（売上から変動費を引いた利益）がユーザーと使用法の増加とともに上昇する。
⑥ 外部ネットワーク効果が期待できる。ネットワーク効果とは，同じ製品・サービスの利用者が増えれば増えるほど，それぞれの利用者がその製品・サービスから受ける効用や価値が増えることである。つまり製品の魅力が，その製品に内在する特徴だけでなく，外部の特に補完事業者や顧客といった他人によって投資される機能によっても向上する（根来，2013）。

システム・ロックインではオープンに補完事業者を引き付け，満足させ，維持することを通じて，従来の戦略と比べてビジネスの範囲を拡大することが重要になってくる。製品が適用され使われるほど，多くの便益を顧客に与えることができ，量の拡大が製品やサービスの質を向上させ，それがさらに量の拡大を招くという好循環が引き起こされる。

このシステム・ロックインは「ネットワーク」を活用することが多いので，ITおよびインターネットの進化と普及によってより顕著になってきたが，必ずしもIT・インターネットビジネス業界でのみ可能な戦略ではない。アナログな業界で

も十分適用可能なのである。業界が黎明期か，ダイナミックで市場の分散化が顕著か，破壊的変革が起きたばかりか，新興市場かといった視点で適用を判断するべきだろう。

▶システム・ロックインを実現する３つの方法

システム・ロックインを実現するには大別して次の３つの方法がある。

① プロプライアタリー・スタンダード（独占的スタンダード：proprietary standard）：プロプライアタリー・スタンダードは自社製品による標準化戦略である。自社の製品・サービスと一緒に機能するように設計・調整された補完事業者の広範なネットワークで顧客を引き寄せる。この補完事業者には場合によっては顧客も含まれる。これは基盤型プラットフォーム（根来，2013）に近い。例えば全盛期のMicrosoftやIntelであり，最近で言えばAppleであろう。

② ドミナント・エクスチェンジ（dominant exchange）：ドミナント・エクスチェンジはいわゆる媒介型プラットフォーム戦略である（根来，2013）。買い手と売り手の間，あるいは情報を交換したいグループ間を仲介する接点を提供する。例えばFacebookのようなSNSである。日本で言えば，リクルートの情報仲介ビジネスの多くがこれに当たるだろう。この種のビジネスは一定の規模に達すると，外部ネットワーク効果によりサービスの置き換えが難しくなる。大勢の売り手が存在するサイトを使いたいと思っている顧客が大量に訪問し，多くの顧客が存在するので売り手が増えるという好循環を構築したのが，米国ではeBayであり，日本では楽天，ヤフオク等である。

③ アクセス制限（restricted access）：アクセス制限が実現されると，競合他社は顧客へのアクセス方法を奪われる。特に物理的な流通チャネルでは処理能力に限界があり，複数の業者・製品を扱えないので顕著である。コンビニエンスストアの棚を思い浮かべてほしい。ヨーロッパとアジアの小規模小売店舗はUnileverから無償で提供されたWall's ice cream専用キャビネットに占められた結果，競合商品を販売する余地が極端に減少した。

【第４節】システム・ロックインへの発展プロセス

▶ボンディング（絆）を連続させるプロセスでシステム・ロックインへ

システム・ロックインの構築は容易ではない。適切なタイミングとボンディング

(絆：緊密な関係)を連続的に発展させる必要がある。これは，顧客がある製品に関して感じるロイヤルティから，アクセス制限，プロプライアタリー・スタンダードによる完全なロックイン（囲い込み）までの一連のボンディング・プロセスを管理することを意味している。図23のようにボンディングの連続性は4つの段階に分かれている。ドミナント・デザイン（支配的な製品仕様）もしくはカスタマー・ロックイン（鍵となる顧客を誘導し囲い込む）のどちらからスタートしてもよい[20]。

ドミナント・デザインは広い対象に対して優れた製品を提供する段階で，この段階では個々の顧客とのボンディング（絆）はまだ弱い。カスタマー・ロックインでは顧客との絆をさらに強めることが必要とされる。ここでのキーワードは，「顧客による」カスタマイゼーションと学習である。これは，顧客が自分の情報を入力する，使いやすいように仕様を変更する，その製品・サービス独自の使い方を学んで熟練していくことである。例えば，ソーシャル・ネットワーキング・サービスを使いはじめるときに自分の情報を入力したり，好みの写真を加えるだろう。また人々は初めからパワーポイントを使えたわけではなく，使い方を学習したはずである。これがさらに顧客間で共有されるようになるとさらにロックイン状態が強まり，顧客の囲い込みが強化される。

▶競合他社のロックアウト

顧客のロックインがある程度強化されたら競合他社のロックアウト（締め出し）の段階に進む。このプロセスによって自社に利益のある形でのスタンダード化が構築される。アクセス制限の状態である。

顧客のロックインと競合他社のロックアウトは表裏一体の関係である。つまり，顧客が競合他社に乗り換えにくくなるような仕組みを作ることと，同時に競合他社がその事業に参入しにくいように大きな参入障壁を構築しようとすることを，同時並行で行うのだ。競合他社のロックアウトを促すのは下記の4つの要素である。①陳列スペース，②ブランド，③徹底したイノベーション，④特許。これらの要素は互いに相関している。ブランドが顧客需要を生み，小売業者がそのブランドに優先的な地位を与えると，その製品がより顧客の目につくようになり売れ行きが上がる。発言力を強めたブランドは，専用スペースを設け競合他社を締め出すのだ。特許は競合他社の締め出しに使えるのは事実だが，有効な特許を獲得するコストや，特許開示により競合他社が別の形態でキャッチアップするリスク等複雑な要素を勘案する必要がある。こうした状況下で競合を締め出す鍵は「スピード」である。顧客を

図23 ボンディング（絆）を連続させるプロセス

ドミナント・デザイン

- 先行者優位
  - 機能
  - サービス
  - 価格

価値の増加 →

カスタマー・ロックイン

ロックイン

- 顧客の学習
- カスタマイズされた製品
- 関連財産
- ブランド
- 価格構造

↓ 価値の増加

競合他社のロックアウト

- 陳列スペース
- ブランド
- 徹底したイノベーション
- 特許

← 価値の増加

プロプライアタリー・スタンダード

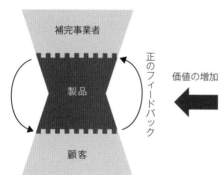
正のフィードバック

- サード・パーティ補完事業者ネットワークの開発による製品の魅力度の向上
- 市場シェアリーダーの立場を有効利用した補完事業者の引きつけ
- 顧客は多数の供給業者が担う製品を求める
- 顧客が補完事業者になることも

出所：Hax & Wilde II（2001）。

振り落としてはならないが，改善を含めたスピード感あるイノベーションでさらに顧客を囲い込むのだ。

▶ドミナント・エクスチェンジ，プロプライアタリー・スタンダードの構築

ドミナント・エクスチェンジ，プロプライアタリー・スタンダードを構築する際に最も重要なのは，それまでのボンディング・プロセスを上記で見たように適切に発展させていくことである。以下の点が，業界標準構築上の障害になる。

① いつでも，どの市場セグメントでも業界標準が作れるわけではない（業界が大きく変動する黎明期，分散状態の方が構築しやすい）。
② 業界標準ができたとしても1社で独占できるとは限らない[21]。
③ 全ての企業がプロプライアタリー・スタンダードを構築，維持できる能力を持つわけではない。

プロプライアタリー・スタンダードを狙うには，上記の障害に留意しつつ，以下の要件を満たす必要がある。

① 補完事業者にオープンなプラットフォーム：多様で多数の補完事業者を引き付ける。
② 補完事業者のロックイン：補完事業者が多数のスタンダードに合わせ設計変更等を行うことはコストが高いと感じる程度に，スタンダードと補完事業者のインターフェースが複雑。
③ プロプライアタリー：生態系システムの経済レントを最大化したいのであれば，スタンダードや取引所は競合他社には模倣困難な自社製にし，急速に進化させ続ける必要がある。

【第5節】規格競争の戦略定石

前節では業界における標準をめぐる競争をボンディングのプロセスで見てきたが，標準競争の戦略定石は，①規格のライフサイクル，②規格競争の種類，③業界内序列によっても違ってくる（山田，2004）。その定石の全体像をまとめたものが**表5**である。

Haxらはどちらかと言えば顧客関係に力点を置いてスタンダード化のプロセスを見ているが，山田はどちらかと言えば事業者側に力点を置いて記述しており，この

2つの観点によってビジネス生態系戦略はより実効性を持つだろう。

▶開発～導入期の戦略

スタンダードを狙う際には，開発～導入期において，同世代内競争に加えて前の世代の標準を置き換える競争がある。その際に「どの規格が最も技術の大きな流れに沿っているか」という読みは必須である。並立する規格の機能がほぼ同一であるならば，非連続的で不可逆的な技術革新を選択するべきである。導入期のコスト高はその後の市場拡張によって劇的に低下できる場合もあるので，前世代規格よりも新世代規格のコストが高いということだけでその新規格を敬遠すべきではない。

また開発期の重要な意思決定として自社単独でデファクト・スタンダードを目指すのか，他社と協調して目指すのかという判断が挙げられる。競争か協調かを包括

表5　標準規格をめぐる競争における戦略定石

	世代間規格競争	世代内規格競争
開発期	①技術の流れに沿う　②競争／協調の選択　③バンドル／アンバンドルの選択	
導入期	①桁違いの優位性　②含みの多い技術	①ファミリー企業をつくる　②ソフトウェアを早く普及させる
	③キラー・アプリケーションの発見	
成長期		《リーダー》　①継続的イノベーション　②互換性の堅持　③安定的「よい競争業者」を育てる　④ドミナント・デザインの確立　《チャレンジャー》　①「1つ先」か「1つ上」の標準化　②オープン政策　③リーダーと異なる市場開拓　④バンドリング政策　⑤新たな公的標準化　⑥ニッチ市場の深耕
成熟期	《リーダー》　①規格の延命　②互換性／革新性の選択　《チャレンジャー》①求める機能を全く違う方法で提供	

出所：山田（2004）をもとに著者加筆。

表6　競争か協調かを考察する条件

	競争が望ましい	協調が望ましい
customer		
・市場規模	小	大
・ニーズの同質性	異質	同質
competition		
・参入企業数	少	多
・競合との力関係	競争優位	競争優位ではない
company resource		
・事業目標	利益率志向	売上高志向
・規格のコア技術	自社で充足	自社で未充足

出所：山田（1997）p.106を一部修正。

的に考察するには**表6**のような6つの視点を適用するとよいだろう。

　開発期には補完製品のバンドリング（補完製品と一体でなくては販売しない）・アンバンドリング（補完製品も独立して販売）の選択も重要な意思決定である。単体でも通用する製品やサービスをセットにまとめ，買い手に対して一体でなくては売らないという条件付きで販売するバンドル戦略において，何が本体で何が補完製品かは企業によって定義が変わり得る。端末を本体として，付属ソフトをバンドルにするパターンもあれば（例：ゲーム機とゲームソフト），提供される情報が主で端末がバンドルされる（例：Bloombergの提供情報とターミナル）パターンもある。アンバンドリングは「システムやサービスを分解して提供すること」（名和，2000）であるが，1969年にIBMがそれまで一体化して売っていたハードとソフトを，分離して別売りしたのが始まりと言われる（林，1998）。

　基本的には**表7**でプロプライアタリーが望ましい状況ではバンドリング，オープンが望ましい状況ではアンバンドリングが適切となる場合が多い。

　導入期には世代間・世代内の両方の競争において「キラー・アプリケーション」を発見することが必要になり，世代内競争ではファミリー企業の育成が鍵となる。キラー・アプリケーションとは，その規格でなくては実現できない用途のことである。古い例で言えば，ソニック・ザ・ヘッジホッグを遊びたいがゆえにセガのメガドライブを購入する，Wii Fitのために任天堂Wiiを購入するような例である。このキラー・アプリケーションは必ずしも企業側が意図したものだけではなく，予想外の用途を顧客が発見しキラー・アプリケーションになる例もあるので，市場を注

表7　プロプライアタリーかオープンか

	プロプライアタリーが望ましい	オープンが望ましい
Gabel (1991)	・傑出した力を持つ企業	
Grindley (1995)	・シェア志向 ・利潤志向	・市場規模志向 ・競合の登場が早い ・自社の資源が不十分
淺羽 (1995)	・自社単独で標準が確立できる ・標準確立までの時間が短い	・市場地位が弱い ・資源の社内充足度が低い
淺羽 (1998)	・市場の好みが異質的 ・相対的地位が強い ・勝敗のペイオフ格差が小さい	・市場の好みが等質的 ・相対的地位が弱い ・勝敗のペイオフ格差が大きい

出所：山田（2004）。

視しておく必要がある[22]。

　さらに導入期はファミリー企業の形成が必要だが，これには，①極力強い企業との連携，②OEM供与，③部品供与，④技術供与等の方法がある。ただしファミリー企業を吸引するには，第一に規格の中核部分を握っていなくてはならない。

▶成長期の戦略

　成長期のリーダーは，①絶え間ないイノベーション，②互換性の堅持，③よい競争業者の育成が必要になる。リーダー企業は絶え間ないイノベーションで競合を引き離すことが必要だが，その際に旧製品との互換性を維持することが必須になる。また自社の競争地位を強めてくれるような競争業者を「よい競争業者（good competitor）」と呼び，ポーターはよい競争業者は以下の4つの機能を持つと言う（Porter, 1985）。

- ・競争優位を高める：需要変動を吸収，差別化を引き立たせる，魅力のないセグメントを任せる，独禁法の危険の低下
- ・競争構造の現状を改善：業界の総需要の拡大，供給源多様化
- ・市場開発を促進：市場開発コストの分担，買い手のリスク低減，規格の標準化を促進，業界イメージ向上
- ・参入を阻止：報復の可能性や厳しさを高める，参入の困難さを他社に伝える

成長期のチャレンジャーの戦略の多くは，第9章で語られている要素と重複するが，標準化競争においては特に，①1つ先か1つ上の標準化，②新たな公的標準化が，特徴的な戦略として挙げられる。つまりリーダーとは，土俵を変えて新たな標準化を，次の世代に向けて行うか，現在競争を行っている層の上の層で標準化を狙うということである。1つ上の標準化の例としてSun microsystemsは，パソコンOSでWindowsを逆転することは不可能と判断し，ネットワーク言語「Java」を開発したことが挙げられる。これによって，Microsoftが支配するOS層では戦わず，1つ上の層（ネットワーク）の標準を狙ったのだ。

　リーダーがスタンダードを握った業界において，公的機関等に働きかけ公的スタンダードを構築して，リーダーによる標準化をゼロリセットした例として，松下電送が7割のシェアを握っていたファックス市場で，CCITT（国際電信査問委員会）によって松下とは違う規格が定められ，後発のリコーがトップシェアを奪取した例が挙げられる（浅羽（1995），山田・遠藤（1998）））。

　上記のような定石は，デルタモデルの3種類のシステム・ロックインでも有効である。以降の節では，3種類のシステム・ロックインを詳細に見ていく。

【第6節】プロプライアタリー・スタンダード
(proprietary standard)

　プロプライアタリー（独占的）・スタンダードは自社製品・サービスによる独占的なデファクト（事実上の）標準化である[23]。戦略の対象は自社，顧客，供給業者，補完事業者等が含まれる。補完事業者が自社の製品やサービス・ポートフォリオを強化する製品やサービスを提供してくれるようにオーケストレイト（巻き込み・編成・調整）する。特に，製品を使用する顧客の数が増えるにつれて自社製品（および生態系）の価値が高まるように戦略を設計することが重要となる。Hax & WildeⅡは様々な戦略ポジションのなかでも，このプロプライアタリー・スタンダードが収益率・市場シェア・安定性の3つの面から最も優れたモデルだとしている。プロプライアタリー・スタンダードの概念はやや複雑でイメージしにくいので，事例を中心に説明していく。

▶Microsoftの独占的な生態系

プロプライアタリー・スタンダードの事例として最も有名なのは，Microsoftであろう。Microsoftは，そのスタンダードによる独占的地位を利用していると米国司法省から弾劾されるほどであった。その後AppleやGoogleもMicrosoftに近いスタンダードを形成してきている。

MicrosoftとIntelが構築してきた「ウィンテル・スタンダード（Wintel standard）」はよく知られているが，このプロプライアタリー・スタンダードの最盛期は90年代末から2000年代初期であろう。当時80〜90％のソフトウェア・アプリケーションがMicrosoftのOS（MS-DOS，Windowsシリーズ）とIntelのプロセッサ（286，386，486，Pentium等）に合わせて機能するように設計されており，MicrosoftとIntelの売上高営業利益率はどちらも40％を超えていた。開発期に技術の流れに乗り，導入期にファミリー企業（補完事業者ネットワーク）構築に成功したことが大きかった。

一方で，1980年代に世界一のPCメーカーだったAppleは，独自路線にこだわって補完事業者ネットワーク作りに失敗し，1990年代には凋落した。1990年代中頃から末にかけて，当時AppleのOSで動くソフトウェア・アプリケーションは全体の3分の1程度で，赤字が続いていた[24]。

▶プロプライアタリー・スタンダードの構築プロセス：Intelの事例

Intelは業界のトッププレイヤーではない企業が，どのようにプロプライアタリー・スタンダードを獲得するかというプロセスの好例である。

重要な背景として，当時メーンフレーム業界でNo.1だったIBMがパソコン市場に参入する際に，経営陣がIBMの本社から離れたフロリダ州ボカ・ラトンという場所で事業を開始させて，PCという新事業をIBM本体からのサポートを極力受けない完全に独立した事業にしようとしたことがある。生まれたばかりのIBMのPC事業部は当初，半導体事業のトップ企業であるMotorolaにマイクロプロセッサーの供給を求めた。Motorolaは初期のパソコン業界でトップ企業だったAppleにチップを供給しており IBMの提案を拒否した。そこでIBMは比較的知名度の低いメモリーチップのみを作っていたIntelに協力を求めた。Intelはメモリーチップに全力投球していた時期でもあり，IBMからの要請を快諾した。当初IBMは，Intel製のチップで新製品を導入し，将来的にMotorolaのチップに切り替えようとひそかに計画していた。

導入期はファミリー企業の形成が必要で，これには極力強い企業との連携が必要

ということは既述だが，Intelは業界標準を確立するほどの影響力を持っているのはIBM以外にはいないことを理解していたため，IBMという顧客の維持に大変な努力を払った。IBMでのパソコン事業は順調に立ち上がり，結局Intel製品を重要な部品サプライヤーとして用いた。Intel 8086を生産していた初期のころIntelのマイクロプロセッサー生産能力は限られていたが，同社のスタンダードがパソコン市場で最も大きなシェアを獲得するためには，製品の供給力を拡大する必要があった。これは，ファミリー形成には技術供与等が必要という定石と呼応している。Intelは12社と機器製造の契約を結び，自前製造分を売上総額の30％におさえることにした。これにより8086の供給能力が拡大したばかりか，競合他社を代替品ではなくインテル・スタンダード製品の製造に向かわせることができた。Intelのスタンダードが受け入れられ，その製造能力が向上すると，社内で製造できる量も拡大した。80286プロセッサーのライセンス契約は4社だけに絞り，80386のライセンスはIBMのコンピュータ専用としてIBMにだけ付与された。そしてIntelのデファクト・スタンダードは90％の市場シェアを獲得しIntelは大きな収益をあげてきた[25]。

Intelは補完事業者にも働きかけた。1986年時点で，IBMは自社独自のコンポーネントを中心としたアーキテクチャを回復するまで，80386で製造したコンピュータの販売には消極的であった。一方Intelはデスクトップ型パソコンの製造経験が全く無いCompaqに対し，ノートパソコンでトップ企業になるよう強く勧めた。Compaqにとっては不確定要素が大きかったのだが，結局はデスクプロ386を発売し成功した。

プロプライアタリー・スタンダードが可能となるのは特定の条件に適合した産業分野の，しかも一定の時期だけに限られていることはすでに説明したが，1986年はパソコン業界全体において，従来IBMという1つの会社内の閉じたシステムのなかでバリュー・チェーンの重要部分を全て支配する垂直統合型の業界だったものが，解放されたシステムのなかで様々な会社が業界全体のバリュー・チェーン内の役割を担う，水平型業界に移行するきっかけとなる年であった[26]。

IBMの視点からパソコン市場を見ると，規格間競争では勝利しつつ規格内競争で失敗した構図が浮かび上がる。出遅れたパソコン市場に参入するために徹底したオープン・アーキテクチャ方針をとり，BIOS（basic input/output system：基幹入出力システム）周辺のインターフェース仕様も公開した。その結果，IBM仕様に合わせた周辺機器やソフトハウスが増加し，互換機メーカーも増え，IBMのパソコンはデファクト・スタンダードになった。規格間競争には勝利したのである。

しかし，MPUやOS等の基幹部品の外部販売権を与えたために，IBMは単なる加工組立業となり，利益はIntelとMicrosoftに奪われ，さらには互換機にシェアを奪われてしまった。規格内競争で失敗したのだ。

▶スタンダードを獲得するには

　新たなスタンダードは変革期に構築されやすい。その背景の1つとして，技術の進展によって小さく分裂した専門的な参加者同士が複雑な内容をやり取りするネットワークが生まれた結果，共通のスタンダードを使った方が，そこでの効果的な相互作用を機能させやすいということがある。例えば，2016年はAIを活用したビジネスの変革期かもしれない。IBMは，AIを活用したビジネス生態系の中心になる戦略をとっているように思われる。例えばワトソンを活用してソリューション提案ができるコンサルティング会社をパートナー化しようとしているニュースは[27]，ワトソンをブランド化しつつ，その補完事業者を拡張する準備の一環なのではないか。独の法人向けソフト会社SAPの競争力の源泉の1つは，SAP導入コンサルテイング会社が世界中に展開していることであることを思い出してほしい。

　スタンダードを確立するには主に2つの条件がある。1つめは，自社のビジネスを，オープンなシステム内で補完事業者（顧客を含む）が自然に接し，それぞれが持つバラバラなものを調整・適合し合える中心点となるように位置づけることである。このための定石は前節でも見た。これだけでも決して容易な作業ではないが，2つめの条件と合わせて実行する必要がある。

　2つめは，スタンダードの占有率を完全に握るというものである。全てのスタンダードが市場を占有できるわけではない。実際にはたいていの場合，占有権を握りシステムによる利益を占有できる能力がある会社はほとんど無い。1970年代のビデオ産業勃興時，ソニーはVHSの日本ビクターに先駆けてベータマックスを導入した。これはまさにスタンダードをめぐる争いであり，これに勝てるかどうかは補完事業者の取り込みにかかっていた。日本ビクターはまず日本，そしてヨーロッパ，アメリカの順に業務提携を進め，ビデオのレンタル市場に注力した。ソニーは家庭でのビデオ録画の市場に集中する独自の路線を採用した。優れた製品を最初に市場投入したという優位性があったにもかかわらず，ソニーはこの戦いに敗れた。しかし日本ビクターは1つめの条件を満たしていなかったので，これは大きな投資をした割には引き合わない勝利だった。同社が勝ち取ったスタンダードは，利益を独占できる性質のものではなかった。VHSはプライアタリー・スタンダードではなく，

ソニーも含めてほぼ全てのメーカーが使えるスタンダードになったため，日本ビクターには特別の優位性をもたらさなかった。

スタンダードが補完事業者にとって単純な接点で，しかも安定したものであれば，他社は簡単にまねできる。スタンダードが複雑で常に進化するものである場合や，特許によって保護されている場合には，模倣は難しく，ときには不可能になる。これは自然の結果ではなく，意図的に行動する必要がある。多くの参加者が入りたいと思い，入ってこられるような仕組みがないと，生態系は広がらない。

▶スタンダードの継続

スタンダードのコントロールを維持するには，継続的なアクションが必要である。アドバンストマイクロデバイス（AMD）は，Intelのマイクロプロセッサーをリバースエンジニアリングして同じチップを設計し，それを非常な低価格で売ったが，Intelは効果的にスタンダードを管理し，ビジネスを有利に導いている。前節で成長期のリーダーは絶え間ないイノベーションと互換性の維持が必要という定石を見たように，Intelは以前のバージョンと互換性のある新製品を次々と販売しているため，AMDにとってはその１つ１つの複製をしている時間が無い。もしAMDがIntelとは異なるスタンダードを作ろうとしても，近い将来Intelの次世代製品が市場に入ってくるとなれば，補完事業者にAMDスタンダードへの投資を説得するのは難しいだろう。

こうした背景から，Intelだけが次世代の独占スタンダードとしての次世代マイクロプロセッサーとして市場に認知される。この認知とそれを支える継続的な顧客ニーズを捉えた次世代製品投入が，たとえ価格の安いAMDマイクロプロセッサーが市場に投入されたとしても，Intelの次世代チップを最初に確保する地位を得るためにIntel製品を購入し続けたいと思う高い顧客ロイヤリティの基盤となってきた。

▶アナログ業界でのプロプライアタリー・スタンダード

プロプライアタリー・スタンダードはIT業界だけの話ではなく，アナログでいわゆるローテクノロジーと呼ばれる業界でも十分に実現できる。例えば，Purdy Manufacturesのペイントブラシ（ペンキ用の刷毛）はその好例である。豚の剛毛と木材から成るこの器具は，一見ありふれた日用品のように見える。しかし同社は売上利益ともに急成長し，ホームデポからトップスリーに入る供給業者にも指名さ

れている。Purdyは建設業での塗装工にとってデファクト・スタンダードのペイントブラシになっており，特に専門家に好まれている[28]。

そのペイントブラシは高品質で，丹精込めて手作りされた製品であるが，それ以上に競争優位をもたらしたのは，補完事業者の存在であった。Purdyは学校や職人養成組織に同社製品を無料，あるいは値引きして提供し，さらにサポートも行っている。職人の卵たちにPurdyのブラシを使わせることでその感覚や使い方に慣れてもらい，一人前の塗装工の市場に同社の製品を持ち込んだのだ。また専門家という地位が，この傾向を拡大させている。階級意識の高い専門家であるがゆえに，アマチュアでなくプロしか使わないブラシというブランドイメージが職人たちの間に確立されたことも，同社のブラシの使用に拍車をかけた。こうしてPurdyにとって自己補強的な好循環ができあがった。

【第7節】ドミナント・エクスチェンジ（dominant exchange）

ドミナント・エクスチェンジは情報や貨幣あるいは物的な品目の取引場所を提供する「プラットフォーム（platform）」ビジネスである。多くの人々が訪問，購買，取引をするのに伴って，取引所のプラットフォーム価値は指数関数的に増大する。しかもそれは使われながら成長するので，先行する取引所ほど市場を独占しやすくなる。全てのシステム・ロックイン同様，ここでもセグメンテーションが重要である。1つの分野ではドミナント・エクスチェンジになり得ても，他の分野では失敗する場合もある。

▶楽天のドミナント・エクスチェンジ

日本最大のインターネットショッピングモールとして有名な楽天は，ドミナント・エクスチェンジ型戦略の一例である。インターネットショッピングの顧客は，訪問したサイトの品ぞろえが少なくガランとしていては，がっかりする。顧客は出展されている商品が多い，もしくはある程度の品質を満たした上で出店している店舗数が多いことに魅力を感じる。一方で出店する店舗側は，訪問してくれる顧客が多いインターネットモール（売れるチャンスの大きいところ）に出店したいはずである。楽天のモデルは出店者側から出店料を取る形式だが[29]，出店者か顧客のどちらかだけが圧倒的に多い場合は成立しにくい。出店する店舗の数と訪問する顧客の数がある程度バランスしながら成長することが必要になる。楽天は，インター

図24 楽天の業績推移とドミナント・エクスチェンジ

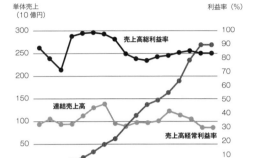

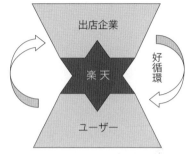

楽天はユーザーと出店企業の間に好循環を生み出し、日本のECでドミナント・ポジションを構築し高業績を達成している

出所：楽天有価証券報告書より。

　ネットコマースの初期からショッピングモールを経営してきたので、比較的この両者のバランスを取りながら成長させることが可能となり、結果的に2015年末時点で42,601店舗という店舗数（1店舗当たりの流通総額は4,810万円）と、7,660万人のログイン会員数という巨大市場の取引プラットフォームを確立したのである[30]。

　この優位性がなかなか崩しにくいのは、単に出店店舗数を増やすのに時間がかかるからだけではない。楽天は楽天大学というネットショップ経営のためのトレーニングを初期から続けてきているが、このようなEコマースと楽天市場活用に関しての知見を持った店舗を多数蓄積するには時間と工数がかかるので、店舗と顧客の両方をいきなり膨大に獲得することは難しい。2014年12月期の国内EC流通総額は前年同期比13.7％増の2兆100億円で、11年に1兆円を超えてからわずか3年での2兆円台突破だった。楽天の2015年第3四半期（7～9月期）決算でも国内グループ流通総額（商品取扱高）は1兆8,743億円で、前年同期比20.9％増と高い伸びを示した[31]。

▶ドミナント・エクスチェンジ間の競争：楽天　VS　Yahoo!

　一見，ドミナント・エクスチェンジのポジションを確立した，日本最大のネット・ショッピングモールである楽天を脅かす存在は，無いようにも思われる。しかし，ドミナント・エクスチェンジ間での競争の場合は話が違ってくる。日本最大のポータルサイトYahoo!は楽天と競合するビジネスに主軸を置いてこなかったが，過去数年でショッピングビジネスを拡大し，猛烈なスピードで楽天のポジションを奪おうとしている。

　Yahoo!の出店店舗（出展者）数は2014年9月末の19万店舗から2015年9月末時点には34万店となり，1年で80％の増加を見せた。2015年上半期にカルチュア・コンビニエンス・クラブ，ソニー，大丸松坂屋百貨店が新規出店し，商品数は2014年の1.2億点から2015年に1.8億点と49％増えた。ヤフーの第2四半期（15年7〜9月）のEコマース国内流通総額は前年同期比18.5％増の3335億円[32]で，特にショッピング関連の取扱高が大きく伸びた。

　このわずかな期間でYahoo!ショッピングの出店者数が楽天を抜いた背景には，楽天は出店料で稼ぐが，Yahoo!ショッピングは売上手数料と出店料は無料で，広告収入で稼ぐことを基本にするというビジネスモデルの違いがある[33]。元々はYahoo！ショッピングは有料で，ストア出店料（初期費用2万1000円，月額費用2万5000円）と売上ロイヤルティ（売上の1.7〜6.0％），ヤフオク!の出店料（月額1万8900円）だったのだが，全てを2013年から無料化した。Yahoo!は，2019年までに楽天市場を抜き，国内ショッピングモール市場でナンバーワンになる戦略を打ち出し，店舗数拡大に関しては予定通りに進んでいる。無料化はリスクのある戦略であり，実際に無料化にヤフーが払った代償は大きく，14年9月中間決算（14年4〜9月）の営業利益は1996年の創業以来，初めて減益となった。手数料収入が無くなる上にネット通販関連のプロモーション費用が生じ，半期で100億円の減益要因となった。

　ドミナント・エクスチェンジとはいえ絶対に揺るがないものではないが，Yahoo!のような日本No.1のポータルサイトといえども，無料化という大きな代償を支払わなくては楽天に対抗できないほど，強固なポジションであるともいえよう。

▶ネット・IT業界以外でのドミナント・エクスチェンジ

　ネット・IT業界以外では，VisaとMasterCardは，金融サービスもまたシステム・ロックインが競争優位をもたらし得る業界であることを示す例である。

American Expressはクレジットカード黎明期から[34]業界を支配する企業だった。同社は高級志向のビジネスパーソン，特に海外出張者をターゲットとする戦略をとっていた。「出かけるときは忘れずに」という有名な広告コピーと，世界中に張り巡らされた支店網がこの戦略をサポートした。American Expressはエリートクラブ会員権を提供することで，特定の顧客ニーズを上手く捉える集中戦略をとった。American Expressは多くの提携先を確保するのではなく，最も名声のある店舗にターゲットを絞る戦略をとった。

Visaは American Expressとは異なる道を歩み，あらゆる銀行が利用できるオープンなシステムを設計して，手数料を低価格に設定して提携先を積極的に開拓していった。表7の基準では規模拡張の期待や，先行者の存在等はオープン戦略の前提になるが，Visaがオープン戦略を選択した当時の状況とも合致する。

AMEXとVisaのカード普及率の差は1980～90年代に大きく開いたのだが，この時期クレジットカードが使える小売店の比率は，AMEXが20～30％台で推移していた一方で，Visaは60～80％台と倍以上の差がつき，この結果Visaがドミナント・エクスチェンジという地位を獲得した。1980年時点でAmerican Express，MasterCard，Visaカードのどれも，流通しているカードは5,000万枚以下だった。しかし2014年には，世界で流通しているカードの80％がVisaかMasterCardで，AMEXが6,300万枚程度の一方で，MasterCardは1億9,000万枚を超えVisaカードは3億枚を超えていた[35]。消費者はできるだけ多くの店が受け付けるカードを持ちたがり，店舗側はできるだけ多くの消費者が保有するカードと提携したがったのだ。

【第8節】アクセス制限（restricted access）

アクセス制限は，配送やサプライ・チェーンの制限等による競合他社のロックアウト（締め出し）である。システム・ロックインの他の2つの手法に比べると，そこまでビジネス生態系への支配力は強くはないかもしれないが，十分に強力なポジションである。

▶ Coca-Colaのアクセス制限

Coca-Colaはアクセス制限の好例で，消費財のトップ企業に君臨しつつ，システム全体のなかで自社の地位を最も有利にするにはどうすればよいのかを注意深く考えている。Coca-Colaは世界で2番目によく知られた言葉で，一番はOKである。

Coca-Colaは世界一のブランドを持っているため，その業績がブランドによるものだと思われがちであるが，Coca-Colaの成功の相当部分は，補完業者各社との間で確立された関係に依存している。

アメリカのソフトドリンク業界には供給業者，清涼飲料水メーカー，ボトラー（地域で製品の製造販売を担当する企業群）配給業者，そして消費者がいる。1990年代末にはCoca-ColaとPepsiCoの2社でアメリカ小売市場の70％以上を占めていた。それ以外にはDr.ペッパー，セブンアップ，シュウェップス，ロイヤル・クラウン等のブランドがあるのだが，コカ・コーラとペプシがとてつもない好業績を上げているのに対し残りのブランド群の業績は高くない。Coca-Colaのビジネス生態系を見てみると，実際にコーラを生産・販売するボトラーは，全ての供給業者からの購入をCoca-Colaに管理されている。その結果，Coca-Colaはボトラーに膨大な規模の経済を提供できる。供給業者はボトラーへのアクセスをCoca-Colaに制限されているので，Coca-Colaに依存せざるを得ない。

Coca-Colaはボトラーにマーケティング，研究，技術，新商品，広告，配給のサポート等ビジネスに必要なノウハウを全て提供している。地域での独占権を与えられる代わりに，ボトラーは配送チャネルへの直送システムなど，Coca-Colaの方針に従って作業を行うことを請け負う。これは販売チャネルの経済性を向上させる。棚のスペースと，飲み物カウンターという物理的制約，ブランドの魅力，ソフトドリンクの持つ高い商品の回転率により，Coca-Colaとその配給業者との間には自然にロックイン状態ができる。

最終顧客である消費者もこのロックインプロセスにおいて重要な役割を持つ。Coca-Colaは初期段階からずっと受け入れやすさ（Acceptability），値ごろ感（Affordability），購入しやすさ（Accessibility）といった明確な戦略を実行してきた[36]。これらの要素は，好循環を作り出すために重要な役割を果たしてきた。

販売チャネルはこうした顧客の需要と高い回転率に応えるため，コカ・コーラを大量に常備する。小売業者は単位面積当たり利益に敏感で，回転率が高いほど利益額も上昇する。したがって，コカ・コーラ用の棚スペースを拡大して他のソフトドリンク用のスペースを減らすことは，小売業者にとって合理的である。コカ・コーラ用の棚スペースが増えると，消費者の需要も増える。需要がより多くの棚スペースを求め，それが多くの需要を生み，さらにまた大きな棚スペースを生むという好循環になってきた。こうした補完事業者と顧客とのロックインが，競争事業者のロックアウトにつながっていることに注意をしてほしい。

コカ・コーラはすでにほぼ世界中あらゆる場所で買える存在となっており，人々は当然どこでも手に入ると思っている。この期待こそが，配給業者と販売業者に商品の在庫を準備せざるを得なくさせ，業界支配に拍車をかけるのである。

【第9節】生態系間競争

　ビジネス生態系間にも，山田（2004）が規格間競争，根来（2013）がプラットフォーム間競争と呼ぶような競争が存在する。ビジネス生態系間の競争では，ネットワーク効果ゆえに「独り勝ち」（Winners take all：WTA）現象が起こりやすいと言われるが，参加企業や利用者が多ければそれで勝者になるわけではない。ビジネス生態系間の競争では，ネットワーク効果とビジネスモデルの確立の双方をにらむ必要がある[37]。

▶ビジネス生態系間競争で一人勝ちを覆す要因

　ビジネス生態系の成功要因は前節までに見てきたが，ビジネス生態系間競争において一人勝ち状態を覆せるか否かには以下の要因が影響を与える。①マルチホーミング（multi-horming），②隔離されたニッチ市場の数と大きさ，③市場の成長，④スイッチング・コスト（switching cost），⑤政府の規制。
　マルチホーミングはユーザーや補完プレイヤーが複数のビジネス生態系を利用することであり，そのメリットが大きい場合は一人勝ち状態は維持しにくい。
　大きな市場のビジネスと両立しにくい（隔離された）ニッチ市場の数と大きさも，一人勝ちに影響を与える。例えば「当日予約」というニッチ市場は，楽天トラベルのような大手旅行プラットフォーム企業は参加しにくい[38]。
　SNSのように急激な成長が続いている市場では，先行していたMyspace（2003年サービス開始）は，2004年に米国の学生限定でサービスを開始したFacebookに抜かれている。日本でも，先行していたmixiのサイトビューを，2012年にはFacebookが抜いた。
　利用しているサービスを変更する際にかかるスイッチング・コストは新規利用者には無関係であり，急成長サービスの場合，どんどん新規利用者が入ってくるからである。通常先行プレイヤーはいかにスイッチング・コストを高めるかに注力し，後発プレイヤーはいかにスイッチング・コストを低くするかに注力する。
　複数の市場が接続されやすい場合も，一人勝ちが覆されることがある。国内市場

と海外市場が接続されやすい場合，国内でトップシェアだったプラットフォームが海外サービスの参入によって逆転されるというケースを時折目にするだろう。早期から海外での展開を検討しておく，もしくは海外企業参入時の対処を想定しておく必要があるのだ。

政府が独占禁止等の規制を強化する場合も，WTAメカニズムは働きにくくなる。2016年に，EUは主要テクノロジー企業の交渉力や大量データの支配によって，同業他社と顧客の利益が損なわれないようにする方法を検討中とのニュースが流れた[39]。

【注】

1 業界生態系や業界スタンダードを扱った戦略の研究自体は1980年代からあったが，1990年中盤以降に加速し，2000年代にはオープン・イノベーション（Chesbrough, 2006）等のコンセプトも取り込んで発展してきた。
2 Moore（1996）は業界生態系ではなくビジネス生態系という言い方を推奨している。生態系のようなダイナミックな経済活動を"業界"の括りで語ることが難しくなってきているからである。
3 本章は全体にHax & Wilde II（2001）を参考にしている。邦訳は存在するが（『デルタモデル』，サイコム・インターナショナル監訳，ファースト・プレス，2007），残念ながら絶版になっている。詳しく知りたい方は原著にあたっていただきたい。
4 Iansiti & Levien（2004）が言うように，この生態系という概念は，生物や自然の生態系からのメタファーである。相互依存し影響し合っている点等自然環境の生態系とビジネス生態系の共通項は多く，自然環境の生態系から学べることは少なくない。
5 ここで言うビジネス生態系アプローチは，系列（business affiliation）と同じではない。補完事業者と協業する関係を構築する点ではビジネス生態系と系列は同じだが，ケイレツは比較的クローズドな環境で，中核企業のもとに長期的な取引関係を前提にグループ化された企業群である。系列内の企業間で，企業間取引を行い株式も持ち合い，人的資源の共有等が行われる。一方ビジネス生態系アプローチは，よりオープンな環境で，中核企業は補完事業者を引き付けるプラットフォームを提供する立場である。
6 Moore（1998）ではこの定義に加えて金融機関，業界団体，標準化機関，政府等も生態系のプレイヤーに含まれている。
7 山田（1997），新宅他（2000）等を参照。
8 標準化（standardization）と規格（technical standard）はしばしば混同して使用される。JISの定義では標準は「人々の便益を向上させる取り決め」であり，規格は「標準のうち，品物またはサービスに直接・間接に関係する技術的事項について定めた取り決め」である。
9 米国のDolby Laboratoriesは，自社の開発した雑音低減システムであるドルビーシステムの仕様は一切公開せず，メンテナンスも自社単独で行い，大きなシェアを維持している。

10 自社の規格がある程度浸透した場合の負け組のコストは大きい。例えば，ソニーがベータマックスを発売後，VHSを併売するまでに13年，撤退するまでに27年を要した。

11 平成11年版通信白書によれば，日本での世帯普及率10％に至るまでの所要年数が電話76年，Fax19年，パソコン13年だったものが，インターネットは5年であった。2004年のボーダフォン日本法人（現ソフトバンクモバイル）から発売されたノキア「Vodafone 702NK」が日本でのスマホ発売開始とするならば，普及率10％を超えたのは2010年である。その後3年で普及率は6割を超えた。

12 特に成長市場での差は大きい。Reinertsen（1983）によれば，年率7％成長市場においては，開発コストが50％超過した場合の利益に及ぼす影響が1.7％，上市が6か月遅れた場合の利益に及ぼす影響が7％と5％程度の違いなのに対し，年率20％成長市場において開発コストが50％超過した場合の利益に及ぼす影響は3.5％，上市が6か月遅れた場合の利益に及ぼす影響は33％と，30％もの差になる。

13 日経テクノロジーオンライン 2009年7月13日 「LED照明の標準化で先行した韓国，狙うは国際的なリーダーシップ」

14 フロッピーディスクやマイコンはその事例で，成熟期に他の規格への代替が急速に進んだり，価格が急激に低下することでキャッシュが回収しにくくなった。

15 カシオは1993年ごろワープロ市場でシェア5位だったが，95年にダーウィンという他社の文書フロッピーの読み込み・書き出し可能な「10社互換ワープロ」を発売した。当時文書フロッピーの互換性が無いため同じメーカーのワープロを使い続けざるを得なかったユーザーが他社に乗り換えるためのコストを下げて，下位メーカーのカシオに乗り換えさせる戦略であった（山田，2007）。

16 キヤノンのパソコン「NAVI」はパソコン・ワープロ・電話・ファックスの複合機という，当時としては画期的製品だった。作業のほとんどがタッチパネルで可能であり，この点でも先進的であった。NAVIはMS-DOSをベースにしていたが，複合機能を最大限に活かそうと擬似マルチタスク機能を付加したために，他のMS-DOSマシンとの互換性を無くしてしまった（山田，2004）。

17 Hill（1997），West（2003），Chesbrough & Appleyard（2007），平野・アンドレイ（2010）等を参照。

18 ポーターも補完製品をいかに競争優位につなげるかを論じているが，補完製品は間接的な要因であり，どのように5つの競争要因に影響を与えるかを考察すればよいという認識であった。

19 補完事業者という概念はNalebuff et al.（1996）に詳しい。

20 Haxは，ドミナント・デザインから開始するとしているが，筆者の経験則ではカスタマー・ロックインからの開始もあり得る。

21 IoT，インダストリー4.0も標準構築競争の側面があるが，参画各社が自社に有利なスタンダードを構築しようと綱引きをしているなかで，どのプレイヤーも特別に儲かるわけではな

い結果になる可能性もある。同時にその生態系に入っていないことが不利となるリスクもあるので多彩な企業（国も）標準構築に参画しようとしている。

22　例えばデンソーのQRコードは，企業側は物流・流通の履歴管理を意図して作ったが，携帯電話での読みとりがキラー・アプリケーションとなり拡張した。

23　スタンダードには，デジューレ標準（dejure standard）という，ISOのような公的機関によって標準と認められた規格や製品，デファクト（事実上の標準：de facto standard）という，公的な標準ではなく，Windowsのように市場シェアの獲得によって事実上の標準とみなされるようになった規格や製品，オープン標準（Open Standard）という，Javaのように誰にでも自由に無償で利用できる規格や製品がある。

24　せっかくプロプライアタリー・スタンダードが自然発生的に構築されていたのに，それに気が付かず，ポジションを失う場合もある。Novellのネット・ウェアLANのOSを補完するサード・パーティ企業のアプリケーションは5,000にも及び，90年代中盤には当該セグメントの70％のアプリケーションがNovell OSのスタンダードに沿っていた。しかし，MicrosoftがLAN OS市場にも後発で参入し，ほとんどただ同然でWindows NT（MicrosoftのLAN OS）製品を売りまくった。Novell自身の戦略的失敗もありNovellは1年でシェアが7％も減少した。

25　確立したプロプライアタリー・スタンダードを用いて，Intelは価格に巨額のプレミアムを課している。プレミアムは次世代のマイクロプロセッサー向けが最も高い。そして競合他社がその新チップの類似製品を製造できるようになるころには，価格が下がるのである。1982年に80286プロセッサーを導入したときには360ドルだったが，1993年にはわずか8ドルになった。80486も1989年の導入時には950ドルだったが，1993年には317ドルになった。

26　OracleやCiscoもプロプライアタリー・スタンダードを確立した会社である。Ciscoの代表的な製品はルーターである。これを最初に売り出したのは同社ではないし，またその製品自体もベストとは言えないにもかかわらず，Ciscoは市場を支配している。顧客は，インターネットの基幹部分を広く占有している他のCisco製品ルーターとの間で信頼性の高い通信を行うために，Cisco製ルーターを使用する。こうした顧客はCisco製品をサポートする訓練を受けたサード・パーティーの技術者に依頼するが，この分野での優れた人材は少ないので，こうした技術者は非常に重要な補完業者となる。

27　KPMGコンサル，「ワトソン」導入支援サービス記事。2016/5/26日本経済新聞電子版
28　http://www.purdy.com/
29　2015年5月29日付楽天出店サポートマガジン『楽天逆転プロジェクト』メール版『楽天出店で失敗しないために』
30　http://corp.rakuten.co.jp/about/strength/data.html
31　楽天は2015年から国内グループ流通総額と表示を変更。国内EC総額のほかに，Edy・楽天ポイントカード・クレジットカードの取扱高，楽天トラベルの予約流通総額が加わった。第1四半期（15年1〜3月期）の国内グループ流通総額は1兆7,379億円で，前年同期

比12.8％の増加。第1四半期（4～6月期）は同24.2％増の1兆8,738億円。そして第3四半期（7～9月期）が同20.9％増の1兆8,743億円だ。15年12月期の通期決算では国内グループ総額は7兆円の突破を狙っている。http://biz-journal.jp/2016/01/post_13136_2.html

32　内訳は，主力のヤフオク！等オークション関連の取扱高が同5.8％増の2,032億円，Yahoo!ショッピング等ショッピング関連が27.3％増の1,139億円。買収したオフィス用品配達のアスクルのネット経由の取扱高が163億円。

33　ヤフーの親会社，ソフトバンク社長の孫正義氏は13年10月7日，Yahoo!ショッピングの出店者向けのイベントで講演し，Yahoo!ショッピングとヤフオク！の出店無料化を発表した。

34　American Expressはクレジット（分割払いを）カードではなくチャージカード（一括払いのみで，分割払いは求められないカード）の時代から事業を開始していた。

35　SEC filings from Visa, MasterCard, American Express and Discover

36　この3つを合わせてAAAと呼んでいる。

37　第7節で楽天とYahoo!の生態系間競争を見たが，現時点ではその勝負の行方は予測しにくい。その背景としてこの2者の競争は，第14章，第15章で解説する多角化企業同士の競争であることからより複雑性の高まった競争である点も挙げられる。

38　宿泊施設側としては，キャンセル等によって生じた当日予約分を大手サービスに安く提供するのは難しく，また安い価格を狙って当時まで予約しないユーザーが増えると，一般の予約サービスの収益が下がってしまう（根来，2013）。

39　欧州委員会のデジタル経済・社会担当のエッティンガー委員が作成した文書によれば「オンラインプラットフォームが課した不均衡な条件が企業活動に最も有害な影響を与える恐れがある」とした上で，「投資を促し，よりバランスの取れた契約関係を確保するため，データへのアクセスやデータ保有に関する法的確実性を担保する必要性」があるとされた。規制当局はオンライン各社に対して一様に適用するルールではなく，「個別の問題に対処するアプローチ」の導入を望んでいる。EUによると，オンラインプラットフォームにはAlphabet傘下Googleなどの検索エンジンやFacebookなどソーシャルメディア，Uber Technologiesなどの共有型経済サービス等が含まれる。」Wall Street Journal　2016年4月28日

第7章

主要な競争戦略④
実践としての戦略
(Strategy as Practice)，業務効果と現場

▶現場と経営戦略

　製造業，サービス業を問わず，日本企業の幹部や社員から"現場の重要性"を聞くことが多い。現場が大事という意見は日本以外でも聞くのだが，日本企業が「現場」，「現場力」，「現場発の戦略」というときには，単に業務が実際に行われている場という意味を超えた様々な意味合いが込められているようである。一方で，現場発の戦略を支える理論的背景が無いという指摘もある[1]。また，いわゆる「現場主義」を，現場を美化するあまり部門別の閉鎖的な傾向を強める危険性があるのではないかという懸念から，現場と組織間および組織外との連携という観点で捉えなおす必要があるとも言われている[2]。

　発展途上段階ではあるが，現場論の理論的背景となり得る戦略理論として「実践としての戦略」(Strategy as Practice : SaP) という，欧州の研究者を中心に提唱されてきた比較的新しい戦略理論がある[3]。既存の戦略論では，現場のマネジャーやスタッフの持つ利用価値の高い実践知にアプローチし戦略化 (strategize) するという観点が弱かったのだが，SaPはそこを補おうとする。SaPは「組織は実践に従い，戦略は組織に従う（実践　→組織　→　戦略）」という流れを提示するが，そもそもその実践は何らかの戦略の枠組みのなかで行われているという構造を前提にしている（大森，2015）。「組織は戦略に従う」という Chandler (1962) の著書は，Du Pont社の成長の歴史を検証していくと，事業の多角化が進展するにつれて組織構造が大きく変化してきたという発見事実をもとに書かれた。一方で，「戦略は組織に従う」という見方も存在する。現場起点の戦略論は，「戦略・組織・現場は互いに影響し合う」戦略論とも言える。

　SaPはこれまで経営トップか戦略策定担当者のものであった戦略を，マネジャーレベルの現場実践に落とし込んできているが，まだライン現場にまでは落とし込まれていない。その点では，日本企業がイメージする「現場」とはまだ乖離がある。

ゆえに，本章ではSaPに加えて「統合型ものづくり戦略論（藤本，2007）」と「現場論（遠藤，2014，2011）」を説明し，現場起点の戦略論構築のヒントを探っていく。

【第1節】「実践としての戦略」
(Strategy as Practice : SaP)

▶「実践としての戦略（SaP）」とは

　SaPとは戦略化（strategizing：戦略を構築するプロセス）に力点を置いた戦略論である（Whittington, 2003）。SaPが何かは既存の戦略論と比較するのがわかりやすい。これまでの主流な戦略論の特徴をやや乱暴にまとめると，以下のようになる。
① どんな戦略（コンテンツ）に効果があるかの定式化に注力
② 効果のある戦略は環境分析によって策定可能であるという前提を置く。
③ 分析単位は企業，打ち手，部門，経営者で，主対象は経営者（もしくは公式な意思決定に関わるマネジャー）

一方で，SaPの特徴は以下のようなものである。
① 戦略が策定されるプロセスから現場での業務遂行のルーチンプロセスまで，人々の相互作用を含めた「プロセス」に着目
② どのようにある戦略が効果的と認識されたか，もしくは現場の実践が戦略につながり得る有用なものと認識されたかに力点を置く。
③ 分析単位は個々人の行動と実践で，対象は経営者，マネジャーのみでなく，現場組織と個人

　SaPは「現場の個々人の行動と組織との相互作用」にも光を当て，それを組織全体のなかでどのように位置づけるかを考える戦略論であるが，まだ発展初期段階の戦略理論であり，統一された精緻なアプローチはまだ無い。このどこが戦略論なのかと違和感を持つ実務家や研究者も少なくないが，現場を起点にした戦略構築を可能とする戦略理論に発展する可能性も持っていると思われる。

▶SaPの理論的背景

　SaPは国内ではまだほとんど紹介されていないので，理論的背景を概観しておく。
　伝統的な戦略論のなかでも戦略構築のプロセス自体は，ケネス・アンドリュースやアルフレッド・チャンドラーJr.が触れてきたが，どれも経営戦略の立案は主に

経営者によるものという前提を置いていた。トップが戦略を構築し，現場がそれを実行するという二分法的な見方が定着し，戦略構想において「実行から学ぶ」という組織学習の視点があまり顧みられず，実行段階での柔軟性がないがしろにされてきた[4]。

　ジョゼフ・バウアー，ジェームズ・クイン等は戦略構築プロセスに着目し，特にバウアー（Bower, 1970）は資源配分の意思決定プロセスとしての戦略構築には，トップのみではなく現場マネジャーも関与していたことを指摘した。バーゲルマン（Burgelman, 2002）は公式の戦略構築プロセスと，公式・非公式の個々人の活動の関係性を研究し，個々人の活動が組織のなかでどのような意味を持つのかを明らかにした。これらの一連のプロセス派の戦略研究と従来の戦略論との違いは，「人々が何を行っているか」に焦点を当てたことであった。

　Whittington（1996）は，プロセス・アプローチに基づきながら，個人レベルの細やかな活動や相互作用にまで焦点を当てた「実践としての戦略（SaP）」論を提唱した。SaPは組織のなかで「人々が何を行っているのか」に加えて「そうした行為が組織や制度のあり方（コンテクスト）にどう影響を与えているのか，そしてそこからどのような影響を受けているのか」という関係性自体にまで踏み込んでいることがプロセス・アプローチとの違いである（宇田，2015）。SaPは，リソース・ベースト戦略も重要視している点だが，必ずしも十分踏み込み切れていない「組織の非公式なルーティンや活動が競争優位ににどう貢献しているか」（Barney, 1986）を明らかにしようとしているのも特徴である。

▶SaPの全体構成

　Johnson（2007）は図25のような形で，SaPにおける戦略論の各領域間のつながりを整理した。縦軸は戦略のよりマクロレベルに関心があるもの（上）と，よりミクロレベルに関心があるもの（下）があることを示す。制度的フィールドとは社会的通念であり，つまりその組織が属する社会で適切・妥当と思われている行動や考え方である。個人の行動も企業行動も属する社会の制度的フィールド（制度領域における慣行）の影響を色濃く受けるということがSaPの前提の1つである。多くの戦略論は，この点を明示的に強調してこなかった。縦軸の中間レベルは企業の組織的行為であり，現在の戦略経営領域の中心的でオーソドックスな研究分野であり，主に米国系の研究者によって主導されてきた。縦軸の下は組織の個々人の活動，実践である。

図25 SaPにおける経営戦略の分解図

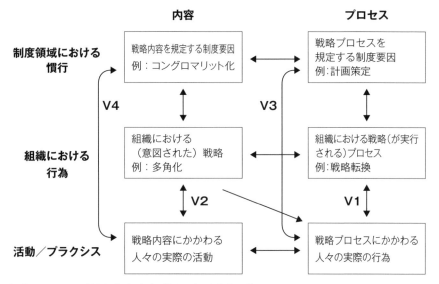

出所：Johnson（2007）と大森（2015）を参考に修正。

　横軸は「どのような戦略か（内容）」を考えるもの（左）と，「どのように戦略が実現されるか（プロセス）」を考えるもの（右）があることを示す。内容側では，多角化や競争戦略，M&A，国際化，イノベーション等が挙げられる。プロセス側には，戦略転換，戦略的意思決定，戦略の実行等が挙げられる。SaPではよりミクロレベル（下）に焦点を当てるが，カテゴリー間の関係性も重要視しているので「縦のつながり」を4種類提示している。V1は人々の様々な活動と組織レベルのプロセスとの間のつながりに着目している。V1の上向き矢印である「人々の行為が戦略へ影響を与える側面」と，下向きの矢印である「その戦略（公式なシステム）が人々の活動を左右する側面」の相互作用を記述することがV1である。V2の枠組みは組織の戦略と組織内の活動の間のつながりを示している。いかに人々の活動は，組織の戦略に裏打ちされているのかというのが中心的な問いである。V2の上向きの矢印は戦略内容に関わる個々人の活動（戦略構築へのインプット）であり，V2からの下向きの矢印は公式な戦略が個々人の活動に与える影響である。

　例えば，Intelは，かつて公式な戦略ではDRAMというメモリを主事業としていたが，DRAMの収益性は低下していた。社内の厳格な管理会計システムが，収益

の低下が進むDRAMへの資源配分を抑制していた（V1の下向き作用）。一方，現場では公式の戦略にはないが，収益性の高いマイクロプロセッサーの開発が進められ，資源配分を受けていた。管理会計システムによる資源配分の審査を経て（V1の相互作用），経営陣はマイクロプロセッサー企業への転換を公式な戦略として意思決定した（V2の上向き作用）（Burgelman, 2002）。

▶創発戦略とSaP

SaPの特にV1，V2は，ミンツバーグとウォーターズ（Mintzberg & Waters, 1985）が指摘した「意図された戦略の多くは意図せざる結果に至る」問題に対応している。ミンツバーグは，実際に実行される戦略は当初意図された戦略がそのまま実行されるのではなく，実現されない戦略もあり，さらに（当初予想していなかった）偶発的成功パターンが途中で織り込まれて実現されていくとしている。

V3は，制度化された戦略的マネジメント・プロセスと組織内の人々の諸活動との関係を示し，戦略プロセスを規定する制度要因と，戦略プロセスに関わる人々の実際の活動との相互作用に着目している。この制度要因には社会規範や組織文化が含まれるが，組織で暗黙に共有された価値観（組織文化）は，その組織が，何ができるかできないかを決定すると言われている（Schein, 2003）。

V4は，戦略の内容を規定する制度要因に着目しようとするものである。特に，

図26　ミンツバーグの実現された戦略における創発戦略の位置づけ

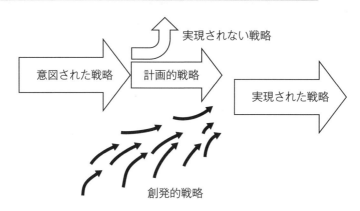

出所：Mintzberg & hampel（2005）。

企業がどの戦略を採用するかに対して制度要因がどのように作用しているかを，組織内の人々の関係性にまで踏み込んで見ていく必要性を示唆している。

SaPの研究の中心はこれまでは欧州で，今のところそこでの研究対象の中心は経営者，ミドルマネジャー，コンサルタント等であり，「現場」までを対象にした研究は少なかった。日本でのSaP研究は始まったばかりだが，「現場」を対象にした研究に力点が置かれている[5]。SaPは日本発の研究が世界の戦略研究をリードする可能性のある分野であり，同時に，実務面で日本企業の現場力を競争優位性の源泉とするヒントもあると思われる。現時点では実務家への使いやすい示唆にまで落とし込まれていないが，図25に自社の状況を落とし込んで議論することから始めてもよいだろう。

【第2節】統合型ものづくり戦略論

現場重視という概念は以前からあったが，その現場をどのように戦略のなかに位置づけるかは必ずしも明確ではなかった。現場の組織能力と経営戦略をある程度関係づけたのは藤本 (2007) と遠藤 (2014, 2011) であろう。藤本は主に製造現場に力点を置いて，競争力につながる組織能力とは何かを統合型ものづくり戦略論として提示した。当初は製造業を対象にした戦略理論であったが，徐々にサービス業へも適用を広げていった。

▶アーキテクチャと組織能力

藤本は，「製品とは設計情報が素材＝媒体に転写されたものである」という「情報価値説」的な製品観に基づき，「現場」の実力は，製品・工程の設計思想 (architecture：アーキテクチャ) と現場の組織能力との相性に左右されるとしている。本書ではアーキテクチャに関しては詳しく触れないが，製品アーキテクチャには大別して「すり合わせ (integral：インテグラル)」型という部品設計を相互調整して，製品ごとに最適設計しないと製品全体の性能が出ないタイプと，「組み合わせ (modular：モジュラー)」型という部品 (module：モジュール) の接合部 (interface：インターフェース) が標準化していて，これを寄せ集めれば多様な製品ができるタイプの2種類がある。

PCシステムは組み合わせ型製品で，演算，印刷，投影等の達成したい機能があるが，演算にはPC，印刷にはプリンター，投影にはプロジェクターと，機能と製

品が1対1で対応している。それぞれの間が標準化されたインターフェースでつながれるようになっていて、インターフェースの基準さえ守っていれば、プリンターの開発者はプリンターの開発のみに集中できる。このような分業が可能になるデジタル製品の多くは、組み合わせ型である。

　一方で、自動車は典型的なすり合わせ型製品と言われる。走行安定性、燃費、快適性等の機能を高めようと思えば、それぞれの機能がボディフレーム、エンジン、サスペンション等の様々な構造と複雑に絡む。燃費性能を上げるには、エンジンが重要なのは言うまでもないが、ボディの軽量化も必要になる。一方で走行安定性を求めると、ボディ剛性を強化（全体に重く）する方がよい。このように様々な機能が様々な部品に複雑に影響し合っていて、何か特定の機能に特化した部品は少ない。こうしたすり合わせ型製品では、部門間のコミュニケーションが非常に重要になってくる。組織間の連携を重視した組織構造と組織文化が必要になり、分業型の組織は難しい。またモジュラー・アーキテクチャには「オープン・アーキテクチャ」というインターフェースが業界全体で標準化しているものがある。このアーキテクチャと組織能力の相性が大事なのだ。

　藤本は、アークテクチャの両面戦略とアーキテクチャの位置取り戦略の2つを提示した。アークテクチャの両面戦略は、得意なアーキテクチャでは従来の組織能力をさらに拡充し、苦手なアーキテクチャでは提携や学習によって組織能力を転換するということである。アーキテクチャの位置取り戦略は、自社の組織能力と市場環境の構造を前提として、最適なアーキテクチャ的な位置取りを工夫するということである[6]。

▶組織の4つの競争力

　組織の競争力は4つの階層で捉えることができ、それらは**図27**のように、①組織能力、②開発・生産現場の「裏の競争力」、③販売・消費現場での「表の競争力」、④収益力である。やや単純化して言うならば、戦後の多くの日本企業の組織能力は統合化であり、部品設計の微妙な相互調整、開発と生産の連携、一貫した工程管理等であった。開発・生産現場の競争力は、製造工程の生産性、製造原価、不良品率、開発や生産のリードタイム等であるが、これらは顧客からは見えない「裏（深層）の競争力」である。価格、知覚品質、納期、サービス、結果としての市場シェアなど顧客の評価に基づくパフォーマンスは「表（表層）の競争力」である。この表と裏の競争力が「収益性」に反映される。

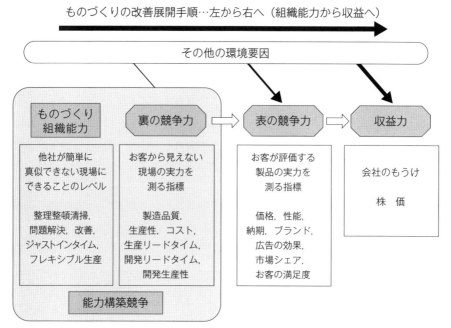

出所:藤本(2007)。

　長期的に安定した競争力を維持するには,企業はこれらの4要素のバランスをとる必要がある[7]。表の競争力が裏の競争力に支えられていなくてはならないし,収益は組織能力に支えられていなくてはならないのである。この表と裏の競争力はどちらも現場で発生するものである。SaPとの関係で言えば図25において,組織における意図された戦略レベルはアーキテクチャと組織能力の相性を合わせることであり,活動・プラクシスのプロセスに「裏と表の競争力」が位置づけられるのである。4要素のバランスがとれるように設計をするためには,図25のV1とV2の相互作用が必要になる。

　アーキテクチャと組織能力の相性という考えと,表と裏の競争力という概念は,現場を経営の全体像のなかに位置づける上で非常に有用なのだが,ではどのように表と裏の競争力を向上すればよいのか,どのように戦略が構築されていくのかに関して,藤本の統合型ものづくり戦略論では必ずしも明快ではない。藤本の表と裏の

競争力は遠藤の現場論で言う，現場力に近い概念と思われる。次節で遠藤の現場論をベースに現場力の構築とそれがどのように戦略に昇華されるのかを見てゆこう。

【第3節】現場発の戦略構築

▶現場力[8]

遠藤（2014）は，現場は「業務遂行主体」であり，現場の力には「保つ能力」「よりよくする能力」「新しいものを生み出す能力」の3つがあると言う。先の2つは定まった戦略を実行する際に重要になる点だが，戦略構築においては3つめの「新しいものを生み出す能力」が重要になってくる。ただし，「保つ能力」「よりよくする能力」が十分満たされていての「新しいものを生み出す能力」である。

戦略立案のヒントは様々な方向から出てくるが，顧客ニーズはその重要な起点の1つである。顧客ニーズからの戦略構築をマーケティング部門，経営企画部門，事業企画部門が担う場合もあるが，顧客接点を持つ営業やカスタマーサービス等の現場から行うことも可能である。もう1つの戦略構築のヒントは社内から出てくる。社内のヒントもシーズ主導で，新たな技術等を生かして価値創造に結びつけるというアプローチに加えて，製造やメンテナンス等の社内の現場からくるヒントもあり得る。

現場にいる社員たちは，単に与えられた仕事をこなしているだけではなく，「お客様はこういうものを望んでいる，こうすればもっと上手く調達できる」等様々な気づきを得ている。つまり，日々の業務を遂行するなかで，現場にいる社員たちが新たな価値の創造につながり得る経営戦略の芽をつかんでいるのである。

▶現場発の帰納法的な戦略構築

現場で発生している問題点や，現場の状況を観察して気がついたこと等をヒントにして仮説としての経営戦略を組み立てる，もしくは現場での試行錯誤が積み上がって結果的に事業戦略へと発展していく，これが現場起点の帰納法的戦略である。帰納法は，観察される個別事例から普遍的な法則性を見いだそうとする方法論だが，遠藤（2011）によれば，日本企業はこうした帰納法的アプローチによって経営戦略を立案することを得意としている。これは，ピーター・ドラッカー（Drucker, 1994）が指摘したナレッジ・ワーカー（知識労働者）が日本企業の現場に一定数いることによって可能となってきた。

例えばコマツのKOMTRAXというネットワークで建設機械をつなぐサービスは，現場発の経営戦略の典型例と言えよう。中国で建設機械の盗難事件が頻発して困っているという現場の悩みが，KOMTRAXの出発点であった。アフターサービスの現場における盗難防止という問題解決のためにGPSという技術に着目したのだ。しかもその活用は盗難防止だけにとどまらなかった。このようなことにも使える，こうした価値にも生み出せると全支店で応用分野が広がり，KOMTRAXという独自の差別化に結びついていった。

ステレオタイプではあるが，欧米の多くの企業のアプローチはそれとは異なり，本社の優秀なスタッフが様々な情報やデータを集め，分析し，経営戦略を策定し，現場にその戦略が降りてくるが，戦略策定する本社と実行する現場には明確な役割分担がある[9]。SaPを適用しようとする際には，こうした企業の経営観の違いにも留意する必要があるだろう。特にそれが国によって違うような場合は，社会規範の違いが企業の経営観に影響を与えている場合があり，一層の注意を要する。

▶現場発の，意図せざる戦略

現場論の帰納法的アプローチは，ミンツバーグが言う創発戦略以上に意図せざる戦略を生み出す可能性がある。創発戦略は，当初何らかの戦略的方向性が存在することを前提としており，会社として意図した戦略に現場の偶発的成功体験がインプットされて実行されるとしている。現場論ではそもそも経営トップが戦略の方向づけをしていない環境下で，現場から湧き上がってきた発見や成功体験から戦略が形作られる場合をも想定している。

その好例は，世界一のクラゲ水族館として大人気の加茂水族館であろう[10]。常時35種以上のクラゲを展示し，その種類は世界一として2012年にはギネスにも認定された。しかし，加茂水族館ではこのような戦略は全く意図されていなかった。加茂水族館は1967年のオープン直後こそ21万人の入館者を集めていたが，1997年に10万人を割って以降は9万人台で低迷を続けていた。日本全国の水族館のランキングで，なんと加茂水族館だけ「ランク外」という状況で，村上龍男館長が[11]「倒産も覚悟していた」どん底の頃に，現場の飼育係が水槽のサンゴから白い泡のようなものが湧き立つのを発見したという。最初は何かわからなかったが，その泡らしきものはクラゲのポリープ（卵）で，（クラゲを目玉にしようという意図等なく）餌を与えてみるとクラゲの幼虫になり，その2か月後には3センチほどのクラゲになった。そのクラゲを試しに展示したところ，来館者はクラゲに食いつき，「きれい！」「面

白い」と楽しそうに鑑賞していたという。
　こうした顧客の反応を見て，徐々にクラゲの展示を増やしていったが，クラゲの飼育は容易ではなく，クラゲが次々に死んでしまった。特殊な設備が必要だとわかったが，資金が無いので職員が自分たちで設計し手作りするなど現場の知恵と努力で，2005年にはクラゲの展示数を20種にまで増やし世界一となった。クラゲの展示を行う「クラネタリウム」は大人気となり2013年度の入場者は27万人を突破し，2014年6月のリニューアル以降は7か月で60万人以上が来場するまでになったという。
　地方の水族館の事例ではあるが，ミンツバーグの言う創発よりもさらに現場寄りの創発的戦略形成事例で，大枠の戦略意図が無い状況で現場から帰納法的に戦略が形成されている。

▶現場と本社のキャッチボール

　現場起点で経営戦略を考えるのと同様に，練り上げた経営戦略をいかに現場における具体的な優位性構築に落とし込んでいくのかという視点も重要である。どこが起点であろうと戦略そのものは抽象的なものである。それを現場における日々の業務に落とし込み，独自の価値を生み出して初めて意味を持つ。顧客に対するきめ細やかなサービス等，顧客にとっての具体的な価値として具現化されたときに，戦略は実現される。そしてそれは，経営の方向性と一致していなくてはならない。そのためには，経営陣もしくは本社で経営の意思決定を司る人々による戦略策定と，現場のキャッチボールが必要となる。先の加茂水族館も現場起点ではあるが，村上館長等の支援無くしてはクラゲ水族館としての成功は無かっただろう。

▶3つの現場レベル

　現場には戦略構築の起点といったチャンスもあるが，同時にリスクもある。全ての現場がよい現場ではなく，「業務遂行主体」としての役割も十分に果たせない現場もあるのだ。戦略構築の起点となるのは，①平凡な現場，②平凡以下の現場，③非凡な現場のうち，③の非凡な現場である。この3種の現場の違いは以下のようになる。

①　平凡な現場：「保つ能力」を有し，現場の本文である業務遂行を確実に行っている。「よりよくする能力」「新しいものを生み出す能力」は確立されてい

② 平凡以下の現場：「保つ能力」にも欠陥があり，品質不良・納期遅れ・サービス劣化が生じている。活動が組織能力にまで昇華していない。
③ 非凡な現場：「保つ能力」「よりよくする能力」「新しいものを生み出す能力」を確立し，価値増大に結びつく創意工夫が継続的に行われている。活動が組織能力に昇華している。

　遠藤（2014）は卓越した競争力にまで昇華している非凡な現場は1割以下，平凡以下の現場は1割前後と推測し，非凡な現場における「よりよくする能力」を強調する。その基盤は終わりのない改善である。トヨタは年間60万件を超える改善が現場で実施され，それによるコスト削減効果は年間数百億円に上ると言われるが，重要なのは，そのような取り組みが50年以上も継続的に行われていることである。さらに「よりよくする能力」で重要なのは，「場当たり的ではなくトレード・オフ（二律背反）を克服する」ことである。現場で日々起こる問題を単に「処理」するだけではなく，その根本的問題に光を当てて「解決」するのである[12]。

▶「よりよくする能力」から「新しいものを生み出す能力」へ

　「新しいものを生み出す能力」の前提は「よりよくする能力」であるが，その「よりよくする能力」を組織能力として定着される背景として，「標準　→　気づき　→　知恵　→　改善」という環境が現場で起きていなくてはならない。この環境は「標準」から始まるが，標準があるのは当たり前と思われる方も多かろう。実は，そもそも標準が無い，あっても形式知化されていない，形式知化がわかりやすいものになっていない，形式知化されていても共有されない，といった現場も少なくないのだ。こうした当たり前のことから確認を始め，平凡な活動を愚直に継続することが，よりよくする能力を定着させる基盤となる。

　現場は小さなことでも挫折するので，継続のためには新たな能力形成を支援する合理的な仕組みが必要となる。その合理的な仕組みは，①阻害要因の除去，②報酬，③競争，④学習という4つの要素から成り立つ。

　阻害要因は時間的なもの（時間が無い，忙しい）と，意識的なもの（やっても無駄）がある。報酬で重要なのは，日常的に現場が行っているちょっとした改善や工夫に関心を示し，褒めることである。現場をちゃんと見ているというサインを送ることも報酬になるのである[13]。そして現場間の健全な競争意識も必要である。さら

には社内外の卓越した現場から学び，自らの現場への応用を研究するのである。よいものを貪欲に吸収することは大事だが，単なる成功事例のモノマネではない。答えとしてではなく，ヒントを求め自分で考える姿勢である。この姿勢があれば，失敗事例からも学ぶことは多い。

▶非凡な現場を作るナレッジワーカー

非凡な現場を支えるナレッジワーカーを育成するには，「現場整備」「条件付与」の2つの視点に基づく8つの鍵に配慮しなければならない。

「現場整備」環境を整える4つの鍵は
・全員をナレッジワーカーに育てる：誰もが「よりよくしたい」という気持ちを潜在的に持つと信じる。
・コア人材を育てる：5％程度のスーパーコア人材育成からスタートし，20％のコア人材の育成に進み，100％を目指す。
・チームで育てる：コア人材を核としたチームを編成，小集団で相互刺激を促進する。
・規律を埋め込み，自由度を高める：自由度を与え創造性を高めるが，その前提として自主管理できる現場を育てる。

「条件付与」条件を与える4つの鍵は
・あえて制約を課す：制約があるからこそ現場は知恵を絞り創意工夫する。
・細部にこだわる：小さくても細部にこだわることで深さが生まれる。
・顧客を背負う：直接の顧客接点が無くても，全ての現場に顧客を背負っている意識を持たせる。
・使命を担う：現場はタスク（作業）に追われがち。大きなミッションとのつながりを意識させる。

現場発の戦略論は体系化，理論化の途上であり，本章で見てきた，SaP，ものづくり戦略論，現場論等が，経営者・マネジャー・現場によって活用されるなかで磨かれていくものと思われる。

【注】
1　ポジショニング戦略等も業務効果（現場のオペレーション）を軽視しているわけではない

のだが,「現場の実践」は戦略そのものではなく「戦略実行の担保」とみなしている。また,多くの競争戦略論は現場からのボトムアップ的なアプローチを重要視していないようである。リソース・ベースト戦略では,「現場力」を優位性の源泉と位置づけることができるのだが,その能力がどのように生み出されるのかがブラックボックスであり,実際に価値ある資源を見いだし維持することが困難であるといった批判がある (Priem & Butler, 2001)。

2　野中・紺野 (2012) は,実践において大事になると思われる共通項を,①共同体あるいはエコシステムにおける企業や顧客,パートナー等の関係性を基盤とすること,②その起点としての「場」,すなわち身体性あるいは相互主観性,③目的を追究して意味や価値を形成していこうとする意識に基づく生命論的な人間力,という3つにまとめ,この共通項の背景として10の原則を提示している。

3　この理論の発展経緯は special issue of the *Journal of Management Studies* (Johnson et al., 2003), Jarzabkowski et al. (2007), Carter et al. (2008) を参照されたい。

4　さらなる理論的背景は奥村 (1989), Mintzberg et al. (2005), 宇田 (2015), 大森 (2015) 等を参照。

5　例えば大森 (2015) の「実践の習慣化と戦略化の関係性」

6　アーキテテクチャの位置取りには4つの基本形があるのだが,紙面の制約から本書ではそこには触れられない。ものづくり戦略論の詳細は藤本 (2007) を参照されたい。

7　リソース・ベースト戦略を広義に捉えると,こうした要素のバランスを取る能力をコア・コンピタンスとみなすことも可能である。トヨタはこのようなコア・コンピタンスを磨き上げて競争力の源泉にしたという解釈も可能である。リソース・ベースト戦略では能力構築プロセスがやや不明確なので,SaPやものづくり組織能力の構築論等と組み合わせることで,実効性が増すだろう。

8　本節は遠藤の現場力,現場論を参考にしている。現場論の詳細は遠藤 (2014) を参考にされたい。

9　多くの日本企業では,本社と現場が土台となって戦略を立案し実行することが基本となっている (Kagono, 1983)。

10　本事例は遠藤 (2014) に詳しい。

11　村上館長は1967年に館長就任。

12　頻出するトレードオフはコストと品質・付加価値であるが,高い現場力によって,このトレードオフが解消されるケースも少なくない。しかし,それゆえに,戦略レベルでトレードオフを解決しようという動機づけが働かないという問題も散見される。

13　ヤマト運輸の小倉社長 (当時) は,宅急便事業を立ち上げているときに,宅急便の扱い高が増えるたびに社員に「どら焼き」を配ったという。月間取り扱い個数が100万個を達成したとき (1977年10月),年間1億個を達成したとき (1983年度) には,ネコの判を押した大型どら焼きを全員に配った (新原, 2003)。「目に見える形で頑張ったことが実感できる。」これも現場への報酬と言えよう。

第8章

細分化と競合分析

　顧客の選定，価値提案，競争相手の理解は，全ての事業戦略における重要な要素である。顧客はある程度自社で選択できるが，競争相手は自社が願うような相手とだけ競争できるわけではなく，想定外の競合と直面しなくてはならない場合も少なくない。しかし，適切な細分化と価値提案によって，自社に利益をもたらす顧客を特定できるだけでなく，競合相手もある程度コントロールすることが可能になり，大企業，中小企業がそれぞれに合った戦略を選択できるようになる。本章は，これまで見てきた事業戦略で共通に使われる細分化，価値提案，競合分析を見ていく。

▶細分化：業界細分化，市場細分化，顧客細分化

　細分化（セグメンテーション：segmentation）は効果的な戦略立案に欠かせないが，混乱しがちな概念でもある。細分化においては，共通要素で括る視点と，差異を特定する視点の2つが必要である。1つは共通する顧客価値で括る視点であり，自社が利益を獲得できる製品・サービスが顧客にとって価値があるように共通要素で括る一方で，競争相手がその対象顧客にアプローチしにくい違いがあるような細分化が理想なのである。

　単に細分化という場合もあれば，業界細分化（industry segmentation），市場細分化（market segmentation），顧客細分化（customer segmentation）ということもある。業界細分化は事業戦略立案を目的として，業界を顧客タイプと製品タイプによって細分化したものである[1]。ポーターは，市場細分化はバリュー・チェーンのマーケティング活動に焦点を当てるが，業界細分化はバリュー・チェーン全体を対象にしており，顧客の購買行動に加えて，コスト要因の違いも対象にするので，市場細分化は業界細分化のなかに含まれる概念としている。

　コトラーとケラー（Kotler & Keller, 2011）は，市場細分化は，市場のなかで"同じような"欲求，購買力，地理的所在，購買態度，購買習慣を備えていて，区別できるようなグループに細分化することとしている。市場細分化の目的は顧客ニーズ

や購買行動の差異を見つけ，自社の能力に適したセグメントに対して，明確に異なるマーケティング計画を実施することを目的とする。顧客細分化も市場細分化と同じ概念である。細分化を行う際には，分析的な視点と創造性の双方が必要であり，何度も試行錯誤を重ねることになる。

【第1節】業界細分化と経済性

業界細分化は，①業界内のどのセグメントで戦うか（どのように業界セグメントを定義づけるか），②1つのセグメントもしくは複数のセグメントで戦うのか，③どのセグメントならセグメント間に移動障壁を設けられるか，という戦略上の論点を考察する際に必要となる。なぜならば，業界の状況は均一ではなく，同じ業界内でも異なった種類のニーズを持った顧客が存在し，特性の違うチャネルが存在し，対応するコスト構造も違っているからである。ビジネス生態系戦略のように，規格の世代間で業界認識が違い，複数の業界をまたがって見渡す必要が出てくる場合もある（例：スマートフォンは携帯電話以外の業界にも影響を与えた）。その場合はいったん業界定義を広げてから細分化することになる[2]。

▶対象セグメントの経済的魅力度と移動障壁

戦略構築において細分化を行う際には，①対象の構造的魅力度や，②競争優位の必要条件（成功要因：key success factor）の違いを考慮しなくてはならない。対象の構造的魅力度を考慮するとは，対象セグメントの顧客に適切な製品・サービスを提供するコストが高すぎないか，対象顧客が業界の構造的な理由からそのコストを回収できる価格で購入するか否かを考えるということである。

競争優位の必要条件の違いを考慮するというのは，そのセグメントの成功要因を（競合と比べて）自社がより保有しているか，成功要因の違い等から他セグメントからの移動障壁が構築できるかを考えるということである。各セグメントの魅力を判断する際に5つの力の考え（第4章参照）の多くが適用できるが，セグメントの潜在参入者には，業界に新規参入する会社だけでなく，他のセグメントから移動する会社があること，他のセグメントで適用している製品・サービスが自社の狙っているセグメントにも適用され得ることに留意すべきである[3]。

欧州の航空業界でホリデー短距離・セグメントとビジネス用高付加価値セグメントは，移動障壁が高い事例である。この2つでは競争優位の必要条件が全く違う。

ビジネス・セグメントでは，必要とされる予約システム，豪華な待合ラウンジ，主要空港における利便性のよいゲート，手厚い機内サービス等，そしてハブ＆スポーク戦略を支える大小複数の飛行機タイプが必要になってくる。一方，ホリデー短距離・セグメントでは，ローコスト・オペレーションに徹したプロセスと，使用料の低い2級空港，そして単一種類の飛行機タイプ等が競争優位を支える要因となる。

▶業界細分化の事例

業界細分化が，業界を顧客タイプと製品タイプによって細分化したものであるということは，例えば下記のような事例である。大学受験サービス業界では，顧客タイプは難関校受験，中堅校受験，補習，推薦，海外留学等の様々なタイプがあり，製品・サービスタイプも大教室授業型，中規模授業型，個別指導型，オンライン型等様々なタイプがあり，図28のような業界細分化が可能である（このマトリクスの全てにサービスが存在するわけではない）。第4章で説明した5つの力を使うと，それぞれの業界セグメントは異なった業界構造をしていて，セグメント間の移動障壁が比較的作りやすいセグメントと作りにくいセグメントが存在することがわかる。例えば地域特化型補習や推薦は地場のノウハウの蓄積が必要で，それには特定地域に根を張ったネットワークが必要であり，別セグメントからの移動は容易ではない。

図28 業界細分化の事例（大学受験サービス業界）

		顧客タイプ				
		受験難関	受験中堅	補習	推薦	海外留学
製品・サービスタイプ	大教室授業型					
	個別指導型					
	オンライン型					
	添削型					
	家庭教師型					
	地域特化型					

出所：筆者作成。

▶業界細分化の継続と業界の境界線

　ポーターはこうした業界細分化を行うにあたって，製品構成の変更や顧客の変化により「業界の境界線は極めて流動的であり，業界細分化は継続的に行う」必要があり，「相互関係の強い全てのセグメントを1つの業界として定義すべき」で，「構造分析の一部として細分化や戦略的相互関係の点検を怠らない限り，業界の境界線をどこに引こうとあまり問題ではない」と言う。ポーターの戦略は業界を固定的に見ているという批判を受けることが多いが，細分化の概念とセットで柔軟性を持たせているのである。

　しかし，一方で「製品と買い手の組み合わせ表は……これから出てくる可能性のある製品や買い手は含まない」ともしており，新たに業界の境界線を引き直す手段には乏しい。ゆえに，新事業創造のように業界の境界性を引き直すにあたっては，後述するブルー・オーシャン戦略における「ノン・カスタマーの3層」のような非既存顧客を探索するツールが必要になってくるのである。

▶新しい業界セグメントの発見

　多くの業界では業界慣習，政府機関が収集する歴史的データ等から定着した細分化変数がある。しかし戦略立案における細分化は既存の常識や定着した分類方法の枠を超える必要がある。戦略立案時には，自社が競争相手よりも買い手のニーズをよりよく満たすか，相対コスト地位を改善できるように意識して細分化を再設計する必要があり，その際の視点は以下の4点である。

① 買い手の価値連鎖のなかで，必要な機能を果たすことができる技術や設計が他にないか。
② 製品の強化によって新たな機能が果たせないか。
③ 製品が果たしている機能を減らすことによって（コスト・価格が低下し），今まで以上にニーズを満たせる買い手がいないか。
④ 製品・サービスの括り方を変える（狭く・広く）ことで売りやすさが変わらないか。

　その際，図29で見るように新たな細分化をしたいのか，広大な新市場を創造したいのかによってアプローチが違ってくる。第10章・第11章で述べるブルー・オーシャン戦略の現地探索の手法は，新たな業界・市場細分化の軸を見つける際にも有効である。

図29　新たな細分化の軸を求める目的

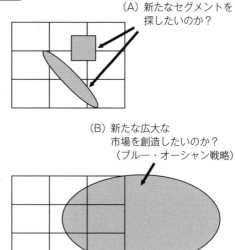

出所：筆者作成。

▶セグメントの相互関係

業界内のセグメントは相互に関係を持つ場合が多い。価値連鎖の活動が共有できるセグメント間の関係をセグメントの相互関係と呼ぶ。例えば同じ製造設備で複数のセグメントに製品を提供できる，同じ営業部隊が複数のセグメントの買い手にアプローチできるなどである。

セグメント間の相互関係が，差別化を高めるか，活動コストを低下させるのであれば，複数セグメントで活動を共有する意味が出てくる。ただし，価値活動の共有における調整・妥協・非柔軟性のコストがその効用を台無しにすることもあるので，セグメント間の相互関係を活用するメリットとデメリットは，可能な限り定量化して比較するべきである。複数セグメントで活動を共有するために調整コストはときに複雑になりすぎてメリットを打ち消してしまうこともある。また，高級品に適したブランドは，汎用品には適さないので，両方のセグメントに適用しようと妥協することで中途半端な位置づけになってしまう。

▶広ターゲット戦略と集中戦略

セグメント間の相互関係が自社の競争優位を生む場合には，複数セグメントにまたがる広ターゲット戦略が選択されるだろう。その際，複数セグメントに対応する調整・妥協コストが，セグメント群を広くとる利点を超えないかは，継続的に判定する必要がある。広ターゲット戦略をとっているからといって全てのセグメントをカバーする必要はないのだが，ときに広ターゲット事業者は魅力の無いセグメントも相手にせざるを得ないことがある。特にそのセグメントが構造的に魅力的なセグメントでの自社の地位を防衛してくれる場合は，戦略的にその魅力的ではないセグメントをおさえておく意味がある。例えば，米国の自動車メーカーは，利益が少ないので小型車セグメントに対応していなかったが，日本メーカーはこの小型車セグメントを足掛かりに米国市場に参入してきた。

セグメント間に最適な価値連鎖の差異があるとき[4]には，特に集中戦略は有効になる。しかし，別の集中戦略をとっている会社と結果的に鉢合わせをすることもある[5]。

▶産業財における業界細分化

業界細分化は産業財市場でも有効である。例えばある種の機械業界で要求される製品の性能は，業界セグメントによって多様であった。その業界の機械メーカーA社は，顧客の半数が，全市場のニーズを満たすべく設計されたトップ企業の機械より2～3割安く製造できるレベルの製品で満足することを発見した。このメーカーA社は業界細分化マップを作り，各セグメントの構造と顧客の要求を見極めた上で内需系中堅顧客に対象を絞り，他の難しいセグメントは競合他社に任せることにした。**図30**のように外需中心の顧客はスペックを絞ることが難しく，海外へのサービス対応にもコストがかかったからである。このメーカーは，狙った内需系中堅顧客に対し標準化して選択できる安価な製品を出し，その市場で支配的な地位を構築した。

▶業界細分化の軸

業界細分化の2要素の1つである市場細分化に関しては次節で述べるが，もう1つの要素である製品セグメントを考察する際に使用できる差異の軸には，以下のようなものがある。

・物理的サイズ：サイズの違いは技術の複雑さと使用方法の違いを表す目安にな

図30 機械業界での業界細分化例

出所：大前（1984）をもとに筆者作成。

ることが多い。
- 価格水準：価格は顧客の価格感受性と，総合的な価値連鎖の違いを反映する。
- 特徴：製品特徴の多様性は技術水準，製造工程，供給業者等の違いと関係がある。
- 性能：性能差は品種別の技術や設計，研究開発，製造技術水準，検査水準の違いと関係がある。
- 使用している資材：品種によって，原材料その他の資材が大幅に異なることがある。資材の違いは供給業者の違い，製造方法の違いにつながる。通常，自動車の素材供給業者は新日鉄やJFEであるが，炭素繊維を使う場合は供給業者は東レや帝人になる。
- パッケージング：品種によって包装形態，配送形態，流通経路が異なる場合がある。
- 新品需要と（販売後）買換え需要：買換え製品は同じ種類の製品とは全く異なる流通チャネルを使うことが多い。新車に取り付けられるタイヤと買換えでは，前者は自動車ディーラーで，後者は自動車用品専門店で売られる。
- 製品と補助サービス・設備：製品の補助サービスは差別化能力，切り替えコスト，およびそれらを提供するプロセスの差につながる。

・一括販売と単体販売：各種製品を一括で売るか，個別に売るかは差別化能力，移動障壁の差につながる。

チャネル（中間買い手含む）は，製品細分化と市場細分化のどちらも出てくる。細分化軸の識別は，業界構造と価値連鎖に重要な意味を持つ製品と買い手の差異の次元を考え出す作業である。ゆえに，業界細分化において最も創造性が必要な部分であり，業界構造と売り手・買い手の価値連鎖への明確な理解が必要になる。

【第2節】市場細分化

▶価値提案と市場細分化：価値提案の3つの質問

独自性を目指す戦略の核は，特徴のある「価値提案（Value proposition）」である。価値提案は第5節で詳しく見るが，特徴ある価値提案のためには「どの顧客」の「どのニーズ」に「どのような相対価格」で販売するかという3つの問いに答えなくてはならない。市場の細分化（market segmentation）は，この3つの問いを考察する前提となる。

▶自らが市場をデザインし，顧客を選択する

顧客は戦略の中心であり，最新の注意を払って適切に市場とターゲット顧客を選ぶこと（targeting：ターゲティング）は最も重要な経営判断の1つである。しかし，実際には多くの企業は，既存の市場細分化に頼り，ターゲティングやスクリーニングを慎重に行わず，顧客からのアプローチを待ち，自社としては必ずしも好ましくない，競合他社にも取り残されたような顧客が増えることになる。

時折，自社の主体的な選択によらず（資本関係等から）適切な顧客を対象として成長を遂げてきた企業が，顧客選定の方針を変えようとすることがある。例えば，豊田通商にとってトヨタを主要顧客とすること，東洋インキにとって凸版印刷を主要顧客にすること[6]はこれまで当然のことで，市場細分化やターゲティングの必要性はほとんど無かった。もし豊田通商や東洋インキがトヨタや凸版印刷以外の顧客に展開をしようとしたときには，これまであまり要求されてこなかった市場細分化やターゲティング能力を構築する必要が出てくる。

市場細分化にあたっては，二次データももちろん活用するのだが，直接VOC（voice of customer：顧客の声）に触れるプロセスがないと，自社独自の市場細分化はできにくい。

顧客の声／VOCは，マーケティングの基本である。きっちりとVOCを拾い，セグメンテーション・ターゲティング・ポジショニングにつなげることの重要性は言うまでもない。ただ顧客の要望を聞きにいけばよいというわけではなく，VOCを拾う際には，以下のような観点も必要となる。

- このVOCに対応することが本当に顧客のためになる（売上が上がる・コストが下がる）のか。
- このVOCは顧客のどのような背景・文脈から来ているものなのか。全社的な方向性と合致しているのか。顧客社内でのニーズの矛盾はないか。
- このVOCに対応する（しない）ことの自社のプラス・マイナスを定量化するとどうなるか。

また，全く新しい製品・サービスを考案する際には，VOCではなく顧客を「観察」することの方が新製品・サービスのヒントや可能性をつかめるときがある。

▶市場細分化のパターン

市場細分化には大別して，①均質型，②分散型，③集落形成型の3つの選好パターンがある。もし学習塾の顧客に対して厳しさと楽しさの2軸で選好を聞いたとすると，①均質型は顧客全員がほぼ同じ選好を持ち，2軸のマップに落とし込むと中央に集中する。②分散型選好は，顧客の選好が人によって大きく異なる場合で，2軸マップ上では分散して配置される。③集落形成型選好では，いわゆるナチュラル市場セグメントと呼ばれる明確な選好の塊を複数示すことがある。

この場合，企業の選択肢としてはその集落の中央に自社を位置づけて複数のセグメントを狙うパターンと，いくつかある集落の中から最大の市場セグメントを狙うパターン，（経営資源に余裕がある場合は）複数のブランドを立ち上げそれぞれが別のセグメントを狙う方法もある。規模は小さいが非常に強い選好を示すセグメントがあった場合には，ニッチ戦略をとる方法もある。

市場細分化とは，適切に市場をとりまとめる軸を探求することである。細分化軸の選択基準は，強い顧客ニーズに立脚しているか，自社の独自性が活きるか，顧客にその軸の重要性をコミュニケーションできるかである。プロジェクターメーカーのBarco Projection Systemsは，明るさ（ルーメン），画質，解像度等様々なセグメンテーションの軸があったなか，自社が得意なスキャン（走査）レートで市場をセグメンテーションすることを業界標準にすることに成功し，一時期高級セグメントで高い利益率を享受していた。

【第3節】市場細分化（産業財）

▶産業財の市場細分化軸

　市場セグメントを決定するもとになる顧客間の違いは，1つの変数だけで説明しきれないことが多い。ゆえに市場細分化を考える際には，様々な軸を検討する必要がある。大ぐくりで言うと，①ビジネスの行動特性，②ニーズの洗練度合・高度化レベル，③価格に対する敏感度等が重要な細分化の切り口になるケースが多い（図31）。行動特性では，戦略，意思決定，交渉力の強さ，サプライヤーとの接触に対する要求（訪問頻度，トップセールスの重要度等）などを1つの軸で評価・分類する。顧客ニーズの洗練度では，製品・サービスへの要求の高さ，サプライヤーからのアドバイスや技術サポート，製品以外のコンサルテーション・ニーズ等を別の1軸で評価・分類する。

　こうした評価項目は，それ自体を定量評価したデータがあることは稀なので，そうした要素と相関関係が強そうな代替指標を選択するか，自前で作る必要が出てくる。例えばビジネス上の行動特性で言えば，企業規模は，バーゲニング・パワーの強さや意思決定の複雑さの代替指標にもなるだろう。ニーズの洗練度・高度化は，その顧客の先の顧客にどのような顔ぶれがいるかでもある程度想定できるだろう。

　市場細分化自体の基本的な考え方は同じなのだが，産業財と消費財とで顧客のタイプ分けの軸は変わってくる。産業財分野での市場細分化の軸としては，以下のようなものが挙げられる。

- **顧客の戦略**：顧客が何に重きを置いているかは，用途や**価格感受性の重要な指標となる**。顧客がどのような価値連鎖の特徴を持ち，自社の製品・サービスが位置づけられるかの深い理解無しに市場細分化を行うことは難しい[7]。
- **顧客の技術水準**：顧客の技術水準が高いゆえにサプライヤーへの要求水準が高くなる場合と，逆に低くなる場合の両方がある。顧客の加工技術が高いので，必ずしも最高水準の原材料でなくとも，ある程度の高品質アウトプットにつなげられる場合もあるのだ。
- **顧客の垂直統合度**：買い手の川上川下への垂直統合度の高さは，買い手の交渉力や差別化能力に影響を与える。一般に，自社でも川上の素材供給源を持つ買い手は売り手の事業構造をよく知っているので，交渉力が高い場合が多い。
- **意思決定の複雑さ**：買い手の意思決定における参加者の多さや決定プロセスの

図31　産業財における顧客細分化の軸どり例

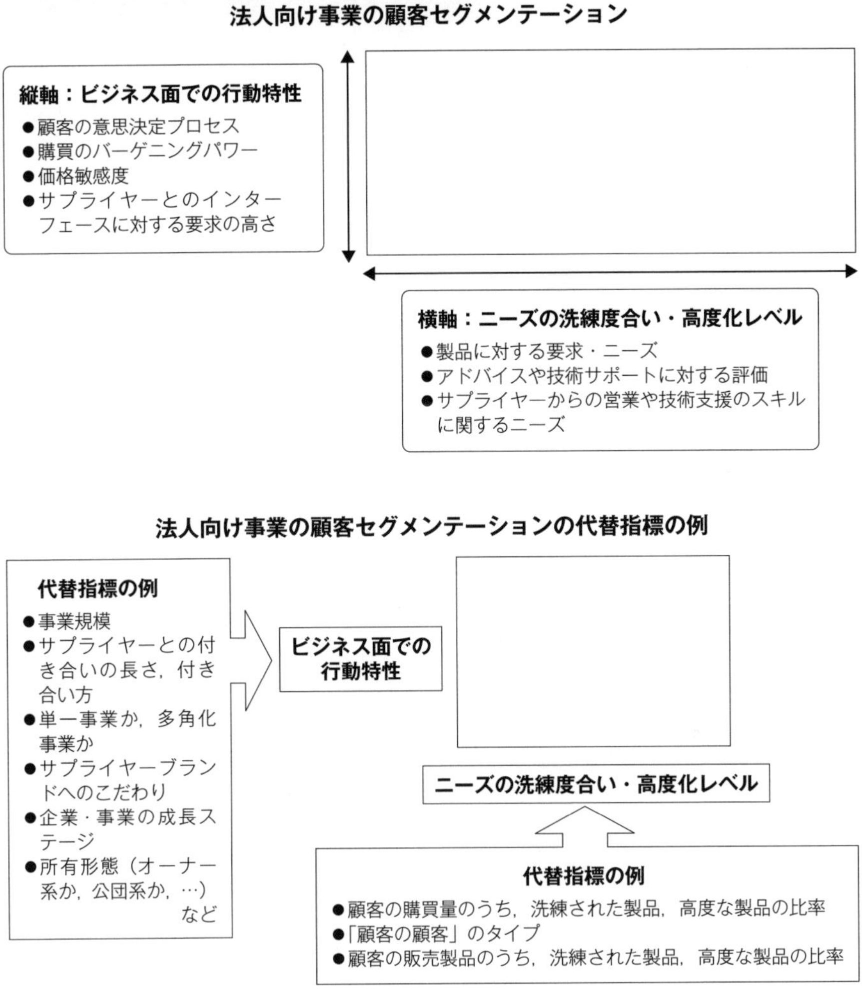

法人向け事業の顧客セグメンテーション

縦軸：ビジネス面での行動特性
- 顧客の意思決定プロセス
- 購買のバーゲニングパワー
- 価格敏感度
- サプライヤーとのインターフェースに対する要求の高さ

横軸：ニーズの洗練度合い・高度化レベル
- 製品に対する要求・ニーズ
- アドバイスや技術サポートに対する評価
- サプライヤーからの営業や技術支援のスキルに関するニーズ

法人向け事業の顧客セグメンテーションの代替指標の例

代替指標の例
- 事業規模
- サプライヤーとの付き合いの長さ，付き合い方
- 単一事業か，多角化事業か
- サプライヤーブランドへのこだわり
- 企業・事業の成長ステージ
- 所有形態（オーナー系か，公団系か，…）
など

→ **ビジネス面での行動特性**

ニーズの洗練度合い・高度化レベル

代替指標の例
- 顧客の購買量のうち，洗練された製品，高度な製品の比率
- 「顧客の顧客」のタイプ
- 顧客の販売製品のうち，洗練された製品，高度な製品の比率

©ボストン　コンサルティング　グループ
出所：今村（2005）。

　　複雑さは，要求される製品特性や価格感受性等に対し影響を持つ[8]。
・顧客の規模：顧客の規模は産業財の市場細分化において最もよく使われる細分化軸の１つである。それは往々にして，顧客の規模が購買量や金額に相関して

くるからである。また顧客の規模は交渉力，信用力，購入手続き，製品の使われ方にも影響してくる[9]。
・財務力：顧客の収益性と財務力は価格感受性，購入頻度，支払いパターン，クレジット（信用貸し）等に影響してくる[10]。
・発注パターン：定期的な発注パターンを持つ顧客は，不定期不規則な注文を出す買い手に比べると対応するコストが低くなる傾向がある。
・組織文化：顧客企業の組織文化は購買行動に，強いリーダーは組織文化に影響を与えることがあるので，対象企業のリーダー[11]の動向にも留意しておくことで，ときには独自の市場細分化が可能になる。老舗のオーナー系企業に対象を絞って成功した法人サービス企業もある。
・その他の軸として「OEMかユーザーか」，「所有形態」等も使用可能である。

【第4節】市場細分化（消費財）

消費財分野における市場細分化の主な軸は，デモグラフィックス，サイコグラフィックス，行動，地理的立地軸等が挙げられる。

▶デモグラフィックス軸

デモグラフィックスによる細分化では，年齢，世帯規模，家族のライフサイクル，性別，所得，職業，教育水準，宗教，人種，世代，国籍，社会階層等に基づいて市場グループ分けする。デモグラフィックスは，市場細分化で最もよく使われる基準である。

その理由の1つは，消費者の欲求，選好，使用状況等がデモグラフィックス変数と連動することが多いからである[12]。例えばスーパーで購入する食品に対するニーズを考えてみても，単身者と子持ち世帯とでは違うだろうし，年齢によって嗜好も違ってくるだろう。コンビニエンスストアの初期ターゲットは若者で，セブン-イレブンの来店者構成は，1989年は62％以上が30代未満で，50代以上は9％であったが，2013年には30代未満が29％で，50代以上が30％を超えた[13]。若者がターゲットの場合はスナック菓子等の品揃えが多かったのだが，高齢者のニーズは少量の野菜や生鮮食品となり，美味しい小分けの惣菜の品揃えが多くなった。

所得による細分化は長い間，自動車，衣料品，化粧品等の製品やサービスで活用されてきた。所得による購買行動の違いは今も有効だが，衣料品でもユニクロのよ

表8　消費財市場細分化の軸

変数	典型的な区分

地理的変数

地域	A, B, C, D
都市規模	5000人未満，2万人未満，5万人未満，10万人未満，25万人未満，50万人未満，100万人未満，400万人未満，それ以上。
人口密度	都会，郊外，地方。
気候	北部型，南部型。

デモグラフィックス（人口統計的）変数

年齢	6歳未満，6～11歳，12～19歳，20歳～34歳，35歳～49歳，50～64歳，65歳以上。
性別	男，女。
家族数	1～2人，3～4人，5人以上。
家族ライフサイクル	若年独身，若年既婚子供なし，若年既婚最年少子供6歳未満，若年既婚最年少子供6歳以上，高年既婚子供あり，高年既婚18歳以下の子供なし，高年独身，その他。
所得	3,000ドル未満，3,000～5,000ドル，5,000～7,000ドル，7,000～1万ドル，1万～1万5,000ドル，1万5,000～2万5,000ドル，2万5,000ドル以上。
職業	専門職，技術職，マネージャ，公務員，（企業，不動産）所有者，事務職，セールス，職人，工員，運転手，農民，定年退職者，学生，主婦，無職。
教育	中学卒または以下，高校在学，高校卒，大学在学，大学卒。
宗教	カトリック，プロテスタント，ユダヤ教，他。
人種	白人，黒人，東洋人。
国籍	アメリカ，イギリス，ドイツ，北欧，イタリア，ラテンアメリカ，中近東，日本。
社会階層	下流階級の下位，下流階級の上位，中流階級の下位，中流階級の上位，上流階級の下位，上流階級の上位。

心理的変数

ライフスタイル	従来のタイプ，快楽主義者，長髪族。
性格	強迫的，社交的，権威主義的，野心的。

行動的変数

購買機会	定期的機会，特別機会。
追求便益	経済性，便宜性，威信。
使用者状態	非使用者，旧使用者，潜在的使用者，初回使用者，定期的使用者。
使用頻度	少量使用者，中程度使用者，大量使用者。
ロイヤルティ	無，中間，強，絶対。
購買準備段階	無知，知っている，知識あり，興味あり，欲望あり，購買意思あり。
マーケティング要員感受性	品質，価格，サービス，広告，セールス・プロモーション。

出所：Kotler & Keller（2011）。

うに，比較的低所得者にも高所得者にも購入されるようなケースも出てきていることには注意が必要だろう。

　世代による市場細分化は重要性を増してきている。どの世代も，自分たちが育った時代（音楽，映画，政治事件，教育システム）に深く影響されている。時間軸を大きく捉えると，世代を代表するような傾向が見えることが多い。例えば，大量生産，大量消費をけん引した「団塊世代（1947～1949年生まれ）」とモバイル機器に囲まれて育った「ミレニアル世代（1980年代から2000年代初頭生まれ）」[14]はその嗜好性に特徴のある世代としてよく知られている。

　デモグラフィックス変数がよく使われる理由のもう1つは，他の変数より比較的測定しやすいからである。ある特定のターゲットに対してプロモーションをしようと思ったときに，デモグラフィックスによってひも付けをしないと効率的に到達できるメディアが選択できないことがある。

▶サイコグラフィックス軸

　サイコグラフィックスによる細分化では，ライフスタイル，パーソナリティ，価値観等に基づいて顧客をグループ分けする。デモグラフィックスでは同じグループに属する人でも，違うサイコグラフィックス特性を示すことがある。外部からは測定困難な要因ではあるが，消費者の行動には重要な影響を及ぼす。より都会的で洗練されたライフスタイルを好む20代女性と，自然派志向のライフスタイルを好む20代女性では，食生活，洋服，職業選択等様々な面で違いがある。前者は都心の高価なレストランでの食事を好むかもしれないし，後者はそもそも外食を極力せず自炊を好むかもしれない。

▶行動軸

　環境や状況，ベネフィット，使用水準，顧客のロイヤルティ，購入目的，流通・購買チャネル等の顧客の行動変数を市場細分化の出発点とする考えもある。ニーズが発生する，実際に購入する，使用する環境による細分化もよく使われる手法である。コカ・コーラは，日本において使用環境とベネフィットを細分化し，徐々にその使用環境と理由を追加していった。食事の際に美味しさを味わうために使用（飲む），友人との楽しい時間にコミュニケーションを弾ませるために使用，1人でしんみりしたときに少し元気になるために使用と，どんどん使用環境とベネフィットを広げていった。コカ・コーラのブランドで開拓し得る環境とベネフィットをおお

よそ刈り取った後は，2001年には「No reason」というキャンペーンを打ち出すまでになった[15]。

　顧客ロイヤルティ[16]での細分化は，ロイヤルユーザー，初回ユーザー，非ユーザー，潜在ユーザー，元ユーザーによる違いに着目することである。リーダー企業は潜在的ユーザーを引き付けることに焦点を当てているが，小さな企業はそうしたトップ企業から既存ユーザーを奪うことに注力していることが多い。

　購入目的とは，ギフト用なのか，自分用なのか，特別の行事に使うのか，日常使いなのか等を指す。同じ製品分野でも特別な贈答用と日常の自己使用では，製品のディテール，パッケージング，価格設定そして場合によってチャネルすらも変わってくる場合がある。

　流通チャネルによって発注・配送規模，品揃え，リードタイム（配送期間），価格等が違ってくる。これも顧客ニーズと企業側のコストの両方に影響を与える。流通チャネルで市場細分化する際の主な軸としては，①直販か流通業者経由か，②通信販売か小売経由か：通信販売では物流システムのようなプロセスが重要となる，③卸売業者・小売業者のタイプ：卸売業者のなかでも，品揃え，仕入れの戦略には差がある，④系列ルートか非系列ルートか，等がある。既存チャネルに加えて，実現性のある潜在チャネルにも目を配るべきである[17]。

　言葉がセグメントを規定することもある。音楽配信事業で言えば，全世界のスペイン語系市場が1つのセグメントとなり得る。

▶地理的立地軸

　地理的立地によって組織を区分けしている企業は多い。市場セグメンテーションの軸として，地理的立地は買い手のニーズの違いと企業側のコスト差の両方に影響を与える。日本国内でさえ，地理的立地によるニーズ差は大きい。北海道ではその寒さゆえに，住宅窓は二重窓が多く，断熱性・気密性が高い樹脂サッシの普及率は90％と全国でも最も高い[18]。自国と海外での地理的立地の違いは多くの人が意識するが，海外の一国のなかでも地理的立地によるニーズ差があることは見落としがちである。例えば中国では食の好みの地理的立地差が大きく，西北部が酸味，沿海部が甘味，西南部がスパイシー，東北部が塩味を好む傾向がある。地理的立地の違いは輸送手段，流通，規制の違いにつながる場合があり，企業の価値連鎖に影響を与える。

　地理的細分化を考察する主な変数は，①地方・地域・国，②気象圏，③発展段階

である。
① 地方・地域・国：対象地域の広さは，規模の経済の有効度にも影響を与える。例えば，セメントは製品特性ゆえに商圏が工場から半径250キロ程度と言われるので，地域がセグメントを考察する単位として適切であろう。食品流通は，人口密度や配送効率等から，都市圏別かもしくはそれ以下の単位で細分化する必要がある。
② 気象圏：先の北海道の窓素材の例で見たように，気象条件は製品・サービスニーズに強い影響を与え得る。場合によっては類似の気象条件であれば，国を超えて同様のニーズを持つ場合がある。
③ 発展段階：発展途上国と先進国のニーズは大きく異なる。例えば，1人当たりGDPは耐久財等の普及率とも相関が高く，3,000ドルを超えると家電等耐久消費財が普及し，5,000ドルを超えると自動車等の普及が進むとされるのは，この発展段階とニーズの相関からきている。ちなみに，IMF（国際通貨基金）によると，2012年の1人当たりGDPの世界一位はルクセンブルク（10.6万ドル）であり，日本は12位（4.7万ドル）に位置する。GDPでは世界2位の中国も，1人当たりGDPでは89位（6,000ドル）となる。12年時点で3,000ドル前後にあるのがインドネシアやフィリピン，5,000ドル前後が中国やタイである。「後発」新興国の所得水準はさらに低く，インドやベトナムは1,500ドル程度，ミャンマーやカンボジアは1,000ドル未満である。

戦略上意味のある地理的セグメントは，常に1種類とは限らない。同じ製品でも中国国内では規制差の影響が強いので地域的に細分化し，他のアジア圏では類似の発展度で複数の国をまとめてセグメント化するという使い分けもあり得る。

【第5節】価値提案（Value proposition）

戦略は最終的には社外と社内を調和（align）させなくてはならない。価値提案は戦略を構築する際に，社外と社内をつなぐ結節点となる。価値提案は「顧客に対する独自性のある（理想的には顧客が希望し，競合他社には模倣できない）価値訴求（Cappelli et al., 2010）」であり，①どの顧客の，②どのニーズに，③どのようなプロセス（チャネル）で，④どのような相対価格で自社の製品・サービスを提供するか，という質問への回答である。

▶価値提案は中小企業にも有効

　この価値提案は何もグローバル企業，大企業だけに必要なものではなく，地方の中小企業にも必要である。例えば筆者の地元目白にある和菓子屋志むらは，そのかき氷のすばらしさでも有名な店である。この和菓子屋志むらの価値提案は，ユーザーの観点から想像すると「地元目白の安心・安定感を求める（主に馴染み）客向けに，気取らないアットホームな雰囲気のなか，季節感のある美味しい和軽食と甘味を日常使いに使える価格で提供」というものになるだろう。当たり前のような価値提案だが，それをきっちりと実践し続けるのは簡単ではない。ここは１階で和菓子の販売を行い，2, 3階が店内飲食になっているが，「地元目白向け」なので近隣の百貨店等には出さない。かなりの人気店なので百貨店等からのお誘いもあるのではないかと推測するのだが，目白の一店舗でしか購入できないので，地元の人が（気軽な）贈答用にも使うのに都合がよいのである。昔ながらの店員が多いので，客にも安心感がある。それでいて看板メニューのかき氷は定期的に新メニューを提案し，なじみ客にも新味を与えるのである。志むらは特に価値提案を掲示しているわけではないが，上手く回っているニッチ企業を解釈してみると，明快な価値提案を持っていたということである。

▶大きな成長を促す価値提案

　当時の主流ではなかった市場セグメントを対象に，独自の価値提案を掲げて大成長を遂げた企業もある。例えばWalmartが営業を開始した1960年代，ディスカウント小売業は急成長中の新業態であった。先発企業は，基本的に大都市圏を中心に展開し激しく競争していた。しかしWalmartは他社とは違うセグメントである人口5,000人から２万5,000人までの辺鄙な田舎町を対象とした。Walmartの価値提案は，「（だれもが無視するような）小さな町の顧客を相手に大きな店を開き毎日特売価格を提供する」というものだったろう。市場細分化の軸は人口だったが，市場としては大きかったはずの大都市圏を主対象セグメントとして激しい競争をするのではなく，人口の小さな田舎町を選択したことによって，他のディスカウント小売業者との直接対決を避け，その後の成長に必要な体制を構築することができたのである。

　和菓子屋志むらとWalmartという性格の違う事例から，適切な市場細分化と価値提案の組み合わせが必要なことがわかるだろう。

　適切な市場細分化ができている場合には，複数の価値提案を持つことも可能であ

る。インドのアーヴァインド眼科病院（Arvaind Eye Hospital）は，政府の研究所を引退したVenkataswamy医師（通称ドクターV）が家族とともに1976年に立ち上げた眼科病院である。設立当初は11のベッドしか持たない町の小さな診療所だったが，現在ではインドの南部に10の病院・診療所を持つ眼科専門病院となっている。2013年には，年間37万例もの手術を行い，診察人数は310万人にも上っており，年間の手術数は世界一である。アーヴァインド眼科病院は2つの価値提案を持っている。1つは，裕福な顧客を対象に最先端で最高級の眼科治療を高額で提供するというものである。もう1つの価値提案は，無償で必要最低限だが十分に良質な眼科治療を提供するというものである。アーヴァインド眼科病院は，ハンバーガーのMcDonaldを参考に医療プロセスをマニュアル化し，役割分担を明確にした流れ作業によって高品質の治療を低価格で提供することを可能にした。アーヴァインド眼科病院は適切な市場細分化とバリュー・チェーンの工夫により，2種類の異なる価値提案を提供することに成功しており，3分の2以上の患者に対し無償で医療提供しているにもかかわらず，政府の補助金や寄付に頼らずに財政的に自立している（Rangan & Thulasiraj, 2007）。

▶価値提案を考察する視点

価値提案を考察する際の切り口には，戦略で力点を置く対象によるものと，ニーズの満たされる程度によるものがある。

●戦略で力点を置く対象による価値提案の切り口

① 製品やサービスの安さや差別化の程度を中心とした価値提案：前記の志むらやWalmartの例を参照

② 業界の生態系全体を中心とした価値提案：MicrosoftやFacebookはこのタイプの価値提案である。Facebookは，ユーザーに対しては「無料で知り合いと気軽につながりコミュニケーションができる」，広告主に対しては「デモグラフィック以上の精度でターゲット広告ができる」という価値提案が可能だが，顧客が作成したコンテンツが存在するという前提に立っており，Facebookのみでその価値提案は成立しない。

●ニーズの満たされる程度による価値提案の切り口

① ニーズが過剰に満たされているか：10分1,000円のヘアカット専門店QBハウスの価値提案は，5〜6千円で1時間以上かける理髪店のサービスが一部の顧客にとっては過剰であることに基づいて構築された。同様に，Southwest

Airlinesは,「普通の航空会社は大金を取る上に日に数便しか飛ばさない,数ドルの料金で毎日たくさんの便を飛ばす航空会社を作ったらどうだろう」という会話から始まったと言われるが,これも大手航空会社による空港ラウンジや機内サービス等が一部の顧客にとっては過剰であることがヒントになっている。

② ニーズが十分に満たされていない:松下電器(現 パナソニック)には水道哲学というものがある。創業者の松下幸之助が唱えたもので,「水道の水のよ

> **Column** 価値提案と顧客第一主義
>
> 「顧客満足の向上」や「顧客第一」を掲げる会社は多い。顧客を大事にする企業は業績も良好に思われるのだが,全ての「顧客第一」を唱える会社が好調なわけではない。顧客満足や顧客第一にも色々な種類がある。
>
> 掛け声としての「顧客第一」:「顧客満足の向上」や「顧客重視」は基本的に文句の来ない経営方針である。経営戦略を語る上でとりあえず「顧客を大事にする」と言っておけばある程度格好が付くので,思考停止を招くキーワードにもなりかねない。シャープは1998年の町田社長就任以来,事業経営方針の1つとして「顧客満足の創造」を表明してきたが,経営危機に際して登板した高橋社長は「自分の上司を「〜殿」と呼んでいた」や,「顧客商談中にも上司から連絡が入ると,顧客を放って上司の対応に向かうけったいな文化」がシャープの問題であるとコメントしていた[19]。15年以上たっても顧客志向が根付いていないようなのは,掛け声だおれだったということだろうか?
>
> 顧客を過剰に満足させる:自社としてはよかれと思う製品スペックが,顧客の要望をはるかに超えるときに,収益を度外視してでもそのスペックを貫く会社もある。例えば,自社基準ではある製品は10年使用に耐え得るように作るのだが,新興国の顧客は3年持てば十分ということがある。競合は3年持つ程度の品質でその分安価な製品を提示しているのだが,自社は「顧客のためを思い(将来的に評価してくれるだろうと期待して)」10年間長持ちする製品を採算割れで提供したとする。もしかしたら顧客は3年以上その製品を使い続け,そのときに自社の製品価値を見直してくれるかもしれないし,リセールバリューの高さを将来的に評価してくれるかもしれない。しかし,その可能性を客観的に評価せずに,自社の希望的観測で赤字の高スペック製品を提供するのが本当に「顧客重視」なのかは改めて検討しておく必要があるだろう。

うに低価格で良質なものを大量供給することにより，物価を低廉にし消費者の手に容易に行き渡るようにしよう[20]」という思想（経営哲学）である。これは松下の会社としての価値提案である。これは1930年代の日本がまだ貧しくニーズが満たされていない時代には環境にもよくフィットした素晴らしい価値提案であった。成熟化しモノにあふれた日本では，水道哲学の新たな解釈を作っているという。

【第6節】競合分析

　競合分析は，現在の競合相手と潜在的な競合相手の特定から始まる。**誰が自社の本当の競合相手になるかを見極める**ことは非常に重要である。業界全体の同業者を全て競合相手とみなすのは分析単位が広すぎるかもしれない。個別企業よりは広く，業界全体よりは狭い競合分析の単位として，戦略グループが必要になってくるのだ。

▶競合相手を識別する2つの方法

　現在の競合相手を識別するには大きく2つの方法がある。1つめの方法は，顧客の視点から競争を見るものであり，競合相手を顧客の選択における競争の程度によってグルーピングする。2つめの方法は，競合相手の競争戦略に基づいて戦略グループに分類する方法である。競合相手が識別された後，焦点は競合相手とその戦略を理解することに移る。特に重要なのは，それぞれの競合相手あるいはその戦略グループの強みと弱みを分析することである。競合分析を構造化する質問として，以下のようなものが挙げられる（Aaker & Adler, 1984）。

① 誰が競合相手なのか
・我々は通常誰と闘っているのか。どの会社が最も強力な競合相手なのか。強力ではないが，侮り難いのはどこか。
・これらの競合相手は，その資産と能力，あるいは戦略により，戦略グループにグループ分けすることが可能か。
・潜在的な参入者となり得るのはどの会社か。彼らにとっての参入障壁は何か。思いとどまらせるために何ができるか。
② 競合相手の評価
・競合相手の目的と戦略は何か。コミットメントのレベルはどうか。彼らの撤退障壁は何か。

- 競合相手のコスト構造がどのようなものか。彼らはコスト優位にあるのかそれとも不利か。
- 競合相手のイメージとポジショニング戦略は何か。
- 長期的に見て，成功している競合相手はどの会社で，うまくいっていない競合相手はどの会社か。それはなぜか。
- 個々の競合相手，あるいは個々の戦略グループの強みと弱みは何か。
- 競合相手が参入する，あるいはより強力になるために利用できるポイント（こちら側の弱み，顧客の問題点，未充足ニーズ等）は何か。
- 競合相手を，その資産と能力で評価する競合の強さの表を作成する。

▶顧客の視点から競合を特定する

あなたの競争相手は誰か，という質問に答えられない企業はまずないだろう。しかし顧客の視点から競合相手が誰かということを常に意識している会社は少ないのではないか。

競合相手グループを認識するための１つのアプローチは，顧客がどのような選択を行っているのかということを聞くことである。例えば，自社がこの製品を製造していなかったらどの会社から購入しただろうかということを尋ねるのである。介護施設給食の担当者に対して，もしホウレンソウが値上がりしたら，何で代用するかを尋ねるのだ。ある自動車を買った人には他にどのメーカー，ブランドを考慮に入れたか，実際に他のショールームに行ってみたかを尋ねるのである。

▶製品用途の関連づけ

競合相手についての洞察を得るためのもう１つのアプローチは，特定の製品使用場面や用途との関連づけを行うことである。例えば，数十人の製品使用者に使用場面や用途のリストを作成してもらう。その後それぞれの主要項目について，その使用者が適切な製品の名前を全て挙げていく。そして製品の利用場面に対して個々の製品がどの程度適合するのかということについての判断を，別の回答者グループが行うのだ。そのようにして，適切な使用場面の類似性について製品がグループ分けされる。もしカルピスが軽食の場面に適切だと考えられているのであれば，同様に考えられている他の製品群と競合することになる。同様のアプローチは，異なった用途で使用される可能性がある工業製品等にも適用可能である。

【第7節】戦略グループ

　戦略グループ化（strategic group）とは，同一業界内において，ある共通の脅威と機会に直面している企業群のことを言う（Caves & Porter, 1977）。戦略グループという概念には業界が持つ曖昧さや，同じ業界内にも異なる脅威や機会に囲まれている企業があるという事実を前提としている。5つの力のような業界構造の分析手法の多くは，戦略グループ分析にも適用可能である。なかでも重要なのは，業界分析における参入障壁に相当する移動障壁（Mobility Barrier）である。参入障壁はある業界への参入を制限するものだが，移動障壁は，ある業界内において戦略グループ間の移動を制限するものである。第4章でも見た参入障壁の要件は，ほぼ全て移動障壁にも適用可能である。

　戦略グループ化により競合相手が絞り込まれることによって，競合分析がやりやすくなる。例えばワインのブランドの戦略を考えようとしたときに，高級ワインから普及ワインそして安物ワイン全てのブランドを対象にすることは困難であるし，通常の戦略立案時にはあまり意味がない。分析対象の数を少数の戦略グループにすることで，分析をコンパクトで実行可能，かつ使いやすいものにできる。

▶戦略グループの特定

戦略グループとは次のような企業群を指す。
- 過去に一定の期間，類似した競争戦略をとっている（同一の流通チャネルの使用，同一種類のコミュニケーション戦略の使用，あるいは同一の価格・品質ポジションの使用等）
- 類似した特性を持つ（規模，積極性等）
- 類似した資産と能力を持つ（ブランドイメージ，物流能力，研究開発，グローバル性等）等

戦略グループを判別する要素として以下のものが挙げられる。①専門度（製品，顧客層，販売地域など），②ブランド志向度（どれだけブランドを重視しているか），③流通業者の選択（自社販売，専門店，百貨店，オンライン等），④品質（品質水準のレベル），⑤技術リーダーシップ（技術面のリーダーか，模倣者か），⑥垂直統合（川上・川下にどれだけ進出するか），⑦コスト面での地位，⑧サービス提供レベル（製品付加サービスをどの程度行うか），⑨親会社との関係（強いか弱いか），

⑩事業を行っている国での政府との関係など（Porter, 1985）。

　例えばペットフードには３つの戦略グループがある。第１の戦略グループは大衆向けのマスブランドを持つ巨大な企業群で，ペディグリーを持つMars，フリスキーを持つPurina，ねこ元気を持つユニ・チャーム等である[21]。ブランドへの広告投資が大きく，ブランドは確立されており，主にスーパーやコンビニエンスストア等のマスチャネルで販売されている。第２の戦略グループは，高プレミアムの専門製品を持つ企業群で，ヒルズやアイムス等が挙げられよう[22]。こうした企業は獣医師や専門ペットショップを通じて販売することが多く，価格も高めである。第３のグループはプライベートブランド企業であり，セブン-イレブン，ローソン等もプライベートブランドのペットフードを持っている[23]。こうした企業は製品広告をせず，自社チャネルのみで販売し，価格も安い。

　個々の戦略グループは，企業がある戦略グループから別の戦略グループに移動することを困難にしている。最近まで，上記３つの戦略グループは，それぞれ障壁によって移動を防いできた。第２の高プレミアムグループは専門チャネル・ブランドイメージ等で，他のグループからの移動を防いできた。第１戦略グループのマスブランドと第３戦略グループのプライベートブランド間も，チャネルは重複していてもブランドイメージ等が移動障壁になっていた。しかし，昨今はナショナルブランドがプライベートブランドを製造するケースも頻出し，第１戦略グループと第３戦略グループの移動障壁は低くなってきたようである。

　優位性を構築できるように資産と能力を，業界全体ではなく魅力的な戦略グループに投資することに焦点を当てて分析をすることは重要である。その場合，個々の戦略グループの現在の収益性と将来の収益可能性を見極めることが必要になってくる。

▶将来の競争戦略を予測

　戦略グループの概念は，将来の競争戦略を予測することにおいても有用である。マッキンゼーが５つの業界において規制緩和の効果に関して行った研究によれば，成功した企業は，次の３つの戦略グループのうちどれか１つへと移動したことが発見された（Waite III, 1982）。第１戦略グループは３つの段階を経ていた。第１段階では，中小規模の企業が，大企業と互角に戦うため合併により十分な市場シェアを得ようと試みる（多くが失敗に終わる）。第２段階では，製品ラインあるいは市場のギャップを埋めるため，強力な企業が買収を行う。この段階は規制緩和から３から５年頃に生じるが，主要な企業は広い製品ラインと流通カバレッジを構築しよ

うとする。第3段階では産業を超えての合併が行われる。強力な企業はその属する産業界の企業と合併していく。第2戦略グループは価格に敏感なセグメントにシンプルな製品ラインと最小限のサービスを提供することにより，規制緩和の後に業界に参入するローコストの企業群である，第3の戦略グループは，特定の顧客グループに特別あるいは専門のサービスを提供する集中化戦略をとる企業群である。

ただこの戦略グループという概念は誤解を招く可能性もある。人為的に作ったこの狭いカテゴリーに固執して，それ意外の重要な競合（潜在的な競合）の動向を見落としてしまうリスクもあるのだ。この問題はブルー・オーシャン戦略でも指摘されている。

【注】

1 本章の業界細分化に関する記述は，主にPorter (1985) を参考にしている。
2 業界定義を広げる際には，第10章のブルー・オーシャン戦略のノンカスタマーという考えや，第9章の競争活動分野の幅の再定義といった考えが参考になるだろう。
3 例えば，日本の飲料業界は製品分野の移動障壁が低い場合が多く，新たな顧客層やニーズを見つけて新商品を投入して新製品分野を構築しても，ほどなく競合他社がその新セグメントに参入してくることが多い。
4 欧州のLCCであるRyanairはホリデー短距離顧客へ集中し，欧州大手はビジネス・ホリデー・セレブリティ等広いターゲットを対象にしている。ホリデー短距離に最適化して対応するためのバリュー・チェーンにおけるコスト構造と，広いターゲットに対応するためのバリュー・チェーンにおけるコスト構造とは，全く違ってくる。このニーズとコスト構造差ゆえに，Ryanairが集中戦略で成功できる。
5 例えば，ソフトウェア会社A社は金融機関セグメントに集中し，ソフトウェア会社B社は顧客管理システムという製品セグメントに集中してきた結果，A社とB社が保険会社の顧客管理システムでぶつかり合う可能性がある。それぞれに別の種類の競争優位と劣位が生じるが，こうした場合は改めて，他のセグメントとの相互作用を見直して戦略を再検討することになる。
6 凸版印刷は東洋インキの20%以上の株式を所有するコアパートナーである。
7 例えば，差別化志向の高マージン食品メーカーは，原料の品質や安定性，サプライヤーのストーリー等を重視する。
8 企業内の研究開発担当者やマーケティング担当者等が購入に関わってくる場合は，購買担当者のみで購入の意思決定をする場合よりもサプライヤーからの付加価値提案を受け入れる可能性が高くなる。客に購買担当者のみで購入を決定される場合には，より価格感受性が高くなる傾向がある。

9 顧客の規模を目安にする際には，何の規模かを確認しておく必要がある。1回当たりの発注量が適切な場合もあれば年間総購入量，もしくは会社全体の売上規模が適切な場合もある。
10 先進国では顧客の財務力情報を得るのはそう難しくないが，新興国では顧客の財務力情報が整備されていないことも少なくない。ときには顧客の財務力情報を先行して獲得するということ自体が，競争優位性につながる場合もある。
11 経歴や発言を確認しておくことで理解が深まる。
12 年齢とライフサイクルは，扱いに注意を要する変数になってきている。同じ年齢でありながら全く違うニーズを持つケースや，年齢を超えて同様のニーズを持つケースもしばしば出てきている。人生における重要なイベントが起こる時期，個人の健康状態，仕事の状態，興味を持つ対象など，年齢でわからないことが増えてきた。健康で仕事にスポーツにアクティブな70歳もいれば，病床で外出のできない70歳もいる。
13 セブン＆アイ　投資家向けデータブック
14 幼い頃からデジタル機器やインターネットに接しているため，SNSに積極的に参加している。それまでの世代は個人主義の傾向が強かったが，ミレニアル世代は共同体への帰属意識が強く，社会奉仕やボランティアに積極的とも言われている。また世界レベルで嗜好が似てきているとも言われている。
15 2016年，SNSでCoca-Colaはあなたがコーラを飲みたくなるのは　A朝起きたとき，B仕事や学校の間，Cお風呂上り，D食事と一緒に，の中から選択するアンケートキャンペーンを行っている。これはコカ・コーラの飲用局面を改めて広げようという意図と思われる。
16 顧客ロイヤルティもよく使われる言葉だが，主に企業，企業ブランドやその企業の製品・サービスに対する顧客の信頼度，愛着度を示す。
17 古い例では，米国のTimex社は，それまでは宝石店が主要チャネルであった時計を，大衆向け製品と位置づけ（それまで時計流通に使われていなかった）ドラッグストアチャネルに乗せることで大成功をした。
18 http://www.p-sash.jp/what/
19 東洋経済オンライン2014年1月25日　http://toyokeizai.net/articles/-/28414
20 1932年（昭和7年）5月5日，大阪堂島の中央電気倶楽部で開催された松下電器製作所（当時）の第1回創業記念式での社主告示において。
21 http://www.mars.com/japan/ja/　https://nestle.jp/brand/friskies/　http://pet.unicharm.co.jp/cat/brand_c/nekogenki/
22 http://www.hills.co.jp/　http://www.iams.jp/
23 http://www.7andi.com/company/news/2014.html

第9章

競争戦略における業界序列ポジションによる打ち手

競争戦略では，業界内の序列ポジションが，戦略に大きな影響を与える場合が多い。コトラーとケラー（Kotler & Keller, 2011）は業界内で最大シェアの企業がリーダー，リーダー以外の企業をリーダーに対する競争姿勢，製品・サービスのユニークさという軸で「チャレンジャー」「ニッチャー」「フォロワー」３つの類型に分類し，それぞれにふさわしい打ち手があるとした。シェアが２番手以下の企業で，シェアトップのリーダーからシェアを奪おうとしている企業がチャレンジャー，上位企業に対して挑戦しようとはしないが，ユニークな製品・サービスで独自の顧客層を狙う企業がニッチャーである。挑戦姿勢も独自性もない企業はフォロワーとみなされる[1]。

実際の企業は複数のポジションの側面を持っていたり，タイミングによってそのポジションを変えたりすることもある。例えば，日産は上位企業のシェアを奪おうというチャレンジャー的な側面と，ニッチャーとフォロワーの３つの側面を持っていて状況に応じて使い分けているように見える。

本章ではリーダー，チャレンジャー，ニッチャー等の業界内の競争ポジションを中心に戦略を考える。

【第１節】リーダーの戦略

業界のリーダー企業は，その業界内で明確に最大の市場シェアを握っているだけでなく，自他ともにリーダーとして認識されている。明確な市場リーダーが存在する業界は比較的安定している場合が多い。チャレンジャー，ニッチャー，フォロワーのいずれも，リーダーの動向には影響を受ける。自社がどのポジションにいようと，リーダーの戦略は研究しておく必要がある。

▶リーダー企業のメリット

明確な市場リーダーは通常，価格変更，新製品投入，流通，プロモーション等において主導権を握っており，シェアの大きさからくる規模の経済以外にも以下のようなメリットがある。

① 市場においてシェアの大きい商品は顧客の目により触れやすいため，「顕示効果」により潜在顧客に対して情報を届けやすい。また，既存顧客は多くの人が使用している状況を見て「間違った購入をしなかった」という安心感を得る。

② シェアの大きい商品は，競合よりも多く顧客からのフィードバックを得やすく，それだけ改善の精度や頻度を上げることができる。

③ 企業で働く人々にとってのプライドが高まり，働くモチベーションも向上する。

④ 市場での存在感や信頼度が増し，顧客に対するブランドイメージがさらに向上する。

⑤ 業界内・外のプレイヤーから情報が集まりやすくなり，事業展開のためのパートナーの選択肢が増え，交渉もしやすくなる。

⑥ （業界特性と企業方針にもよるが）業界の監督官庁等とのコミュニケーションがより密になる。

リーダー企業は，業界首位のポジションを維持し，業界で最大の利益を獲得することを戦略目標とすることが多い。そのリーダーの地位を維持・強化するための施策としては，①全体市場の拡大を目指す，②優れた防御行動と攻撃行動によって現在の市場シェアを守る，③市場規模が一定でも，自社の市場シェアをさらに増やすという3つがあり得る。

▶リーダーの施策：①全体市場の拡大

市場リーダーの基本戦略は市場全体の拡大であり，製品の新規ユーザー，新しい用途，使用量の増加を追求すべきである。宅配便市場[2]が拡大すれば市場リーダーであるヤマトホールディングスが最大の利益を得るという前提に基づき，ヤマトホールディングスはこれまで宅配便の市場自体が成長するように様々なサービスを追加し，対象範囲を広げてきた[3]。

新規ユーザーを獲得するには，市場浸透，新市場セグメント開拓，地理的拡大の3つの方法がある。工夫次第ではほとんどの製品で新規ユーザーを引き付けることは可能である。例えば警備業界で60％のシェアを超えるリーダー企業であるセコム

は，ホーム・セキュリティサービスの市場浸透を狙い，（当時）最も幅広いファミリー層に人気のある有名人の1人であった長嶋茂雄をCMキャラクターとして起用し続けた。東レは炭素繊維の世界トップメーカーであるが，1970年代初頭から炭素繊維の用途展開を探り続けてきた。釣り竿や，ゴルフシャフトとして用途展開を始めたが，1980年代にボーイング757，767およびエアバスA310等の飛行機に展開を広げた。現在も自転車に，そして自動車にと新市場セグメントを拡張し続けている[4]。

新しい用途を開拓することによってときには元々の市場以上のチャンスを獲得することもある。セコムは新しい用途を開発することによっても市場拡大を狙っており，医療・高齢者向けサービス分野の成長を睨んで，自社の警備能力と介護・医療を連携させた高齢者見守りサービス等の新サービスを開発している[5]。

使用量の増加は1回当たりの使用量を増やす，頻度を増やす等で行われる。古典的な事例は，フランスのタイヤ会社Michelinのレストラン格付けであろう。Michelinは自動車所有者の走行距離を伸ばしたいと思い，運転の動機づけを考えた。結果として，フランスのレストランを三ツ星で格付けし宣伝する仕組みを考えついた。さらには地図や途中の観光地を載せたガイドブックも発行した。南仏の有名レストランを宣伝し，途中の観光も含めてその楽しさを伝えることで，週末にパリからプロバンスやリビエラにドライブする人が増え，タイヤの需要も増加したという。

カミソリのジレットの替え刃モデルは，消耗品で儲けるビジネスモデルとしても有名だが，その替え刃の頻度を上げるために，替え刃のカートリッジには青い筋が入っており，ある程度使っているうちにその筋が消えてゆき，交換を促す。こうして顧客が替え刃を使う頻度が上がるような仕組みを導入している。

ときには市場が縮小しないように，その製品を使う動機づけを啓蒙することもある。日本の自動車市場が拡大した場合，トップシェアであるトヨタが最大の利益を得るのだが，縮小のインパクトも大きく受けることになる。日本の自動車市場は縮小傾向にあるので，リーダーであるトヨタは，自社の車自体の宣伝以外に，ドラえもんシリーズのCMで「そもそも車に乗ろう，使おう，楽しもう」という啓蒙的キャンペーンを行った。

▶リーダーの施策：②防衛

最もよい防衛方法は競争相手が攻撃を仕掛けてこない・しにくい状態にすることである。そのためには，①リーダーに攻撃を仕掛けると大変な反撃を受けて痛い目にあうと知らしめる，②挑戦者がつけ入る隙を作らない，の2つが必要になる。

リーダーは様々な企業から挑戦を受けるので，その全てに対応することはできないが，危険度の高い挑戦者に対して攻撃を仕掛けるべきときがある。米国のEastman Kodakは，100年以上の歴史を誇る写真フイルムのトップメーカーだったが，1980年代から米国市場において日本の富士フイルムの攻撃を受けていた。Kodakよりも10％安い価格で攻勢を仕掛け，年率20％の売上成長を見せていた富士フイルムに対し，Kodakは富士フイルムの20倍の広告宣伝費をかけ，同社のシェアを維持した。さらには日本市場に子会社を設立し，富士フイルムの本拠地にも攻撃を仕掛けた。日本国内でのKodakとの戦いに資源を割くことで，富士フイルムは米国に割ける資源が限定されてくる。Kodakは既存の業界シェアを維持するという点においては非常に上手かった[6]。ただし，Kodakは既存市場での成功体験が強すぎたために新たな市場への対応が遅れて，最終的に破綻したことは気に留めておくべきだろう。

　リーダーが攻撃する一般的な手段は同質化である。挑戦者（場合によってはニッチャー）が繰り出してきた魅力ある新製品・新サービスと類似の製品・サービスを，市場に出すのである。通常はリーダー企業の方が経営資源豊富で，流通チャネルをより広くおさえているので，同質化した商品を出すことでシェアを維持できる。1980年代はチャレンジャーであるソニーが新製品を出し，自社チャネルを持つ松下電器（現パナソニック）が同質化で対応するという構図が見られた。飲料では最大の自販機ルートを持つ日本コカ・コーラは，他社の新製品がヒットすると，類似製品を開発し自社チャネルに乗せるという構図が見られた。ホンダが7シートの都会的ミニバンという新コンセプトで発売したストリームは，当初は好調で発売から10か月で累計販売台数は10万台を超え，ホンダの登録車としては最短記録を達成[7]するほどだった[8]。しかし，その新コンセプトの可能性を目の当たりにしたトヨタが2003年にボディサイズもほぼ同じウィッシュをストリームより若干低めの価格で出したところ，ストリームの売れ行きが急減し，2014年には生産中止が発表された[9]。

　異業種から新しいビジネスモデルで参入してきた場合も，可能な限り同質化を狙うが，そのビジネスモデルの実行が現有資源との摩擦，既存事業の縮小，収益悪化を伴う場合もある。例えば，タクシー業界に一般人が自分の空き時間と自家用車を使って他人を運ぶビジネスモデルで参入してきたUberに対抗しようとした場合，既存のタクシー事業者は既存資源との摩擦が出てくる。そうした場合は世論・政府に働きかけて規制強化で相手を締め出すシナリオと，自社が同質化（このビジネスモデルにシフト）したシナリオと，新規参入者に市場を取られた場合のシミュレー

ションを定量的に行い，意思決定をする。

　隙を見せないというのは，製品・サービスのラインアップを網羅的にしておくことで，競合相手が入りにくくする，利益マージンをあまり高くとりすぎない，積極的にイノベーションを行い自社の製品を自社が陳腐化する等である。場合によっては，自社にとってあまり魅力的ではない分野にあえて隙を作り（商品ラインナップを置かない，営業を仕掛けない等），他の企業にその分野への参入を促すという戦術もある。その隙間で競合が力を蓄えて攻撃を仕掛けてこないかは，注意深くウォッチしておく必要がある。

▶リーダーの施策：③さらなるシェア拡大

　トップシェアはリーダーの地位を強固にするのでさらなるシェア拡大も自然な選択肢であるが，さらなるシェア拡大にはデメリットやコストもあり得るので，以下の点では注意を要する。

　すでにある程度シェアの高い企業がそこからさらにシェアを伸ばそうとすると，それまで以上にコストがかかる場合がある。競合他社商品に強いロイヤルティを持つ顧客を引き付けるために，これまで以上に価格を引き下げたり，営業やコミュニケーションを強化することで大きな追加的費用が必要となり，利益率が悪化し得る。

　シェアを拡大するということは規模の拡大にもつながるが，業界によっては規模の拡大が常にコスト低下につながるわけではない。ある規模を超えて規模に対する「収穫逓減の法則」が作用する場合には「規模の不経済」が発生し，規模が大きくなることによってコスト高となる場合もある。例えば，Arcelor Mittalは，2006年にルクセンブルクのArcelorとオランダのMittal Steelの経営統合によって誕生した世界最大の鉄鋼メーカーで，年間粗鋼生産量で世界シェアの約10％を占める。2012年2月期以降の収益はマイナスを続け，2015年度に至っては業界2～5位の企業が黒字を記録するなか，売上高当期純利益率はマイナス12.5％となっている[10]。

　さらにはシェアを拡大し規模が巨大になることによって，変化対応の柔軟性が低下するというデメリットも忘れてはならない。Kodakはその成功体験と規模の巨大さが相まって，世界で最初にデジタルカメラを示したにもかかわらず，デジタル化への対応が遅れ，破綻に至った。

　このようにリーダー企業がさらにシェアを拡大する場合には，そのメリットとデメリットを客観的に比較して意思決定する必要がある。念を押しておくと，攻撃・防御等の様々な施策をとる際には「合法的」な手段で行うのは大前提である。しか

し，新興プレイヤーが法的にグレーな方法で攻撃を仕掛けてくるときがあるのは悩ましい。そのインパクトが大きくならないように，早期に対策を打てるように準備しておく必要がある。

【第2節】チャレンジャー（上位企業を狙う）の戦略

　本節では，上位の会社の地位をどのように奪取するかを見ていく。リーダーを狙う場合と，下位の企業がより上を狙う場合で多くの原理は共通しているが，若干の違いがある。ゆえに，本節を「業界リーダーへの攻撃戦略」という意味も含めて「自社より上位な企業への攻撃戦略」とした。

　業界リーダーではない会社がシェアを拡大する方法は，①自社よりもシェアの大きい上位企業からシェアを奪うケースと，②自社と同程度かもしくは自社よりも下位の企業からシェアを奪うケースの2種類がある。自社と類似や下位の企業からシェアを奪うのは一見簡単そうであるが，これらの会社の顧客は上位企業よりも数が少なく，価格により敏感（低価格にひかれがち）な可能性が高い。また下位企業の場合は，自社の少ない顧客を奪われてはたまらない，と猛烈な反撃をしてくる可能性も高いことを勘案して攻撃対象を考察する必要がある。

　リーダーにとって代わろうとする会社の前には様々な課題が立ちはだかるが，リーダーの交代は全く無い話ではない。少し古い例だが，1985年当時のシェアが60％を超え独禁法上の問題になりそうなほどの存在だったキリンを，シェア10％以下だったアサヒが抜いた事例は象徴的だった。世界規模の例では，PC市場でLenovoがHewlett Packardを抜いてNo.1になった。世界的なリーダーポジションを新興国企業に奪われた日本企業も少なくない。

　日本全国で約550万存在する会社[11]の全てが業界リーダーを狙うわけではないが帝国データバンクの2011年調査では，TDB産業分類の1,056業種において，10年間で3割の業界トップ企業（当該分野の売上高全国1位）が交代しているという[12]事実は記憶しておいた方がよいだろう。

　チャレンジャーの基本的な戦略方針は「リーダーと同じ条件で真向からぶつからない」ことに留意しつつ，「リーダーが保有しない資源に基づく差別化」と「リーダーが同質化できない（内部事情を持つ）差別化」を狙うことである。

第9章　競争戦略における業界序列ポジションによる打ち手　　**173**

▶上位者攻撃の条件：真向勝負をしない

　上位者を狙う際の基本条件は，似たような戦略で真向勝負をしないことである。さもないと，リーダーの持つ優位性は大きな反撃力となって攻撃者に跳ね返ってくることがある。その場合は挑戦者が先に資源を使い果たしてしまう可能性が高く，そのインパクトは深刻なものになる。

　挑戦者がリーダーに正面勝負を挑んで悲惨な結果を招いた象徴的な事例は，HY戦争だろう。これは当時業界首位のホンダに，2位のヤマハ発動機がバイク業界の覇権を取ろうと挑戦した戦いで，ホンダのHとヤマハのYをとってHY戦争と言われる。1979年のヤマハの小池社長の「チャンスが来た！　オートバイ業界の盟主の座を狙う」という宣戦布告に始まり，83年初頭のヤマハの敗北宣言で終焉するまで続いた（佐藤，2008）。戦いの主戦場はスーパーカブの爆発的ヒットと自動車の普及により駆逐されほとんど空白となっていた原付スクーター市場から始まった。この争いは販売競争から開発競争に及び，日本の国内競争から米国市場での競争にも展開していった。

　過剰な乱売や増産，在庫積み増し，値下げ合戦と戦いは激化していき，ホンダは1982年春から年末の間に，実に45種類の新モデルを発売した。これは週当たり1～2モデルという驚異的なペースで，膨大な資源投入を要した。こうした戦いは双方に負荷を与えたが，特に業界2位のヤマハは倒産寸前にまで疲弊し，遂に敗北宣言を出すことになった。両社の話し合いの末，争いは終結したが，この戦いでヤマハの業績は1980年の売上高経常利益率4.5％から，終結宣言の1983年には▲4.9％，1984年には▲6.4％と落ち込み[13]，その後も低収益が継続することとなった。このHY戦争はヤマハの業績悪化のみでなく，消費者の信頼をも失わせ，バイク業界は衰退することとなった。この戦争の終結直後（1983年）からバイクの売上はバイク人気に反比例して一気に下落を始め，数年で半減まで落ち込んだ。

【第3節】上位企業の攻略方法

▶上位者攻撃3つの基本条件

　上位企業を成功裏に攻略するには，挑戦者は次の3つの基本条件を満たす必要がある。

　① 持続的な競争優位：挑戦者はコストまたは差別化の何らかの点で，リーダーに対して明らかな競争優位を持ち，それを維持する必要がある。挑戦者が広い

範囲でコスト優位を持つ例は少なく，多くは差別化を狙う。その優位性をもってリーダーが真似をしてくる前にシェア差を縮める。

② 他の活動の同等性：挑戦者は，リーダーが持っている優位性・先発者の優位性の一部もしくは全部を相殺できるようにする必要がある。リーダーと同じことをしろというわけでは必ずしもない。買い手が納得する程度の近さにするか，別の形でそのメリットを提供する。

③ リーダーの報復に対する妨害：挑戦者はリーダーの報復を中長期的に弱める何らかの手段が必要である。HY戦争で見たように，地位を脅かされた資源豊富なリーダーが真剣になって報復してくると，挑戦者は甚大な経済的損失と組織的打撃を被る。

上位企業の戦略と積極性によって，この3つの条件の難易度は変わってくる。アサヒがキリンを抜いた背景には，アサヒがスーパードライという，キリンがこれまで打ち出してきた価値観とは違う商品を開発できたことに加えて，当時の王者キリンが，当初はやや鷹揚に構えていたこともあった。ソフトバンクが通信事業に参入し有力な携帯キャリアになるプロセスで，ソフトバンク間の通話無料というキャンペーンを行ったが，その背景にはシェアNo.1のNTTドコモが，ソフトバンクに対抗してNTTドコモ間通話を無料にすると，損失が膨大になるので対抗してこないという読みがあったという。

▶上位企業の報復に対する妨害

リーダーは様々な手段で報復をする可能性があるので，その報復に対する妨害を準備しなくてはならない。リーダーの報復を妨害する手段はいくつも存在する。例えば以下のようなものがある。

・リーダーの戦略の矛盾：挑戦者への攻撃のためにそれまで上位企業が戦略の柱にしてきた要素と矛盾が生じるような行動をとらなくてはならない場合[14]
・リーダーの反撃コスト：挑戦者の戦略が上位者に高いコストをもたらす場合　先に見た，ソフトバンク間無料通話という施策を，業界トップのNTTドコモが行おうとすると無料通話の割合が大きくなり過ぎるという例である。
・財務上の優先順位の相違：例えば短期的な利益を優先する上位企業は，短期的利益を度外視した挑戦者にシェアを譲る可能性があるということである。
・ポートフォリオ戦略の制約：資金や関心が他の事業に向いている場合は追随してこない。

・価格設定の誤り：上位企業が平均コストに基づいて価格設定をしていた場合は，特定の製品・分野において適切なコスト認識を持てずに挑戦者の価格設定に追随しない。
・盲点：上位企業が業界環境を読み違えたり，見落とすことがある。既存業界の縮小ペースや新しい業態の拡張ペースを読み誤る，もしくは自社がそのペースをコントロールできる力を読み誤るリーダー企業は少なくない。Kodak破綻の理由の1つもこの読み誤りがあったと思われる。

これら以外にも，紳士的競争，規制圧力等，上位企業の報復を妨害する手段はある。

▶上位者を攻撃する差別化

多くの場合，挑戦者は差別化で上位企業を攻略するが「上位企業が保有しない資源に基づく差別化」と「上位企業が同質化できない（内部事情を持つ）差別化」のどちらかが必要になる。できれば両立が望ましい。

すでに，上位企業は挑戦者に対して同質化を狙うのが定石と述べたが，上位企業が同質化できない差別化は難易度が高い。挑戦者はどのように上位と違う戦略を持てばよいのか。その方法は大きく以下の3つが考えられ，たいていはこの複数要素を組み合わせることになる。

① 価値連鎖の再編成：価値連鎖のなかの活動の仕方，あるいは連鎖全体の編成を再構築する。
② 競争分野の幅の再定義：リーダーとは違う分野に競争活動を再定義する。業界内のセグメントの幅や，統合の程度，地域の幅等を調整する。
③ 支出の単純増加：独自の優れた資源，もしくは支出の単純増加でシェアを確保し，それを足場に競争優位を高める。競争優位獲得のためには膨大な支出が必要になる。

▶価値連鎖の再編成

リーダーとは異なる価値連鎖を再編成：価値連鎖の再編成は，バリュー・チェーンの特定部分（開発，仕入れ，製造，マーケティング）等を見直す，連鎖全体を見直すことの両方があり得る。バリュー・チェーン再編成の代表的なプロセスをいくつか見ていこう。

・製品改良：挑戦者による優れた特性や低コストの製品設計は，上位企業がそれまで重視してきた価値観ややり方と相反するものであると，差を付けやすく，報復されにくい。
・製造プロセス：1997年創業のBYD（中国）は，ロボットの代わりに人間が製造するという逆転の発想で，日本のトッププレイヤーの30～40%安いコストで，より柔軟なニッカド電池を製造できるようになり，シェア40%を超える世界のNo.1ポジションを獲得した。8,300万元（当時のレートで1,000万ドル）の製造ラインを日本から購入する代わりに，製造工程の大部分を人間に置き換えた。当時の中国の安価な人件費が可能にしたビジネスモデルであるが，日本企業にとっては予想外であった。
・出荷・物流：物流システムを効率化する，アフター・サービスシステムを迅速化する，受注処理を強化する等の方法がある。大画面の液晶TVは画面保護のために日本のメーカーは，輸送時は常に縦にして運ぶように義務づけていた。Samsungはそれを横積みも可としたところ，輸送効率が非常によいので物流コストが下がり，大きな製品改良が無くてもシェアが向上した。
・マーケティング：マーケティング活動が不足している業界では，支出を増やす，ポジショニングを変更する，販売組織を変更することも有効になり得る。No.1にはできないポジションを訴求してシェアを獲得した好例は，AVISレンタカーだろう[15]。1963年の米国では，ハーツ（Hertz）が圧倒的なNo.1だった。No.2だったAVISは，以下のような広告を打った。「私たちはNo.2のレンタカー会社に過ぎません。あなたがNo.2なら頑張りますよね。我々はNo.2レンタカー会社なので，頑張らないと飲み込まれてしまいます。休む暇等無いのです[16]。」この広告は好評で，1か月でシェアが1.5倍になった地域もあったという。
・川下の再編成：リーダーが無視しているチャネルを使う，新興チャネルを先行して取り込む等の方法がある。インターネットが出てきた際に，AmazonがEコマースを活用し，既存の大手書店を駆逐してしまったが，こうした事例はなにもネットの世界に限らない。1950年代は時計のポジショニングが高級品だったので，時計の主要販売ルートは貴金属店であった。Timexは一般大衆向けの日用品として時計をポジショニングし，ドラッグストアや量販店ルートを新チャネルとして開拓し，時計業界のNo.1メーカーとなった。
・バリュー・チェーン全体の再編成：バリュー・チェーン全体の再編成でトッ

プを追随した好例は，インドのBharti Airtelである。1996年に設立しインドの中堅携帯キャリアだったBharti Airtelは，急成長する携帯電話ネットワーク需要を目の前にして，規模とスピードの両立に悩んでいた。当時のBharti AirtelのIT人員は 300人以下，通信業界リーダーであるRelianceは8,000人を有していたが，Relianceが，本気で携帯事業に参入する前にスピーディにポジションを構築する必要があった。ここで，Bharti Airtelの創立者ミッタルはバリュー・チェーンの大胆な集中を行い，ネットワークやITインフラはアウトソースし，ブランド・営業・マーケティングに集中した。Ericsson, Nokia, Siemensに4億ドルの契約で全ての電話ネットワークの運用を外注した。またIBMとは7億5,000万ドルで顧客への請求や，自社イントラネットを含む大部分のITサービスを外注した。それは，社内にITサービスのスタッフが実質的にほとんど残らないほど包括的であった。ネットワークとITインフラは通信キャリアの中核資源というのが業界常識だったので，同業のCEOが「ビジネスの心臓部を外部に渡そうとしている。誰もしなかったことできっと後悔するぞ」と心配して電話をしてきたほどであった。Bharti Airtelは2004年には500億ルピー程度の売上だったものを，4年で5倍に成長させた（Cappelli et al., 2010）。

バリュー・チェーンの製造・開発プロセスは，急速に変化をしている。マクロとミクロの両面から，この変化を観察しておく必要がある。2015年時点で，エンジニアではなくても1人でスマートフォン，4Kディスプレイ，デジカメ等のメーカーになれるようになっている[17]。

▶競争活動分野の幅の再定義

上位企業を攻撃する2つめの方法は，競争活動分野を再定義することである。活動分野は広げることも，狭めることもあり得る。市場創造戦略の場合は，既存の顧客層以外に広げることで再定義を行うこともある。既存の業界を前提に競争活動分野の幅を再定義する場合は水平，垂直，地理的に集中もしくは拡張する方法がある。

・集中：集中の軸は買い手，製品，チャネル，地域等いくつかある。リーダーにとって，自社戦略を犠牲にすることなしに，集中戦略に対して報復することは難しい場合が多く，リーダーの報復を遅らせることができる。もしくは集中戦略を積み重ねる逐次戦略というのもリーダー攻略には有効である。挑戦者は

リーダーのある分野を集中戦略で攻撃し，徐々に戦線を拡大するという手法がとれる。Nikeはランニングシューズの分野でadidasを相手に，まずは高級品セグメントに集中し，徐々に下方へ品揃えを広げた。ただし，リーダーが自社戦略を犠牲にすることなく，集中戦略に対応できる場合はリーダーの豊富な資産を集中される危険がある。

・拡張：リーダーとは違った，垂直統合もしくは水平統合を行うことも有効である。伊藤忠商事は比較的川上志向の強かった商社業界で垂直統合を進め，特に海外での川下の強化を図った。伊藤忠は台湾から中国に進出し，まだ中堅企業だった頂新グループに出資し，中国での川下戦略強化の中核企業とした。頂新グループは，世界最大の即席麺市場である中国において6割近いシェアを占め，水やお茶でもトップブランドに成長した。その頂新グループをてこに日系企業の中国進出を支援し中国での川下事業を強化した伊藤忠は，総合商社としては中国でリーダー的存在になってきている。

・地理的拡張：もしリーダー企業が一部地域でしか営業をしていない場合，地理的範囲を拡張して地域間の差異を活用するケースがある。

・水平統合：関連業界にまたがる水平戦略をとる挑戦者は，狭い範囲，異なる業界で営業しているリーダーを成功裏に攻撃できる。

▶支出の単純増加

支出の単純増加は，値下げ，大量宣伝等，シェアや操業度やブランド認知を上げるために資金を投入することだが，再編成も再定義もせずに行われる「支出の単純増加」は，リーダーを攻撃する際には最もリスクの大きい手段である。リーダーの方が，こうした攻撃に対して反撃するだけの資産を持っている場合が多く，業界に専念している場合も多いので，必死になって反撃してこられた場合，挑戦者は大きな痛手を被る。

この方法が成功するのは，挑戦者の資源（資金力）がずば抜けて大きいか，あるいはリーダーが資金投入を嫌う社風の場合である。上位企業を狙う際に単純な支出の増加は好ましくないが，再編成や再定義を主要戦略にした上で，その補強戦略として行う場合は重要な意味を持つ。

【第4節】上位企業への複合的攻撃

▶再定義と再編成の複合化

バリュー・チェーンの再編成と競争分野の再定義は，複合的に活用することでさらに効果的になる。ポーターは図32のように，リーダーと挑戦者の活動分野の活動幅を定義づけた。このような図を用いて，まずリーダーの活動分野を記入し，自社にどのような選択肢があるかを考察する。挑戦者はある次元の狭い分野と，別の次元の広い分野を組み合わせることもできる。例えば，図32で言えば顧客セグメントをリーダーよりも絞りつつ，対象地域を広げ活動の統合度を狭めるのだ。GM

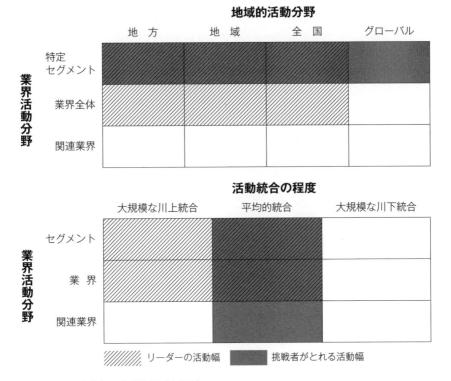

図32　リーダーと挑戦者の活動幅

出所：Porterをもとに著者修正（1985）。

に挑戦している頃のトヨタを考えると，GMは全車種にわたる幅広いターゲットを対象に，米国のみでなく世界中で競争していた。一方で，まだ資源蓄積の少ないチャレンジャーだった頃のトヨタは小型車に集中していたが，販売範囲は世界に広がっていたので，小型においてはGMに対して優位性を持っていた。

▶デコンストラクション：競争分野再定義の複合化

このバリュー・チェーンの再編成と競争分野の再定義の複合化を内田（2009，2015）はデコンストラクションもしくはゲーム・チェンジャーと呼んでいる。特に内田は，異業種からの参入によるバリュー・チェーン再編成と競争分野の再定義の複合化によって，業界リーダーの地位が脅かされるリスクを主張している。それは，挑戦者にとってはチャンスである。

内田は，関連業界までを含めた大きな連鎖を図33で見るように「事業連鎖」と呼んだ。

この事業連鎖の再構築方法は，主に以下の5つとなる。

① 置き換え：ある要素が別の要素に置き換わること。カメラで言えばフィルム

図33　社内のバリュー・チェーンと業界全体の事業連鎖

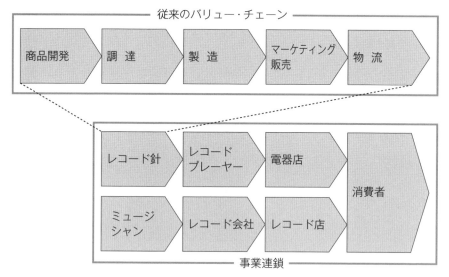

出所：内田（2015）。

図34 カメラ業界における事業連鎖の再構築

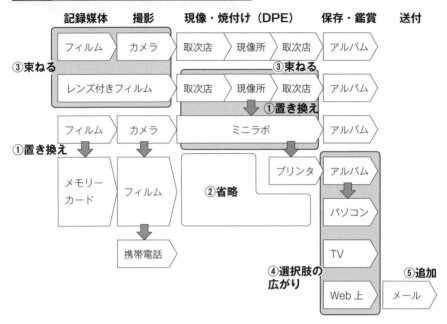

出所：内田（2015）を元に筆者修正。

　がメモリーカードに，カメラがデジカメに置き換わり，さらにはカメラ付き携帯に，そしてスマートフォンに置き換わった。

② 省略：それまで当たり前にあった要素が，そもそも省かれてしまうこと。フィルムカメラでは，撮影した画像を見るには「現像」と「焼き付け」という2つのプロセスが必要だったが，デジタルカメラの登場によって「現像」が不要になってしまい，場合によっては「焼き付け」も不要になってしまった。デジタルカメラでは，現像や焼き付けをしなくても撮影した瞬間に画像を見ることができるからである。

③ 束ねる：それまで2つ以上に分かれていた機能が，1つに束ねられてしまうこと。例えば写ルンですのような「レンズ付きフィルム」によって「フィルム」と「カメラ」が1つに束ねられてしまった。

④ 選択肢の広がり：これまで1つしか無かった機能がいくつにも分かれていくケースである。例えば，かつては撮影した画像は写真に焼いて保存する，アル

バムに貼って鑑賞するといった程度だったのが，それに加えてパソコンやスマートフォンで見たり，ネットに乗せてSNSで共有する，加工する等の選択肢が広まった。
⑤　追加：今までに無かった新しい機能が加わること。写真で言えば，かつては送付という機能は無く，カメラ付き携帯の登場によって，撮影した画像データをメールに添付して送ることができるようになった。その画像をSNSで共有しコメントを付けるといったことも，以前は無かった機能である。

　これらの事業連鎖の再構築が，カメラ業界でどのように起こったかを図にまとめると，図34のようになる。
　このような事業連鎖の再構築を念頭に，異業種競争によって生まれてくる新しいビジネスやサービスを，内田はゲーム・チェンジャーの4類型として整理した[18]。

▶リーダー企業とそれ以外の上位企業を狙う場合の違い

　ほとんどの要素においてリーダー企業に挑戦する場合と，自社よりも上位企業に挑戦する場合（例えば業界7位が5位を）での方法論や留意点は同じだが，若干違いもある。リーダー企業を狙う場合と，（さらにその上の企業がいる）自社よりも上記企業を狙う場合の違いを見ておく。
　リーダー企業はその上がいないが，リーダーではない上位企業には，そのさらに上に企業が存在する。リーダーではない上位企業を狙う場合には，さらにその上にいる企業の存在と特徴をある程度意識しておく必要がある。例えば，あるITサービス業界において業界7位のA社と6位のB社がいて，B社は高度なカスタマイズサービスを顧客に提供していた。B社の顧客群が高度なカスタマイズサービスだけではなく，パッケージ化（標準化）された安価なサービスも求めはじめた。これに気が付いたA社は，パッケージ化されたITサービスを先行して開発し，B社のシェアを奪うことに成功した。しかし，その業界では，さらに上位にパッケージ化が得意なC社がいたが，B社の顧客群はカスタマイズ化を求める客層なので，自社の対象ではないと思っていた。A社がB社から顧客を奪っていく様子を見て，C社がより洗練されたパッケージ化サービスをもってその顧客層に乗り込んできたときに，A社は対抗できず，かえって以前よりもシェアが低くなってしまった。
　自社が狙う上位企業が，さらに上の企業の地位を狙って戦いを仕掛けている場合は，下位からの挑戦に対応する余裕が無いのでチャンスとなる場合がある。ただし，

ひとたび上位企業間の闘争が落ち着いた後に，自社が獲得したシェアを取り返しにくる可能性があるので，防護壁を構築する準備は必要になるだろう。

【第5節】集中戦略とニッチ戦略

コスト・リーダーシップや差別化のできるようなポジションでもなく，模倣されにくい独自のケイパビリティも特にあるわけではない企業の選択肢として，集中戦略（focus strategy）もしくはニッチ（niche strategy）が挙げられる。集中戦略とニッチ戦略は互換的に使われることが多く，同じものであると解説されることも少なくない。確かに同じようなアクションをとり，結果的に同じ状況を指すこともあるのだが，重要な違いもある。その違いを意識することで，より適切な戦略をとることができよう。

▶集中戦略

集中戦略は，特定の買い手グループ，製品種類，特定地域等の軸で，選択した対象へ集中的に資源を投入する戦略である。広いターゲットでは差別化とコスト・リーダーシップが両立しない市場でも，ターゲットを絞ることによって，差別化とコスト・リーダーシップが両立する場合もある。また，狭いターゲットに徹底した差別化を行う集中・差別化戦略，もしくはコスト・リーダーシップを追求する集中コスト・リーダーシップ戦略もある。

▶集中戦略の要件

単に集中すれば儲かるというわけではない。集中する対象セグメントには，特殊なニーズを持つ顧客がいるか，もしくはその対象に最も適した製造方法や流通システムが業界の他のセグメントとは異質であるかの，どちらかである必要がある。つまり広い対象を狙う有力企業が，集中対象のセグメントに上手く対応できない状態である（Porter, 1985）。この場合の差別化は，必ずしも業界標準と比べて優れた品質水準でなくても成立するケースがあり得る。ある顧客に対して，ワンストップ・サービスを提供する，社内プロセスにまでより踏み込んで一貫したソリューションを提供するという方法もある。

初期のアスクルはそれまで文具業界から無視されてきた，従業員数人規模の「小規模事業者（SOHO）」に集中して文房具宅配サービスを提供することで成功した[19]。

集中戦略では，自社が対象としている対象のニーズが，他の広い市場を相手にしている有力なプレイヤーによって満たされていないかを確認する必要がある。自社は特定対象に集中しているつもりでも，その集中対象の顧客の視点から見ると大手有力企業が提供する製品・サービスと変わらないのであれば，集中している意味が無いのだ。アスクルの対象であったSOHO事業者の翌日宅配ニーズは，大手事業者によっては満たされていなかった。

▶維持する集中，成長を目指した集中

集中戦略は，将来的な成長を視野に置いた第一歩として位置づける場合もあれば，集中した状態を維持し規模の拡大を目指さない場合もある。

将来的な拡大に向けて，経営資源構築をする一里塚としての集中戦略の好例は，ファースト・リテイリングである。まずは若者向けに，フリース製品に集中してコストを下げ低価格で提供することで，経営資源を蓄えブランドを構築した。そこから徐々に対象顧客と製品分野を拡張し，現在では子供から比較的シニア層まで，カジュアルからビジネス向けまで幅広いビジネス展開を行っている。

ひとたび集中戦略で成功を収めた後，明確な方向性を持たずに売上拡張を狙い，自社の戦略が曖昧になることがある。集中戦略によって高収益を実現していた会社が，規模の拡大とともに利益率を低下させる例は少なくない。

拡張を狙う場合は，拡張後の競争優位性の構築を意識しながら成長するか，新しいセグメントを探してそこで再び集中戦略を実行する必要がある。狭い顧客向けの小市場で始まったものが意図せざる結果として市場拡張し，乱戦状態になった例の1つがメイド喫茶であろう。1999年の実験的な「Piaキャロレストラン」を経て，2001年にコスパが開店した「Cure Maid Cafe」（キュアメイドカフェ）がメイドカフェの原点と言われている。秋葉原でニッチな顧客層ターゲットに好評を博した。2003年ごろからメイドカフェの認知度が高まり，新規参入者が増えはじめた。徒歩15分圏内の狭い地域に50店舗を超えるメイドカフェ（および類似業態）が集積し激戦区となり，メイドカフェのなかでもさらに独自性を狙ったサブ・セグメントが種々開発された[20]。

▶ニッチ戦略

拡大を目指さない集中戦略は，ニッチ戦略と言った方がよりその意図が明確になる。

ニッチ市場とは，通常の市場細分化によるセグメントをさらに狭く定義したグループのことで，その特殊なニーズが十分に満たされていない小さな市場を言う。集中戦略という言葉がどちらかと言えば戦略で使われるのに対し，ニッチ戦略はどちらかと言えばマーケティングで使われることが多い。マーケティングでのニッチ戦略は，経営資源の少ない企業が，主要市場での強者との競争を避けて，市場の隙間を狙う戦略であり，防護壁を築いて立てこもろうとするような，防御的な意味合いで使われることが多い（Hamlin et al., 2012）。マーケッターは通常，セグメントをサブ・セグメントに分けたり，明確なベネフィット・ミックス（顧客の求める便益の組み合わせ）を追求するグループを特定することによって，ニッチを識別する。例えば，ヘビースモーカーのセグメントには，禁煙しようとしているヘビースモーカーと禁煙する気のないヘビースモーカーというさらに細いサブ・セグメントに分けられる。セグメントといった場合はそのセグメントは比較的大きく，いくつかの競合他社を引き付けることが普通であるのに対して，ニッチはそれより小さいため，引き寄せられる競合他社がいないか，いても1～2社に過ぎない。言い換えれば他に競合他社がいない（引き付けない）程度に小さな市場に絞り込むことがニッチ戦略なのである。拡大を目指さず，目立たないようにひっそりと（少しでも高い収益率を目指して）隙間市場に身を置くのである。

情報技術や製造技術の発展は，ニッチ（ときにはマイクロニッチ）戦略の可能性を広げている。特にメディアでは，これまでの対象層からさらに絞り込んだ対象へのビジネスが可能になってきた。例えば，日本郵政グループ各社の幹部・役職者の現役やOB向けのメディアもある。

▶ニッチ戦略の要件

魅力的なニッチには利益と成長の潜在性があり，次のような特徴がある。
・対象顧客が明確なニーズを持っている。
・顧客が自分たちのニーズを最もよく満たしてくれる企業にプレミアム価格を支払う。

大企業がニッチ戦略を行う場合には，分権化しビジネスのやり方も変更しなければならない場合が多い。そのような柔軟で小回りの利く大企業はそう多くはないので，（大企業の）トラの尾を踏まない限りは，大企業が持つマス市場をニッチ戦略でちまちまと攻めるのは悪くない選択である[21]。

対象顧客のニーズをよく理解しているニッチ企業に，顧客は喜んでプレミアム価

格を支払う。それを維持するには適切な「絞り込み」が必要となる。

　Ferrariは他の自動車会社には追随できない製品・サービス・マーケティング・メンバーシップという便益の束を「ごく限られた」顧客に提供している。1998年，Ferrariは創立55周年の記念として，『エンツォ・フェラーリ』という車を販売することにした。7,500万円で販売を予定していたこの車は，事前の調査で350台は確実に売れる，という予想が出た。その調査後の顧客説明会でFerrariは，「350台売り切るという予想が出たので，うちでは349台を販売します。」と宣言した。Ferrari創業者が「常に需要よりも１台少ない台数を作れ」という方針を残していたからと言われている。世界中で大評判になり，申し込みが殺到した。Ferrariは半額の申し込み金を取ったが，それでも申し込みは生産台数をはるかに超えた。そこで，過去の購買実績，所有している車等をもとにしてランクを作って，上位の者から売ることにしたのである[22]。ニッチ差別化戦略の例と言えよう[23]。

【第６節】フォロワー戦略

　フォロワーは無策であり戦略ポジションではないという見方と，フォロワーにこそ戦略が必要であり重要な戦略ポジションであるという２種類の見方がある。「上位企業に挑戦するわけでもなく，ユニークな特徴を備えているわけでもなく，ライバル企業の動向に粛々と従うことで自らの生存期間を永らえる」場合は，受動的フォロワーである。「賢い模倣者であり，効率よく収益を上げることを狙う」場合は，能動的フォロワーと言えよう。

▶生存し続けることを目標とする受動的フォロワー

　波風を立てずに生存し続けることを目標とする場合，上位の有力企業から競争を挑まれるような事態は絶対に回避しなくてはならない。上位顧客から見ると魅力的には見えないセグメントを対象に，リーダー・上位企業のコピー製品・サービスをもって目立たないように事業を営むのがこの受動的フォロワーの行動となる。

　多くの場合それは「経済性セグメント」と呼ばれる，低価格に強く反応する顧客グループであることが多い。こうした顧客セグメントに対して，リーダー企業が提供している製品の低価格代替品を提供することが，受動的フォロワーのマーケティング的打ち手となる。そのためには，徹底したコスト削減が不可欠となる。

　受動的フォロワーはターゲット顧客の階層を下げる，地理的に重複しない市場を

選ぶ，安価な割に品質をよくしすぎない等でリーダー/上位企業に注目されないこと，報復されないことが重要である。

時折こうした受動的フォロワーから，能動的フォロワー，チャレンジャーになりリーダーの地位を脅かす企業が現れるので，リーダー/上位企業はこうしたフォロワー企業の動向を無視・軽視してはならない。日本企業は1980年代に，韓国のSamsung ElectronicsやLG Electronicsはフォロワーであり全く脅威ではないとみなしていた。しかし，1990年代後半から能動的フォロワーそしてチャレンジャーとなった韓国企業は，いくつもの分野で日本企業との地位を逆転し，現在では多くの製品分野で世界のリーダーとなっている。

▶模倣の技を磨く能動的フォロワー

フォロワーは，リーダー企業の革新的な製品・サービスを模倣することが多いが，「製品イミテーション」戦略は「製品イノベーション」戦略と同じくらい（場合によってはそれ以上）の利益を生む場合がある（Levitt, 1966）。先行してイノベーションを起こし新しい製品やサービスを開発する企業は，そのイノベーションの研究開発，製品化および顧客の教育を含めた市場開拓等の費用を負担する。この費用やリスクは，通常市場リーダーになることで報われるが（全てのイノベーター企業が報われるわけではない），上手くこの革新的製品・サービスを模倣し改良する企業は，イノベーター企業が負う費用を負担しないことによって比較的高い収益を上げる可能性がある。

能動的フォロワーは体系的な模倣の仕方を知っておく必要がある。模倣には3つの傾向がある。1つめは頻度ベースの模倣である。この模倣はある集団（最も多いのは同じ産業に属する企業群）の間で最も広く行われている行動をまねることである。2つめは属性ベースの模倣である。自分に一番よく似ている企業，例えば規模が類似の企業や参入している市場（地域も含む）が同じような企業の行動に追随することを言う。3つめは結果ベースの模倣である（Shenkar, 2010）。これはよい結果を生んでいるように見える企業・やり方を模倣するものである。この3つは相互排他的ではなく，互いに重なり合っている。規模が大きくて，権威があって，成功している企業（つまりはリーダー企業）を模倣するのは正当性があって安心するからである。こうした模倣をする際には，失敗事例も真剣に研究する必要がある。多くの企業は，失敗例に目を向けたとしても，成功例事例に対するように真剣に向き合うことは少なく，「これはうちに当てはまらない」と軽視する傾向がある。しか

し失敗事例は，真の模倣を達成するのに決定的に重要な因果関係も明らかにしてくれるので，模倣の際には失敗例との比較は必須なのである。日本企業は改めて"模倣戦略"を再考する必要があるかもしれない[24]。

【第7節】ストーリーと業界序列ポジション

▶ストーリーとポジション

　ここで留意したいのは，"人に話したくなるような面白い"ストーリー（楠木，2010）というのはチェックポイントであって，常によい戦略を人に話すべきということではないことである。話すべき戦略とそうではない戦略，話すべき戦略のなかでも伝える部分と伝えない部分の峻別は必要である。リーダーは自社の強みを強調するシンボリックなストーリーを語ることで，社外のみでなく社内にもその戦略をより浸透させることができるだろう。チャレンジャーは面白いストーリーができたらリーダーを追撃する際に応援団を巻き込むべく，大いにその戦略ストーリーを語る必要があるかもしれない。一方で，ニッチ戦略の要諦はひっそりと目立たないことなので，どんなに面白いストーリーになっていたとしても語るべきではないのである。

【注】

1　リーダーのシェアを奪おうという挑戦姿勢を見せていない2～3番手プレイヤー，例えば業界内で2～3番手の大きなシェアを持ちながら，リーダーに挑戦しようとせず独自のポジションを貫くモス・フードサービス（モスバーガー）のような会社は，チャレンジャーとは呼び難い。また，大きな市場を狙いながら結局小さなシェアしかとれていない状態をニッチャーと呼ぶのも適切ではない。
2　ヤマトは宅急便と呼ぶ。
3　ヤマトホールディングスは年間15億個以上の荷物を扱う。
4　http://www.torayca.com/aboutus/abo_002.html
5　http://www.secom.co.jp/homesecurity/plan/seniorparents/?utm_source=yahoo&utm_medium=cpc&utm_campaign=BR502yss&wapr=56b6b8a1
6　Microsoftも，挑戦者を様々な形で攻撃することで，自社のリーダーポジションを守ってきた。将来的に自社の地位を脅かす可能性のある会社を買収するパターンもあれば，Netscapeのようなインターネット・ブラウザが伸長してきたときには，自社が圧倒的シェアを持つOSに自前のインターネット・ブラウザを無料で事前に組み込んでおく，Netscapeが有料で企業向けに提供していたサービスを無償で提供するなどを行って，Netscapeを攻

撃した。一説には（なぜか）MicrosoftのOS上ではNetscapeのブラウザは上手く動かなかったとも言われている。
7 ホンダ広報発表（2001年8月6日）。
8 初代は2000－2001年の日本カー・オブザイヤーを受賞し，2代目も2006年－2007年の日本カー・オブザイヤーのベストバリュー賞を受賞した。
9 この結果，ホンダで機械式車庫に入庫可能なミニバンが一時無くなり，筆者が乗っていたストリームを乗り継げなくなった。
10 M&Aで拡張をしたMittalだが，その主要製品ゾーンであるミドル～ローエンドで中国企業と価格競争となり収益が悪化したと言われる。
11 総務省統計局（2015）「日本の統計2015」
12 2011年4月21日　帝国データバンク　プレスリリース「特別企画：業界トップ企業調査」
13 ヤマハ発動機財務報告書
14 有名な例として，それまで苦味と重さをアピールしてトップシェアを誇ってきたキリンビールが，アサヒのスーパードライによるコクとキレというアピールに対抗した製品を出しにくかった例が挙げられる。
15 日本でもKDDIがNo.1のNTTに対抗して，2001年ごろに「がんばれNTT，頑張るKDDI。日本で二番手でも世界で一番になればいいじゃん。」という広告でNTTを追撃した。
16 原文：We're only No.2 in rent a cars. When you're only No.2, you try harder. We're only No.2 in rent a cars. We'd be swallowed up if we didn't try harder. There's no rest for us.
17 例えばUPQ（アップ・キュー）というメーカーはカシオ出身の若者が1人で立ち上げたメーカーである。17種類の製品を大手流通に乗せるのは大手メーカーでも1～2年かかると言われるが，それを1人で2か月で実現した。UPQを立ち上げて蔦屋家電とは3日，ビックカメラとは1週間で契約が成立したという。http://careerhack.en-japan.com/report/detail/582（別のソースも）
18 本節は内田（2015）を参考にしている。デコンストラクション，ゲーム・チェンジャーをさらに詳しく学びたい場合は内田（2015）を参照されたい。
19 翌日配送という仕組み自体は，大手文具企業が大口需要者向けに元々行っていたサービスで，アスクルの翌日配送自体は業界内で特に早いということではなかった。大手企業のリクエストであれば即日配送もあったくらいである。ただし，大手文房具企業からSOHO事業者は相手にされておらず，アスクル以前は自分で町の文房具屋に買いに行くしかなかった。翌日配送をするアスクルはSOHO事業者にとっては大きな付加価値だったので，値下げをしなくても好評だったのである。
20 このメイドカフェの項目は，エグゼクティブプログラムでご一緒した某IT企業の参加者からインプットをいただいた。本人の希望で匿名にしている。
21 ニッチ企業は，専門化することによって無駄を省くことができる。
22 エンツォ・フェラーリのチーフデザイナー奥山清行氏講演2007年9月26日から。

23 Ferrariは2015年10月21日にニューヨーク株式市場に上場した（日本経済新聞　2015年10月22日）。上場時の時価総額が1兆2,500億円にまでになったFerrariが，今後もこうしたニッチ戦略を適切に継続できなくならないか若干心配ではある。

24 模倣にも方法論がある。井上（2012），Shenkar（2010）は模倣をどのようにイノベーションおよび戦略に結びつけるかを教えてくれよう。

第10章

市場創造戦略①
ブルー・オーシャン戦略（Blue ocean strategy）

　前章までの戦略アプローチは，主に既存市場においていかに競争優位性を構築するかに力点を置いてきた[1]。一方，新たな市場を組織的に創造して利益を獲得しようというのが市場創造戦略である。イノベーションや新市場の重要性を主張する研究者，実務家は多いが，ではどう実行すればよいのかを具体的に提示している理論は少ない。新市場創造に向けてのプロセスと因果関係を明確にし理論化したのが，キムとモボルニュ（Kim & Mauborgne, 2005）が提示したブルー・オーシャン戦略である。本章，第11章は基本的にキムとモボルニュの理論に依拠している。

【第1節】ブルー・オーシャン戦略とは

　ブルー・オーシャン戦略は「新しい需要を主体的かつシステマティックに創造する」方法論である。競争の無い楽園がどこかに潜んでいてそれを探すわけではない。習得は大変だが[2]，相応の資源投入によってかなりの確率で大型の新市場が創造できる。

　市場を創造するパラダイム（ものの見方・思考パターン）は，競争戦略のパラダイムとは大きく違ってくる。比較概念として，「定まった業界定義と競争ルールの下，類似の戦略で競合と既存の市場を奪い合う」ことを「レッド・オーシャン戦略」と呼んでいる。

▶ブルー・オーシャン戦略の分析単位：ストラテジック・ムーブ

　競争戦略では，分析対象として「産業」「戦略グループ」「企業」「事業部門」「経営者」等をよくとり上げるが，ブルー・オーシャン戦略では「ストラテジック・ムーブ（strategic move）」という戦略の打ち手を分析単位とする。ストラテジック・ムーブとは，製品やサービスを投入して新しい市場を開拓するのに伴う，一連の行動や判断のことを指す。「ユニクロのヒートテック投入」「i-Phoneの投入」そ

れぞれが，ストラテジック・ムーブである。

キム氏とモボルニュ氏が，30を超える産業を対象にブルー・オーシャンの創造につながる共通要因を分析したところ，ブルー・オーシャンを生み出した企業は，「規模」「経営者の年齢」「設立後の年数」「業種」などいずれもバラバラであった。また業界も，魅力的な業界もあれば，衰退業界もありと，様々であった。一度ブルー・オーシャンを開拓した経営者も，その手法に再現性が無い場合が多く，戦略の分析単位としては適切とは言えない。米国でサターンが大成功したのも，日本でのサターン導入で失敗し撤退したのも，同じGeneral Motors（GM）であるし，ソニーはウォークマンで新しい市場を創造したが，それが継続できているわけではない。逆に言えば，Compaqのように，Hewlett Packardに買収され負け組の烙印を押されかねなくても，サーバー業界という世界では数十億ドルにのぼるブルー・オーシャンを生み出した企業もある。このような個別の成功も「戦略の打ち手」を分析単位とすることで，考察が可能になるのだ。

▶3つの中核要素

ブルー・オーシャン戦略は，以下の3つの中核要素からできている。
・バリュー・イノベーション（value innovation）
・ティッピング・ポイント・リーダーシップ（tipping point leadership：TPL）
・フェア・プロセス（fair process）

この3つの理解無くしてブルー・オーシャン戦略は実践できない。バリュー・イノベーションは新戦略の方向性を提示するが，その戦略は既存の戦略とは大きく違った革新的なものなので，組織内の抵抗にあって適切に実行されないリスクは大きい。それゆえに，変革の実行を担保する組織マネジメントのツールであるティッピング・ポイント・リーダシップとフェア・プロセスの2つが主要素になる。ティッピング・ポイント・リーダシップとフェア・プロセスは，第12章の戦略実行で説明する[3]。

▶バリュー・イノベーション

一般的に提供側のコストと買い手側の付加価値はトレードオフの関係にあると言われているが，バリュー・イノベーションではその常識に反して構造的に「コストを押し下げながら買い手にとっての付加価値（バリュー）を高める。

バリュー・イノベーションでは，以下の2つを同時に行う。

図35 バリュー・イノベーション

差別化と低コストを同時に実現するのがバリュー・イノベーション

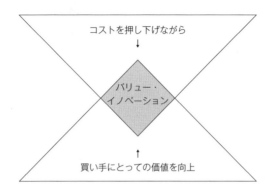

コストと付加価値はトレードオフという戦略論の常識とは反対

出所：Kim & Mauborgne（2015）。

① それまで業界で常識とされてきた重要な競争要素をいくつか削ぎ落とす。
② 買い手にとってのバリューを高めるために，業界にとって未知の要素を新たに創造する。

　その結果，優れたバリューに顧客が引き寄せられ，売上が拡大し規模の経済が働き，一層のコスト低減が実現するというサイクルが回り，その新市場への参入障壁が構築される。
　バリュー・イノベーションは「バリュー（買い手価値）」の「イノベーション」であって技術イノベーションではない。「最新のテクノロジー」が無くとも，バリュー・イノベーションは可能なのである。特許等が無い場合も多く，技術的・製造工程的には模倣可能なものも多い。ゆえにバリュー・イノベーション実現後に短期間に「マス」を押さえる，そしてその規模を支えるオペレーションシステム，ブランド確立，組織能力の構築等によって後続の模倣者をおさえる。

▶ブルー・オーシャン戦略：6つのリスクと6原則

新市場を創造する際には，少なくとも以下の6つの大きなリスクがあり得る。
① 新たな事業機会を発見できないサーチリスク

② 事業機会の規模が大きくならないスケールリスク
③ ビッグピクチャーのある計画が立てられないプランニングリスク
④ 顧客に評価され,実際に収益が上がるビジネスモデルとして成立しないビジネスモデルリスク
⑤ 組織が上手く新しい戦略に動員できないという組織リスク
⑥ 個々の従業員の士気が上がらず,必要とされる行動ができないマネジメントリスク

　これらのリスクを最少化することで新市場創造の可能性を高めるのが,ブルー・オーシャン戦略とも言える。そのため,ブルー・オーシャン戦略にはこの6つのリスクに対応する6原則がある（**図36**）。この6原則を実行するために,「バリュー・イノベーション」「ティッピング・ポイント・リーダーシップ」「フェア・プロセス」が必要となる。

図36　市場創造のリスクに対応する6原則

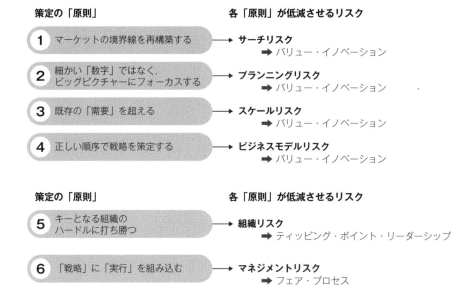

出所：Kim & Mauborgne (2015) に加筆,修正。

【第2節】他の戦略論との関係

▶競争戦略との関係

　ポーターは，業界内で重要視されている競争要素全般にわたってよりよい製品・サービスを目指して，業界内のプレイヤーが競争し合いお互いにやり方が似てきて儲かりにくくなる状態を「最高を目指す競争」と呼んで，これを避けるべきとしている。この「最高を目指す競争」はすなわちレッド・オーシャン戦略である。ここまで見てきたポジショニング・アプローチも，リソース・ベースト・アプローチも，ビジネス生態系アプローチも，同質化によるレッド・オーシャン戦略ではなく独自性のある戦略をとるべしと主張している点では，ブルー・オーシャン戦略と共通している。ブルー・オーシャン戦略とこれらの競争戦略との関係は，以下のようになる。

① ポジショニング戦略との関係
- ポジショニング戦略が業界構造を所与として，5つの競争要素をどのように管理するかに注力しているのに対して，ブルー・オーシャン戦略はその業界の境界を新たに引き直し，新たな構造の新市場を創造しようと意図している。
- ポジショニング戦略は，コスト・リーダーシップと差別化の両立は基本的には難しいとしているが，ブルー・オーシャン戦略は，バリュー・イノベーションによって低コストと付加価値向上の両立は可能であるとしている。
- ポジショニング戦略は，業界細分化と市場細分化を通じて顧客ニーズの差異に着目せよと言っているが，ブルー・オーシャン戦略は，既存の顧客以外のノンカスタマーにも目を向け，既存顧客やノンカスタマーの共通点に着目せよと主張している。

② リソース・ベースト戦略/ダイナミック・ケイパビリティとの関係
- リソース・ベースト戦略は，自社の独自資源にこだわりコア・コンピタンスをストレッチさせて戦略構築をすることが特徴の，いわゆるインサイド・アウト型の戦略アプローチであるが，ブルー・オーシャン戦略は，必ずしも自社の現有資源にはこだわらない。広大な市場を創造できる戦略が描けたら，それに合わせた新たな資源・能力獲得のコストも是とする。つまり，ブルー・オーシャン戦略が新たな能力構築を必要とするときに，ダイナミック・ケイパビリティ

が活用できる。
- 戦略キャンバスを作る際の横軸は業界で重要視されているファクターであるが、リソース・ベースト・アプローチで価値を持つ資源をリストアップしておくことで，ファクターを抽出しやすくなる。その際，買い手の視点から自社資源を解釈することで，リソース・ベースト・アプローチとブルー・オーシャン・アプローチの相互補完な関係が生まれるのである。

③ ビジネス生態系アプローチとの関係
- システム・ロックインとブルー・オーシャン戦略は，相互補完の関係にある。ブルー・オーシャン戦略の6つのパスというフレームワークの4つめのパスは，「補完財や補完サービスを見渡す」というものである。ビジネス生態系を視野に入れようということだが，ブルーオーシャン戦略では，必ずしもどのように生態系をコントロールするかまでは詳細に説明されていない。ここでシステム・ロックインの方法論が活用可能である。非常に成功した戦略は，いくつかの戦略要素が組み合わさっていることがある。

SaPは現場と戦略をつなぎ，ブルー・オーシャン戦略もミドル・ボトムアップでの現地探索を推奨していることから両社の親和性は高いものと想定されるが，まだ両社の関係を語るほど研究は進んでいない。

▶競争戦略をマスターすることの重要性

ブルー・オーシャン戦略と競争戦略の知見は相互補完的である。ブルー・オーシャンからレッド・オーシャンへの移行期には競争戦略が必要になるし，個別のツールで見ても，前章までの競争戦略のフレームワークやツールのなかにはブルー・オーシャン戦略で活用できるものもある。ブルー・オーシャン戦略のツールは，まずはブルー・オーシャン戦略の文脈のなかで理解した上で，文脈の違いを意識しながら競争戦略でも活用するという順番がよいだろう。その際，既存の業界構造前提を所与とするのか，それを再構築しようとしているのか，既存顧客対象かノンカスタマーに拡張しにいくのか，顧客間の違いに着目するのか共通点に着目するのか等の，ここまでで見てきた違いを意識しておく必要がある。

▶新市場創造手法

新市場創造にも様々な手法がある。例えば以下のような手法である。

- **ぶらぶら社員**：永谷園から始まった「ぶらぶら社員」も新製品・新事業創造の方法論の1つである[4]。第一号案件でマーボー春雨が生まれたのだが，それ以降ぶらぶら社員制度から新たな製品・事業は継続的に生まれず，制度も立ち消えになったという。
- **ブートレッグ**：3Mのポストイット誕生で有名になったブートレッグ（Bootleg：密造酒）型開発[5]は，主業務以外に一定の時間を自主的な研究・開発のために認める仕組みである。スカンクワーク（Skunk Work）とも呼ばれるが，日本でも新製品開発や新事業開発のために導入・検討をしている会社は少なくない。しかし，ブートレッグ型アプローチが，革新的な新製品・新事業に貢献することを明示した研究はほとんど無く，その効果は学者の間でも判断が割れている。40以上のブートレッグ型アプローチに関する研究を吟味し，自身も57社の事例を研究したAugsdorfer（2005）は，真に革新的なイノベーションはブートレッグ型アプローチを含む企業内の戦略から出てこないのではないかと述べている[6]。
- **天才的な個人**によって：ジョブズ，本田宗一郎，中内功等の天才的リーダーが主導して新市場を創造する例があるが，そうした天才的な個人を事業創造戦略の中核に据えることには2つの問題がある。1つは，その個人がいなくなるリスクである。ジョブズのような事業創造の天才を育成，発見，定着させる方法論があればよいのだが，現時点で会社の柱となるような新事業を創造できるレベルの個人を育成，発見，会社に定着させる現実的な方法論は見当たらない。もう1つは，そのリーダーにとってもその事業創造に偶然の要素が多かったために継続的に事業創造ができない場合，もしくはそうした能力が劣化する場合である[7]。
- **イノベーション**：イノベーションのマネジメントに関しては，膨大なバリエーションが存在する。イノベーションそのものが新市場を創造するわけではない。イノベーションは新市場を創造するためのツールなのだが，どのようにイノベーションを起こすかの具体的な研究や手法は多いものの，イノベーションをどのように新市場造像につなげるかの具体的な方法論は意外に少ない[8]。

【第3節】バリュー・イノベーションにおける主要ツール

▶バリュー・イノベーション実現の各フレームワークとツール

　バリュー・イノベーションを通じて市場創造戦略を構築するために，ブルー・オーシャン戦略では様々なツールを駆使する。以下は，本書で紹介する主要なツールである。
　・戦略キャンバス[9]，バリュー・カーブ，ファクター（すでに説明済み）
　・フォー・アクションズ・フレームワークとERRCグリッド
　・バイヤー・ユーテリティ・マップとバイヤー・エクスペリエンス・サイクル
　・プライス・コリドー・オブ・ザ・マス

　戦略キャンバス，バリュー・カーブ，ファクターの構造はすでに説明したが，その用途は，①競合状況の現状確認（as-is），②新戦略（to-be）の有効性確認，③新戦略のコミュニケーションである。

▶フォー・アクション・フレームワークとERRCグリッド

　バリュー・イノベーションでは，顧客に対するバリューを見直し，資源を再配分

図37　ERRCグリッド

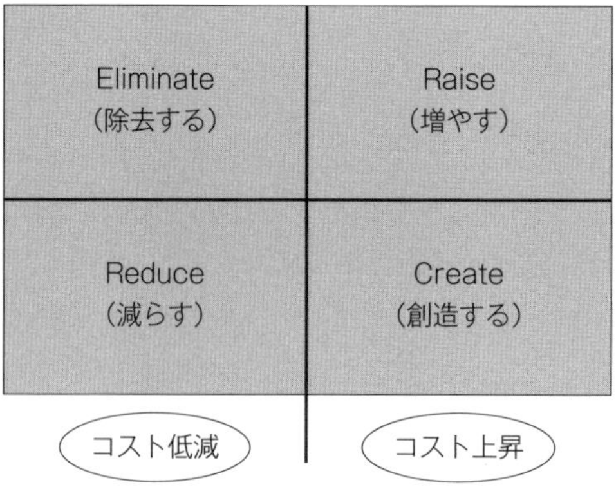

Eliminate（除去する）	Raise（増やす）
Reduce（減らす）	Create（創造する）
コスト低減	コスト上昇

出所：Kim & Mauborgne (2015) に加筆，修正。

し新しいバリュー・カーブを構築する。そのためのツールがフォー・アクションズ・フレームワーク（four actions framework）であり，その補助ツールがERRCグリッド（the eliminate-reduce-raise-create grid）である。

図37の左半分は除去（eliminate），減少（reduce）で，資源投入を減らすが，これはコスト低下につながる。右半分は創造（create），増加（raise）で，資源投入を増加させ付加価値を向上させる。この４要素によって全体での資源投入を増加させずに，付加価値を向上させる。

ERRCグリッドを強く意識することで，パラダイムの転換が促進される。通常の業務では，現在の製品やサービスから何かを完全に取り除く，減少させることを真剣に検討することは少ない。競合他社との競争を意識するあまり，オーバースペックな製品・サービスになっていないかを振り返るきっかけにもなる。増加や創造は，競合他社と比較して考えるのではなく，顧客の視点に立って増やす，もしくは創造することによって買い手の価値が高まる要素を考えなくてはならない。この４つの箱に除去・減少・増加・創造の４つの要素を何とか埋めようと，業界の競争要因全てについて詳しく調べるために，無意識の前提に気づく機会が生まれる。

第３章で見たウォークマンの事例で言えば，導入時の戦略をERRCグリッドで整理すると図38のようになる。着目してほしいのは業界の常識で**重要と思われていたことを除去，減少**させていることである。ウォークマンが登場するまで，ラジカセであっても録音機能やスピーカーを付けて，その機能を向上させ続けることは当

図38　ウォークマンのERRCグリッド

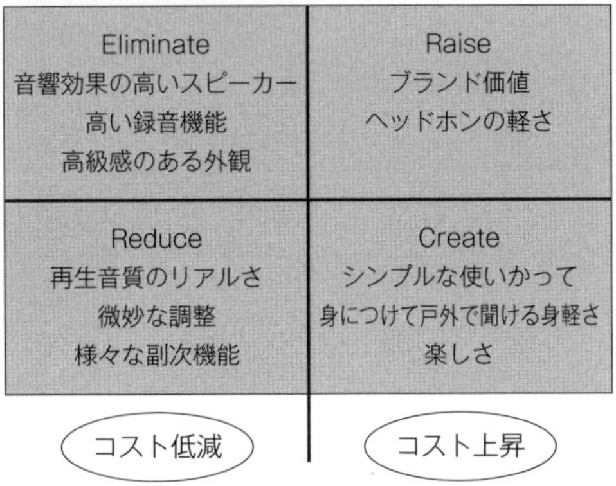

Eliminate	Raise
音響効果の高いスピーカー 高い録音機能 高級感のある外観	ブランド価値 ヘッドホンの軽さ
Reduce	Create
再生音質のリアルさ 微妙な調整 様々な副次機能	シンプルな使いかって 身につけて戸外で聞ける身軽さ 楽しさ
（コスト低減）	（コスト上昇）

出所：安部・池上（2008）。

然とみなされていた。これは,続ける意味があるかどうかを誰も問い直さなかったからである。

【第4節】バリュー・イノベーションの正しい順序

▶正しい順序で考え手堅いビジネスモデルを作る

フォー・アクションズ・フレームワークで新市場創造のヒントが見えてきたら,次は新市場から十分な利益を獲得できるようなビジネスモデルの構築である。利益の取れる強固なビジネスモデルを構築するためには,図39のような,①買い手にとってのユーティリティ → ②価格 → ③自社のコスト → ④実現への手立て,という「正しい順序」で考えることが重要である。

ここで,買い手にとってのユーティリティを考える際には「バイヤー・ユーティ

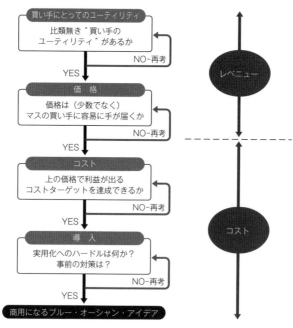

図39 正しい順序で考える

出所:Kim & Mauborgne(2015)に加筆,修正。

リティ・マップを、価格を考える際には「プライス・コリドー・オブ・ザ・マス」を使う。

▶バイヤー・ユーティリティ・マップで買い手の経験を広く認識する

最初に確認すべきことは、買い手にとってのユーティリティ[10]である。確認のためには「いま考えている戦略アイデアが、顧客に他にはない大きなユーティリティをもたらす理由があるか」という問いかけが必要になる。ここでは図40のバイヤー・ユーティリティ・マップ（buyer-utility-map）を使う。このマップで買い手の種々の体験を広く概観するのだが、横軸はバイヤー・エクスペリエンス・サイクルで購入から廃棄までをカバーし、縦軸はバイヤー・ユーティリティ・レバーで各サイクルを細かく見ていく。

「バイヤー・エクスペリエンス・サイクル」では買い手の顧客経験を「購入」「納品」「使用」「併用」「保守管理」「廃棄」の6つのステージに分け、使用前、使用中、使用後をまんべんなく見ていく。それぞれのステージには、多様な選択肢がある。各ステージで自社がどの程度の質の顧客経験を生み出すかは、図41に示すような質問をすることで確認することができる。

図40　バイヤー・ユーティリティ・マップ

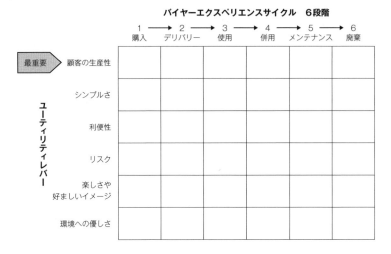

出所：Kim & Mauborgne（2015）に加筆、修正。

出所：Kim & Mauborgne（2015）に加筆，修正。

　バイヤー・エクスペリエンス・サイクルに，「買い手の生産性（スピード・効果）」「シンプルさ」「利便性（入手しやすい，使いやすい，廃棄しやすい）」「リスク（顧客の資産，身体，信用等）」「楽しさや好ましいイメージ」「環境への優しさ」という，企業側がユーティリティを生み出す6つのユーティリティ・レバーを追加することで，企業側が製品・サービスを通じてどのようなユーティリティを生み出せるかを網羅的に見渡せる。

　このときに注意すべきことは，ユーティリティを付け加えるだけではなく，買い手のユーティリティを妨げる最大の原因（ペインポイント）を取り除くことでも，ユーティリティは大きく改善できるということである。ユーティリティを実現する最大の障壁を取り除くことが，大きな需要を呼び起こす付加価値につながることも多い。検討中の戦略，製品，サービスを，バイヤー・ユーティリティ・マップの36

個のマスに当てはめてみると，その新しいアイデアが既存のものとどの程度異なるユーティリティをもたらすのか，よくわかるはずだ。

▶プライス・コリドー・オブ・ザ・マスで売上を最大化する価格を設定する

　買い手に対して，他には無い大きなユーティリティをもたらすアイデアであるという確証が得られたら，次は適切な価格を設定するプロセスに入る。

　ビジネスモデルを構築する際に「顧客のユーティリティ」を最初のハードルにしたのは，ユーティリティ自体は大したことがないが，低価格のみに頼って需要を呼び起こすことは，ブルー・オーシャン戦略本来の目的ではないからである。まずは「買い手にとっての大きなユーティリティ」ありきで，その上で「多くの買い手をひきつけて十分な売上を上げられる価格になっているか」という順番が大事なのである。反響を呼び，口コミを広げブランドを構築できるような価格設定にしたい。

　こうした価格設定は，安ければよいわけでもない。Starbucks Coffeeは圧倒的な低価格で勝負したのではない。買い手は，製品（コーヒー等）に加えてゆったりとした時間が過ごせる場等の包括的なユーティリティに見合った場として，セルフサービスの喫茶店としてはプレミアムな価格を評価した。もしStarbucks Coffeeのキャラメル・マキアート（トール）が420円ではなく100円だったら，Starbucks Coffeeは今のポジションを構築できなかったのではないだろうか。

　多くの買い手を引き付ける価格水準を見つけるために使われるのが，プライス・コリドー・オブ・ザ・マス（the price corridor of the mass）である。このプライス・コリドー・オブ・ザ・マスには"買い手の密集する価格帯を発見するために，どんな価格帯にどれだけの買い手がいるかを把握する"と，"最も顧客密集する価格帯で実際の価格を決める"という密接に関連したステップがある。

▶プライス・コリドー・オブ・ザ・マス　ステップ1：
　顧客の密集する価格帯を探す

　このステップで大事なのは，明らかに同一業界や競合製品の価格だけでなく，業界の枠にとらわれずに買い手を広く捉えて考えることである。また，同業他社の価格比較のみでなく，オルタナティブを見渡し自社の提供する製品・サービスと類似の目的・ユーティリティを求めて購入されている製品・サービスまでを広く探して，業界の枠を超えて買い手の比較対象を探すのだ。

　買い手の選択肢に含まれそうな製品・サービスを業界の垣根を越えてリストアッ

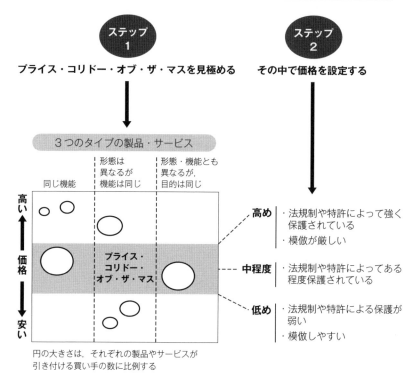

出所：Kim & Mauborgne（2015）に加筆，修正。

プし，どんな顧客層を対象とし得るのかを一覧し，それらの買い手はそれぞれの程度までの価格なら支払う心づもりがあるかを，図42のようにマッピングしてみる。NTTドコモがi-modeを開発する際に，その目的を"様々な情報で気軽に楽しみたい"と定義した。情報提供サービスの価格比較対象は，それまでは年間数百万円や数千万円の法人向けの専用線データサービスだったのだが，"様々な情報で気軽に楽しみたい"と定義すると若者向けの情報雑誌等が入ってくる。当時の情報雑誌は100〜500円程度で，一番多い価格帯は300円前後だった。若者対象に"様々な情報で気軽に楽しみたい"という目的で製品を提供しようとすれば，数百円程度がマスをとれる価格帯だったわけである。

▶プライス・コリドー・オブ・ザ・マス　ステップ２：
　顧客の密集する価格帯で価格を決める

　買い手が密集する価格にもある程度の幅があるので，買い手が密集する価格帯のなかでも，今後の競争・模倣を少しでも防ぐ価格を決める。以下の３条件のどれかに当てはまる場合には，最初から買い手の密集する価格帯の中間もしくは下限に設定するのがよいとされている。

①　ブルー・オーシャンを切り開く製品の固定費が高く，変動費が低い。
②　ネットワークの外部性に魅力度が大きく左右される。
③　コスト構造が規模の経済性・範囲の経済性に大きく左右される。

　多くの買い手を引き付けられる戦略価格を設定し，そこから必要な利潤を引いて目標コストを算出するのが原則である。コスト積み上げ型の価格設定にしても，価格とコストの板挟みのなかで買い手のユーティリティを犠牲にしてもいけない。目標コストに到達できない場合には業界の価格モデルを覆し，新しい価格モデルを工夫する。

▶様々な価格モデルを工夫する

　伝統的な価格戦略[11]に加えて，いわゆるジレットモデル，ゼロモデル，シェアリングモデル，小口化モデルなどの多様な価格設定も検討する。これらの価格モデルは，他の事業戦略でも活用できる。ジレットモデルは本体ではなく消耗品で儲けるモデルである。例えば，プリンター販売において，トナー・カートリッジを高価格に設定し，そのトナーで収益を回収することを前提に，本体をコストプラスの価格そのままではなく安くおさえて普及を図るという手法である。ゼロモデルは，通常は有料のものをタダにして広く顧客を募り，その顧客を対象にする別のところから収益を上げる，もしくは一部のコアな顧客から課金するモデルである。例えば，インターネットビジネスにおけるGoogle，Facebook等のように無料で膨大な数の訪問者・会員を囲い込んだ上で，出稿企業から課金する，もしくはスマートフォンのゲーム等で見られる無料で大量の客を引き付け，よりゲームを楽しみたい顧客に課金する，という価格モデルである[12]。

　顧客に共有してもらうことを前提に価格をおさえるシェアリングモデルが広がっており，ITにおけるクラウドもその一例である。小口化モデルは販売単位を小さくして価格をおさえるモデルである。新興国では，小分け包装で価格をおさえて需要を広げている。

お金以外の対価を相手からもらうという方法もある。シリコンバレーの法律事務所などでは、資金力のないベンチャー企業に法律助言サービスを提供する見返りに、報酬の一部として相手企業の株式をもらう場合もある。

【第5節】ノンカスタマーに目を向ける

▶ノンカスタマー（non-customer）

「広大」な新需要を創造することがブルー・オーシャン戦略の目標であり、模倣を防ぐ手立ての1つでもあるので、新たな市場が小さいという規模のリスクを避ける方法が必須である。そのためには既存顧客のみに目を向けていては不十分で、「ノンカスタマー」を深く見る必要がある。そのために図43のようにノンカスタマーを市場からの距離に応じて3層に分けて考察する。

ノンカスタマーの第1層は、Soon to be（境界者）と呼ばれ、現在あなたの製品・サービスを最低限度で使用しているが、ロイヤルティは無く、常にもっとよいものは無いかを探している、つまりはすぐにでも逃げ出していきそうな層である。だが、製品・サービスの価値が彼らにとって飛躍的に高まれば、購買頻度を引き上げ、高額な購入をしてくれる優良顧客になってくれる可能性もある。アスクルは大手企業と個人の間にあるSOHO（小規模法人）というノンカスタマー第1層に光を当てて成功した。

ノンカスタマーの第2層は、Refusing（拒絶者）であり、自分たちのニーズを鑑みて検討した上で、あなたの（もしくはあなたの業界の）製品・サービスを使用しないという判断をした層である。あなたの製品の提供する価値が十分でないと思ったか、価格が見合わない（支払えない）と判断した層である。この第2層のノンカスタマーのニーズは他の何かで満たされているか、あきらめているのかもしれない。この第2層のノンカスタマーは巨大な未開の市場を切り開く可能性が大きい。任天堂のWii開発時で言えば、学生時代はゲームをしていたが、就職をして忙しくなってゲームを止めた社会人層であろう。

ノンカスタマーの第3層は、Unexplored（未開地）であり、既存市場から最も遠いところにいる。業界内の会社もこの層を顧客にしようと考えたことがなく、このノンカスタマーたちも、その業界の製品やサービスについて使ってみようと思ったことがない人たちである。任天堂のWiiが出てくるまでは、多くの母親にとってゲームは敵であり、自分が使うことは想像もしなかったはずである。

図43 ノンカスタマーの3層を見渡す

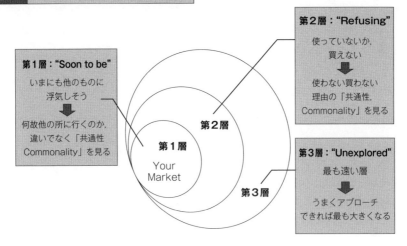

出所：Kim & Mauborgne（2015）に加筆，修正。

▶セグメンテーションからノンカスタマーへのパラダイム変換

　繰り返し強調するが，顧客に関しては「共通点」を探しにいく。細分化はそのあとである。

　例えば私鉄会社だったとしたら，徒歩，自転車，自家用車，タクシー等を使う人たちを，その理由から非顧客の3つのグループに分けてみる。通常は徒歩や自転車だが，やや急ぎのときには鉄道を使うという層が第1グループとなる。また，ダイヤが合わない，待合室が寒い，痴漢がいや，痴漢に間違われるのがいや，より柔軟性を求め，多少高価でもタクシーや自家用車を使っている層が第2グループとして想定できる。また，第3グループは拡張の幅を広げるのが目的なので，そもそも頻繁に移動しない層というのも考えられる。

　こうして広く3層のノンカスタマーグループを考え，これらの共通点を探すことに注力するのである。例えば移動するインセンティブと利便性をつなげることで，全てのグループに共通するものが見つかるかもしれない。かつての鉄道沿線の開発は，沿線に野球場を開発し，鉄道利用者に特典を与えつつ，試合に合わせたダイヤを組むことで第1，第2グループに自社の鉄道を利用するインセンティブを強化し，第3グループには野球というエンターテインメントを楽しむために移動しようとい

う動機づけをした。ノンカスタマーを顧客化する戦略として，非常に有効だったといえよう。

ノンカスタマーの第1層から第3層までの共通点を探すなど，無茶だと思うかもしれない。もちろん，各グループ内で共通点を探すだけでも，ブルー・オーシャンの新市場を拡張することは可能であるが，継続的に，全てのノンカスタマーの共通点を探すことに挑戦すべきである。

【注】

1 ビジネス生態系戦略は，既存市場の変革期をタイミングよく捉えることに注力する。
2 コーポレートファイナンスを理解し使いこなすには数百時間の時間投入が必要と言われるが，ブルー・オーシャン戦略を実務レベルに適切に理解するためには，それに匹敵する資源投入が必要であろう。
3 多くの場合，組織は既存のパラダイムを一気に変えることは得意ではない。ゆえにブルー・オーシャン戦略では"戦略の打ち手"にフォーカスし，組織マネジメントのツールも活用して，"事業創造に必要なレベルと規模のパラダイムシフト"を遂行しようとする。
4 http://www.nagatanien.co.jp/brand/maboharusame/burabura1.html
5 http://www.mmm.co.jp/wakuwaku/story/story1-4.html
6 Augsdorfer, P. (2005), Bootlegging and path dependency. *Research Policy*, 34 (1), 1-11.
7 パソコンのオーダーメイドモデルという事業分野を創造し一世を風靡したDellは，創業経営者が今も経営を担っているが，次の事業創造にはまだ成功していないように見える。
8 例えばDavila et al. (2006) のMaking Innovaion Workはイノベーションを4つのタイプに分け，その管理に関して包括的に議論しているが，どのようにイノベーションを新事業の創造に結びつけるかに関しての具体的な記述はほとんど無い。
9 バリュー・プロポジション，プロフィット・プロポジション，ピープル・プロポジションに戦略キャンバスを分解する手法もあるが，本書ではクラシック・タイプと呼ばれる基本形の戦略キャンバスを紹介している。
10 ユーティリティは通常「効用」と訳される。効用はミクロ経済学でよく使われる概念で，人が財を消費して得られる満足の度合い，もしくは使用価値を示す。ブルー・オーシャンではユーティリティに環境負荷等も組み込み，やや広い概念で使っている。ゆえに効用という訳語ではなくユーティリティというカタカナを使っている。
11 スキミング価格戦略やペネトレーション価格戦略等の伝統的なマーケティング戦略は，Kotler & Keller (2011) を参照。
12 2016年に発表された調査では，モバイルゲームで課金ユーザーは全ユーザーの1.9％で，約98％のユーザーは無課金でプレイしており，収益の約50％は，全ユーザーのたった0.19％で支えられているという。https://www.swrve.com/landing/swrve-monetization-report-2016

第11章

市場創造戦略②
ブルー・オーシャン創造のプロセス

　前章ではブルー・オーシャン戦略，バリュー・イノベーションとは何かを見てきたが，本章ではブルー・オーシャン（新市場）創造に必要なバリュー・イノベーションのプロセスを4つのステップに分けて具体的に見ていく。

【第1節】バリュー・イノベーションの4つのステップ

　バリュー・イノベーションを実現するためには，大局的な見地から市場と需要を広く捉え，戦略キャンバスに落とし込むことが求められる[1]。そのためには，「戦略をビジュアル化する4つのステップ」を活用することが重要となる。

▶「戦略をビジュアル化する4つのステップ」

　組織としてバリュー・イノベーションを考察し，事業創造を実行するには様々な形での「見える化」が有効である。それが**図44**にまとめられた「戦略をビジュアル化する4つのステップ」である。

【第2節】ステップ1：覚醒・戦略キャンバスで現状確認

　戦略のビジュアル化プロセスの1番目は，「戦略キャンバスで現状を確認する」ことだ。第3章で見たように大胆な変革をするにしても，現在の方向性を維持するにしても，現状把握が欠かせない。ブルー・オーシャン戦略では，競合各社と自社のバリュー・カーブを戦略キャンバスに描くことで，現状を確認する。すると，自社が，どの程度業界内の他社と似通った（もしくは違った）戦略プロフィールを実践しているのかを自覚することができる。

　この段階の目標は，次の4つである。戦略キャンバス上のバリュー・カーブの形状を比較することで，①重要と思われる競争ファクターの優先順位が社内のメン

図44　戦略をビジュアル化するバリュー・イノベーション4つのステップ

1 覚醒 Visual Awaking
- "as is（現状）"の戦略キャンバスを描いて，競合のものと比較する
- どこが変えるべきポイントなのか？

2 現地探索 Visual Exploration
- 顧客，売り場など「現場」に行って6つのパス（「視点」）を探査する
- 顧客，ノン・カスタマーの双方に目を向ける
- オルタナティブな製品や，サービスの優れた点を見極める
- 資源配分を再考し，戦略キャンバスを描き直す（何度も書き直すのが普通）

3 戦略の見本市 Visual Strategy Fair
- "to be（あるべき）"の戦略キャンバスを作成する
- 「現場」のインサイトにもとづく
- 既存顧客のみでなくノン・カスタマーからもフィードバックをもらう
- 最良の"to be"戦略キャンバスに磨き上げる
- 経営陣・自社および競合他社の既存顧客を含めた，丸1日のミーティング

4 コミュニケーション Visual Communication
- 1ページ，一目で誰でもわかる戦略
- "to be"の戦略キャンバスで，全社に新戦略を浸透させる

注：ステップ2と3において"正しい順序で考える"ことが重要となる。

出所：Kim & Mauborgne（2015）に加筆，修正。

バー間でも異なるのかを確認する，②競合他社より優れたサービス，違うサービスを提供していると思っていながら，実は「大同小異」であるか否かを確認する。バリュー・カーブの結果から，③危機感を共有する，④プロジェクトへのモチベーションを形成する。

　また，このタイミングで経営トップのブルー・オーシャン戦略による，新規事業へのコミットと資源配分への強い意思を早期に見せておくことも，その後のブルー・オーシャン戦略を成功へと進める上では重要である。

【第3節】ステップ2：現地探索・新市場の方向性を見つけ出す

　この第2段階の現地探索は，徹底的な現場・現物・現実の「3現主義」で，客

先・パートナー・製造現場等で観察・情報収集を行い，戦略キャンバスを何度も描き直しながら，新市場の方向性を探索するプロセスである[2]。この探索プロセスの内容次第で，どれだけ現状からの飛躍ができるかが決まり，ひいては新市場の需要規模も決まってしまう。

これまでの市場認識の常識から離れ，新市場を探す難しさのことを「サーチリスク」と呼ぶ。ここを運や偶然，感性のするどい天才的カリスマに頼るのではなく現場に軸足を置きながら，組織的に考えるために「市場の境界を引き直す6つのパス」と前章で見た「ノンカスタマーに目を向ける」が使われる。

日本企業は元来現場重視と言われており，経営陣やシニア・マネジャーのなかには現場重視で工場や顧客を訪問する人もいるのだが，「意思決定者が戦略を作るため」に自ら顧客や現場を直接観察しに行くという話はあまり耳にしない。しかし，このプロセスは決して外部委託してはならないところだ。この現地探索は第7章で見たSaP的な戦略アプローチを意図的に適用しているとも言えよう。

▶市場の境界を引き直す6つのパス

多くの企業は，次のような競争常識に捉えられている。
① 他社と横並びの業界定義に沿って，業界内の序列を上げようとする
② 一般的な戦略グループの概念に沿って業界グループを眺め，その戦略グループ内で抜きん出ようと努力する
③ 他社と同じ買い手グループ（例えば業務用ソフトウェアなら情報システム部門）に焦点を当てる
④ 製品やサービスの範囲を他社と同じように定義する
⑤ 機能志向あるいは感性思考といった業界の特性をそのまま受け入れる
⑥ 戦略を策定する際に同じ時点，しかも往々にして現在の競争状況に着目する

これらの常識にとらわれているほど，企業間の戦略は似通い，レッド・オーシャン化してくる。しかし，戦略の前提そのものを問い直すものの見方である**図45**にまとめた「6つのパス」を使うことで，レッド・オーシャンから抜け出すヒントを見つけることができる。

以下に6つのパスを個別に見ていく。

図45　6つのパスで市場の境界線を再構築する（現地探索の視点）

直感や偶然に頼ることなく、「6つのパス」の「視点」を使い、「現地探査」を実施

	レッド・オーシャンの前提		ブルー・オーシャンを創造する6つのパス
オルタナティブな産業	業界内のライバル企業に照準を合わせる	▶パス1	「オルタナティブな」産業を見渡す
戦略グループ	戦略グループ内部の競争上のポジションに注意を向ける	▶パス2	業界内のさまざまな「戦略グループ」を見渡す
購買者グループ	買い手の要望に、よりよく応えることに力を注ぐ	▶パス3	業界の「購買者グループ」を定義し直す
補完製品やサービス	業界の枠組みの中で、製品やサービスの価値を最大化しようとする	▶パス4	「補完的な」製品とサービスを見渡す
機能や感性の方向性	業界の機能／感性の方向性に沿って、価格・パフォーマンス比を改善する	▶パス5	業界の機能あるいは感性の方向性を問い直す
時間	外部トレンドへの適応を目指す	▶パス6	将来にわたって外部トレンドの形成に関わる

出所：Kim & Mauborgne（2015）に加筆、修正。

▶パス1：オルタナティブ（alternative）を広く見渡す

　顧客の判断基準をより広く捉える1つの方策は、オルタナティブを広く見渡し、それに学ぶことである（図46）。買い手にとっての目的が同じような他の産業を見渡し、買い手がそれらとどう比較し、どう判断しているかを考察する。ただし、ここで言うオルタナティブは、俗に言う代替品よりも広い概念で、形態も機能も違うかもしれないが買い手にとっての目的は同じものを指す。

　現在の顧客だけでなくノンカスタマーの立場で考えると、こうした直感的な選択があることに気づくこともある。

図46 オルタナティブを広く見渡す

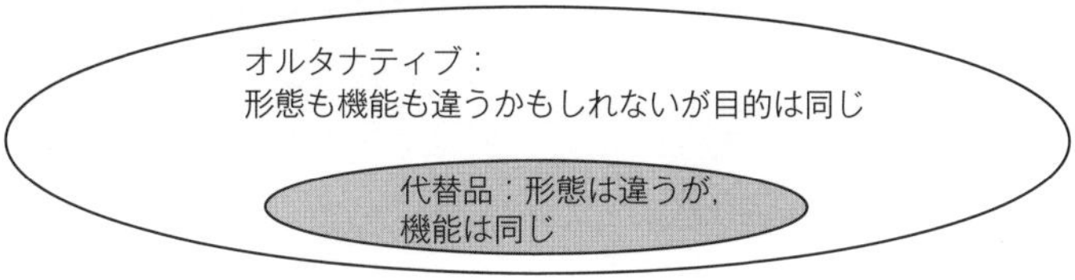

オルタナティブ：
形態も機能も違うかもしれないが目的は同じ

代替品：形態は違うが，
機能は同じ

- ●レストランと映画館
  - 形態も機能も違うが，外出して楽しい夕べを過ごすことでは目的が同じ
    → オルタナティブ（代替品よりも広い概念）
- ●資産管理ソフト購入・会計士や税理士を雇う・自分で手計算
  - 形態は違うが，機能は同じ
    → 代替品

出所：安部・池上（2008）。

▶パス２：業界内の他の戦略グループに学ぶ

たいていの業界では，価格とパフォーマンスを基準にした戦略グループが構成されており，自分が属する戦略グループ以外の動きに注意を払うことは少ない。自動車業界なら，メルセデス・BMW・ジャガー等は高級セグメントで競い合っていて，大衆車グループや軽自動車グループに注意を払うことは少ない。

しかし，顧客がある戦略グループを超えて別の戦略グループを選択するときの，決め手を押さえることは重要である。これには２つのメリットがある。１つは，業界内の別の戦略グループから得られるヒントは（意識さえ変えられれば）実行しやすい場合が多いこと，もう１つは，新しい需要を開拓することに加えて，他の複数の戦略グループからの顧客も獲得できる可能性があることである。

▶パス３：購買者の連鎖に目を向ける

買い手はよく見てみると単一ではなく，購入の意思決定には実際の購買者以外にも様々な存在が直接・間接に関わっていることが少なくない。こうした直接・間接の存在が購買の意思決定に影響を与えることを「チェーン・オブ・バイヤー（買い手の連鎖）」と呼ぶ（**図47**）。この買い手の連鎖を注意深く見渡すことも，新戦略のヒントになる。買い手グループには，実際の購買者のみに限定せず，購買に関わる全ての存在を想定する。この買い手の連鎖には，当然，実際に購入する購買

図47 買い手の連鎖（チェーン・オブ・バイヤーズ）

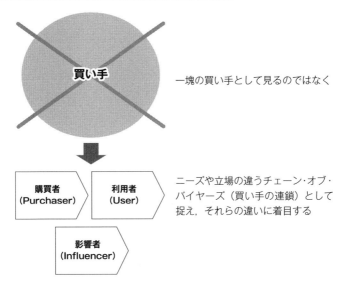

出所：安部・池上（2008）。

者（Purchaser）が含まれ，購買者と利用者が違うのであれば利用者（User）も含まれる。場合によってはその購買者に影響を与える者（Influencer）も含まれるだろう。もし，この買い手の連鎖のなかで重要視するファクターが違っているならば，その違いを加えるか，その違いに力点を置いて価値曲線を引き直す。影響者は内部にもいれば，外部にもいるかもしれない。

この買い手の連鎖をバイヤー・ユーティリティ・マップと合わせて考えることで，視点はさらに広がる。例えばある省エネ型蛍光灯をホテルが購入する際には，初期には建築業者，設計業者，電気系統の工事業者が買い手の連鎖に入ってくるだろうし，メンテナンス時にはメンテナンス業者や卸業者が買い手の連鎖に入ってくるだろう。業界内で先進的と目されている他のホテルの購買担当者は，影響者として他のホテルの買い手の連鎖に入っているのかもしれない。

法人ビジネスの場合，顧客社内のチェーン・オブ・バイヤーズと，自社と顧客を取り巻く業界としてのチェーン・オブ・バイヤーズという，2つの観点で考える必要がある。その際，**図48**の顧客企業を取り巻くチェーン・オブ・バイヤーズで一

第11章 市場創造戦略②　215

図48 買い手の連鎖（チェーン・オブ・バイヤーズ）：法人メーカーの例

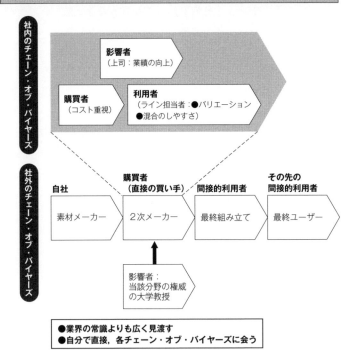

出所：安部・池上（2008）。

番右に来ている最終顧客をも直接見に行くとよい。

▶パス４：併用される補完財や補完サービスを見渡す

　４つめの方法論は，自社の製品やサービスの補完財や補完サービスを見渡し，他の製品やサービスと併用されることによって，付加価値を増すことができないか考察することである。洗濯機は専用洗剤と一緒に使うことによってより使いやすくなるし，映画館は駐車場の探しやすさやベビーシッターの手配を提供することでその需要が増加するかもしれない。しかし，多くの企業は自社の提供している製品・サービスの範疇で考えるばかりで，そうした補完財や補完サービスにまで自社の戦略領域を拡大して，自社の付加価値を高めようとはしない。製品の補完財，使用プロセスの前後を見渡すことによって，新しい付加価値を，それほどコストを増やす

ことなく実現できる場合もある。
　さらには，補完事業者前を上手く取り込むことで前の章で見たシステム・ロックイン型のブルー・オーシャンを創造することができるかもしれない。

▶パス５：機能と感性のどちらで顧客にアピールするかを切り替える

　自社の製品・サービスのアピールポイントを，機能志向と感性志向の間で切り替えて考えることも，市場の定義を引き直すヒントを与えてくれる。もし業界が機能志向（もしくは感性志向）に偏重していて，自社のこれまでの戦略も機能志向に寄っていたのであれば，その機能志向を感性志向（もしくは感性志向を機能志向）へ転換することによって未知の市場空間のヒントが見えてくる[3]。

▶パス６：将来を見通す

　ブルー・オーシャンを創造するということは，単純にトレンドを予測するということではない。目の前のトレンドが将来的に買い手の価値をどう変えるか，自社のビジネスモデルにどう影響するのかを“洞察”し“できる限り主体的に将来の方向性をリード”することが必要なのである。その洞察に基づいて積極的に自社の未来を切り開くことで新市場を創造する。これは未来予測をしろと言っているのでもない。

　将来を見通すというのは，まずどんな規制が入るか，どんな技術が適用可能になるかなどを含め，マクロ・ミクロにいま現在起きつつある事柄と，将来起こるであろう事柄を，いったん幅広くリストアップし，それらのいま起きている，あるいは起きつつある事柄が，買い手に，自社ビジネスにどのような影響を与えるのか，その意味合いを中長期にわたって深く考えてみるということだ。

　トレンドの先行きを見通すにあたっては，次に示す３つの原則がある。①事業に決定的な意味合いをもたらす。②後戻りしない。③はっきりとした軌跡を描く。これら３つの条件を満たすトレンドから将来を見定めることで，ブルー・オーシャンのヒントが見え，将来を見据えて新しいルールを主導していくことができる。

　このパス６は戦略パレットの縦軸，「事業環境の予測可能性」を判断するための材料にもなる。

▶バリュー・カーブのチェックポイント

　この「現地探索」プロセスでは，ノン・カスタマーの共通点に着目しながら「市

場の境界を引き直す6つのパス」を実践するが，実務上はこのプロセスでは何十回も戦略キャンバスを描き直すことになる。その際，バリュー・カーブが次の3つの条件を備えているかを客観的に確認する。

- Focus：資源配分のメリハリがどれだけ効いているか。フォー・アクション・フレームワークを使い，特に「取り除く」「減らす」を行うことを意識する必要がある。
- Divergence：これまでの競合・業界のバリュー・カーブと，収束・類似（Converge）せずに明らかに形状が違うかを確認する。バリュー・カーブに新しいファクターを「創造」されている必要があるのだが，実務上で言えばここが「生みの苦しみ」のあるところである。
- Compelling Tagline：「一言で自社のサービス・製品をいうならば？」というキー・フレーズを考える。極力シンプルで誰でもわかるものがいい。これによりアイデアの結晶化が促される。

【第4節】ステップ3：戦略の見本市

▶戦略の見本市：戦略キャンバス（戦略案）の検証ステップ

戦略の見本市（Visual Strategy Fair）は，戦略の現地探索ステップで得られた新たな戦略キャンバス（戦略案）の検証ステップである。このステップの目的は，様々なステークホルダーの視点からフィードバックを得ることで，最適な戦略案を選択し，練り上げることだ。アイデア出し・調査等はあまり大人数で行うとかえって効率が悪くなるので，戦略オプションを作ること自体は特定の戦略策定チーム[4]で進めるが，それに対するフィードバック・評価は様々なステークホルダーを集めてオープンに行う。これをブルー・オーシャンでは「戦略の見本市」と呼ぶ。戦略の見本市を行う理由は2つある。1つはその戦略が社内の一部のメンバーの1人よがりなものではなくすること，もう1つは誰にでも理解されるシンプルな戦略に磨き上げることだ。

通常，戦略の見本市は，関係者を一定時間，1か所に集める集合形式で実施することが多い。参加者は，会社の経営幹部層やマネジャーに加えて，可能ならば社外の関係者も呼ぶべきである。それも既存の顧客だけでなく，チームメンバーがステップ2の現地探索で出会った非顧客層，競合他社の顧客，非常に要求条件の厳しい顧客等を呼び集めるのである。人数は20人以上になることも多い。多くのステー

クホルダーが一堂に会する戦略の見本市を成功させるには，真剣だが，オープンに自分の意見を出せるリラックスした雰囲気をかもし出すことが必要である。

▶戦略の見本市：進め方

　戦略の見本市は，戦略キャンバスとバリュー・カーブを使って，複数の戦略オプションを参加者に説明することから始まる。参加者には事前に簡単な資料で説明をしておくか，当日の会場でもバリュー・イノベーションや戦略キャンバスの考えを15分程度でよいので簡単に説明するとよい。ステップ２の現地探索で，複数のバリュー・カーブの選択肢を準備しておく。戦略の幅を広げるというブルー・オーシャンの趣旨からすれば，少なくとも10個以上の新たなバリュー・カーブを持つ戦略キャンバスを準備する必要があるだろう。もし２チームあるなら，１チーム５，６個のバリュー・カーブを考えることになる。

　各チームは，新しい戦略キャンバスについてプレゼンテーションする。説明に10分以上を要するような戦略は，複雑すぎて優れた戦略とは言えないので，１つのバリュー・カーブを説明するのに10分以上費やさないようにするのがルールだ。

　全ての戦略のプレゼンテーションが終わった後は，その戦略案を見やすいように壁に貼り，参加者からの評価を受ける。役職にかかわりなく，参加者には平等に５枚の付箋紙が渡される。参加者は，その５枚の付箋紙を気に入った戦略に貼り付けていくのだ。ひときわ優れた戦略があれば５枚全てを１つの戦略案に貼り付けてもかまわない。どうしても１つに決めかねるなら，２枚と３枚というように分けて貼ってもいい。この作業も，あまり時間をかけずオープンに行う。時間をかけないことで，戦略策定の場でしばしば見られる駆け引きを排除しやすくなる。

　付箋紙を貼り終えると，参加者はその戦略を選んだ理由と選ばなかった理由をそれぞれ説明し，戦略案に対するフィードバックを行う。ここのポイントは，選ばなかった戦略についても，その理由を説明することだ。このとき，経営幹部の発言はその後の意見をミスリードする危険性があるので，社内の経営幹部の発言は後の方がよい。

　投票結果と議論により，各チームは戦略キャンバスやcompelling taglineをよりよいものにその場で描き直してもいい。多くのケースにおいて，戦略策定チームはこのフィードバックを通じ，自分たちが競争の切り札と考えていた要素の，どれが顧客から見ると取るに足らないもので，どこが上手く説明できていないか，何を見落としていたのかがわかる。このステップにより，戦略決定における透明性が確保

される。結果として,「フェア・プロセス」をとることができ,従業員はじめ関係者のモチベーションも高まる。

最後に,次のコミュニケーション・ステップへの課題を明確にして解散する。戦略策定チームは,この戦略の見本市で得たフィードバックをもとに再度戦略を練り直すことになる。

【第５節】ステップ４：ビジュアル・コミュニケーションで実行

ビジュアル・コミュニケーションは,社内に新戦略を正しく浸透させるプロセスである。よい新戦略の実行には経営幹部から全従業員まで,その新戦略をすぐに理解できるように,コミュニケーションをビジュアル化し工夫をこらすことが必要となる。

コミュニケーションに必要なのは,「誰にでもわかりやすいビジュアル」である。例えば,新旧の戦略プロフィールをＡ４用紙１ページに対比させるなど,ごくシンプルなものがいい。そのビジュアル資料を全社員に配布する。また,そのビジュアル資料をもとにして,戦略策定スタッフとシニアマネジメントが,ブルー・オーシャンを追求するためには具体的に何を取り除く,減らし,増やし,創造する必要があるのかを直接確認する場も必要だろう。さらにそのシニアマネジメントは,直属の部下と新戦略が具体的にどのように各人の動きを変えるのかを議論しなければならない。

ひとたびその戦略が共有されたら,新しい戦略の「to-be（あるべき姿）」と「as-is（現状）」のギャップを埋めるのに役立つプロジェクトのみを実施する。投資の方向性,どの顧客に力点を置くのか,どのような製品を開発するのか,どのようなスタッフを採用しトレーニングするのか,といった全てのことを,新しい戦略方針に基づいて行う。何をしないのかも明示し,「していない」こともモニタリングする。

【第６節】創造した新市場を維持・刷新する

ブルー・オーシャン戦略で開拓した新市場を継続的に維持するためには,相応の努力が必要となる。真のブルー・オーシャン戦略を実現できれば,（業界特性にもよるが）10年以上にわたりその市場を維持することも可能であるが,その新市場が

拡大していけば，いずれかのタイミングで模倣者も現れる。そうしたプロセスでは，競争戦略のアプローチやツールを活用することが必要になる。

▶模倣を防ぐ8つのメカニズム

新市場で模倣を防ぐためには，次のような8つのメカニズムを組み込んだ戦略を構築する必要がある。

- メカニズム1：従来の業界もしくは戦略論の常識に染まった人には，ブルー・オーシャン戦略を理解することができないし，したくない。業界のベテランから"あんなのうちの業界のビジネスじゃないよ"というコメントが来れば，ブルー・オーシャン戦略では成功である。例えば，QBハウスは既存の理髪店業界から異端視され，いまだに大手理髪店は模倣をしたがらない。
- メカニズム2：ブルー・オーシャン戦略が自社のブランドイメージを損なうと感じて，参入できない場合がある。1980年代半ば，HISが格安ツアーで急成長したとき，資本力のある大手が，HISのようなローコスト・オペレーションに立脚した格安ツアーに本気で参入するまで，相当の時間を要した。
- メカニズム3：あまり市場が大きくない場合，自然独占によって2社目以降の参入が成立しない場合がある。
- メカニズム4：上手く設計された特許や法規制が，模倣を防ぐ場合がある。
- メカニズム5：バリュー・イノベーションを実現した企業は，一気に巨大市場を獲得し，規模の経済効果によりコスト優位性を築き，模倣者の参入意欲をくじく。
- メカニズム6：ネットワークの外部性が効くビジネスであれば，早期にネットワークの外部性が働くレベルにまで拡張することで，新規参入者の模倣が困難になる。
- メカニズム7：模倣するためには，模倣者自身の業務オペレーション，社風，社内政治のあり方などを大幅に変えなくてはならない場合がある。そのような場合，模倣者自身がその変革に躊躇してしまい，模倣が困難になる。
- メカニズム8：バリュー・イノベーションを成し遂げた企業のブランド認知が高まり，同時にロイヤルティも向上するので，模倣が困難となる。

これらのメカニズムが複数組み込めれば，相当の期間にわたって創造した市場からの利益を享受できる可能性が広がる。

▶ブルー・オーシャン戦略の刷新

　ビジネスを継続するには，次のブルー・オーシャンの創造に乗り出すことも必要となる。定期的に自社と業界内の他社のバリュー・カーブを比べてみて，それが似通ってきたときは，次のブルー・オーシャンの創造に乗り出すときである。業界によっては，より早くこのブルー・オーシャン戦略の見直しサイクルを回す必要があるかもしれない。実際，SamsungはVIPセンター（Value Innovation Project）という，ブルー・オーシャン戦略を継続的に立案するための専用の24時間稼動の施設を持っているという。

【注】

1　ブルー・オーシャン戦略の第2原則「細かい数字ではなく，ビッグピクチャーに集中する」である。

2　ブルー・オーシャン戦略の第1原則は，「市場の境界を引き直し，競争を不要とする新市場を創造する」ことである。

3　一般的に，感性志向の業界は，実際の機能にはつながらない様々な要素を盛り込むことで価格を上げようとする傾向が強い。その場合，ある意味，余計な要素をそぎ落とすことで，これまでにないシンプルで，コストも低いビジネスモデルを作り出すことができる。一方，機能性志向の業界は，感性に訴えかける要素を加えることで汎用品化した製品に，機能競争だけでは実現できなかった新たな付加価値を付け加えることができる。

4　部門横断的にチームメンバーを選抜するが，能力・パーソナリティの多様性がある方がよい。

第12章

戦略の実行

　戦略をトップダウンで構築するにせよ，ボトムアップで創発的に形成するにせよ，戦略と実行を適応させなくてはならないことに変わりがない。戦略策定には注力するが実行への関心が比較的薄かった欧米圏でも「実行」を主テーマにした戦略書が出てきた[1]。

　本章の前半は戦略と実行をいかに適応させるかのプロセスを解説し，後半では，大きな変革をどう実行するかを見ていく。

【第1節】戦略の実行への適応プロセス

　前章までは，主に戦略立案・実行プロセスの全体像における戦略構築（**図49**上半分）から，バリュー・プロポジションを中心に説明をしてきた。本章では，**図49**の下半分に当たる戦略の実行に向けての適応プロセスを説明する。

【第2節】適応プロセス[2]

　業務がどのように実行されるかを定義づけるのがプロセスであり，研究開発，製造，営業，マーケティング，物流等の様々な機能は，企業が製品やサービスを生み出すのに必要なインプットと考えられる。組織が機能別に形成されている場合は，ビジネスプロセスが部門間を横断することになる。ビジネスプロセスは自社の戦略実行に向けて，日々の課題を一貫性を持って解決（適切に製品・サービスを提供）し，変化する事業環境に継続的に対応しなくてはならない。戦略の実行では，**戦略に合わせたビジネスプロセスが構築され，かつ効果的なフィードバック・メカニズムで支えられていることが必須**である。さもないと，組織は機能部門間の連携がとれないか，柔軟性の無い小事業部の寄り合い所帯になってしまう。

　どのような戦略であろうと，選択した戦略と「顧客関係の管理」，「製品・サービ

図49　戦略立案・実行プロセスの全体像（再掲）

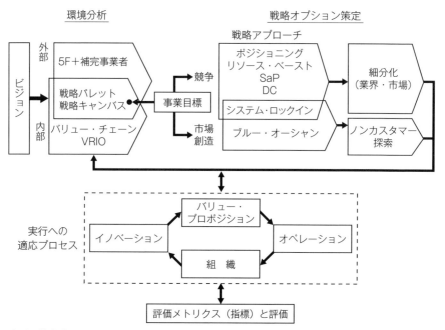

出所：筆者作成。

スの顧客への提供」，「新製品・サービスの開発」，「組織・人材の適応」という一連の適応プロセスとの調和が共通の鍵となる[3]。「顧客関係の管理[4]」は，「どの顧客に対しどのようなバリュー・プロポジション（価値提案）をするか」を特定するプロセスである[5]。「製品・サービスの顧客への提供」とはオペレーション管理であり，「新製品・サービスの開発イノベーション」はイノベーション管理であり，「組織・人材の適応」は組織管理である。つまり，戦略がバリュー・プロポジションという結節点を通じて，オペレーション，イノベーション，組織管理と調和していないと，戦略の実行はおぼつかない。

▶選択した戦略と「製品・サービスの顧客への提供(オペレーション)」の一致

「製品・サービスの顧客への提供」には,顧客に製品・サービスを提供するためのバリュー・チェーンの全要素のオペレーションが含まれる[6]。戦略アプローチに応じて,オペレーションの対象範囲や注力点が変わる。以下,どのように戦略とオペレーションが対応するかを見ていく。

SaPでは,オペレーションは実践であり戦略そのものである。ポジショニング・アプローチやリソース・ベースト・アプローチにおいては自社のバリュー・チェーンにおけるオペレーションに注目し,自社製品・サービスのコストを最も下げるか,差別化のためにオペレーションを最適化することに注力する。特にリソース・ベースト戦略では圧倒的な業務効果自体を戦略とする場合があるが,その際には組織文化に裏づけられた非凡な現場が必要となる。製造業以外でもオペレーションによるコスト差は出てくる。例えば,金融サービスから消費財までの数十業種への調査で,同業間で低コスト構造の企業と高コスト構造企業では,特定のコスト要因に対する企業間のコスト差異が2〜3倍にも上り,そのコストのバラつきの8割は2〜4つの要因で説明されたという(Hax & Wilde II, 2001 Chap.7)。

システム・ロックイン戦略では,補完事業者や顧客を含めたビジネス生態系全体のバリュー・チェーンに注目し,その生態系全体のパフォーマンスを向上させることに注力する。この際,顧客を引き付けるのに最も価値の高い補完事業者の一群を特定し,彼らとともに顧客との強い絆を構築することを目指す。そのためにこれらの補完事業者のオペレーションがよりスムーズになるような投資を行い,またこの補完事業者には自社の事業システムへの投資を奨励する。

ブルー・オーシャン戦略では,顧客(ノンカスタマー含む)の情報収集から製品廃棄に至る顧客経験の一連の流れに注目し,そのサイクル全体のパフォーマンスを向上させることに注力する。

▶選択した戦略と「新製品・サービスの開発(イノベーション)」の一致

イノベーションは,将来にわたって事業を継続するために新しい製品とサービスを,適切なタイミングで生み出す(もしくは継続的に魅力的な製品・サービスに変化させ続ける)プロセスである。戦略に応じたイノベーションを促す事業基盤の構築に向けて,技術,製造,マーケティング,資金等の「創造」に必要な資源のベクトルを調整し,自社事業をリニューアルするプロセスとも言える。

ポジショニング戦略とリソース・ベースト戦略では，既知で方向性が定まった優位性の源泉の向上を主眼として，直線的で漸進的なイノベーションが適用される。目指すべき最終目標とそこに到達するまでの詳細なマイルストーンを設定し，極力無駄の無い統制がとれたプロセスでイノベーションが管理される。意思決定にあたってはイノベーションのROI（投資収益率）を指針とする。

SaPでは，このイノベーションのヒントを現場の改善に見いだす。どの戦略理論にせよ，特定の顧客に集中する戦略をとっている場合には，一般的な顧客のニーズをよりよく満たすような，汎用化を目指したイノベーションに社内資源をつぎ込むのではなく，ターゲット顧客ビジネスの改善に向けたイノベーションが求められる。その場合のイノベーション・プロセスは，自社の開発基盤（体制）と顧客の開発基盤（場合によっては営業までも含む）を結びつけ，新製品開発の土台を構築するようなものになるだろう。カスタマイズされた製品群を一括提供して，顧客ニーズに徹底的に応えるこのようなイノベーション・プロセスは，東レとファースト・リテイリングの関係にも見られる。このときに優先順位の下位に置かれた顧客とのイノベーション・プロセスの関係は，遠くならざるを得ない。

システム・ロックイン戦略では自社のみでなく，業界内に存在する全補完事業者のイノベーションから恩恵を得ようとする。自社の技術力，イノベーションの方向性を秘密にしていては，そうした恩恵は得にくいので，自社の開発基盤に極力多くの企業・人々がアクセスできるようにし，必要な情報を共有する必要がある。そうしたオープンな基盤の上で，補完事業者が独自製品，サービスを開発できるように促すのだ。このような意思決定はそれほど簡単ではない[7]。自社が行うイノベーションは，補完事業者のビジネスを簡略化，低コスト化する（メリットを明示する）ことで，彼らのイノベーションを支援することが重要になる。同時に自社が担うスタンダードと補完事業者の接点は，他社に模倣されないように「十分に複雑で」，「絶えず変えていく」必要がある。さらに，そのスタンダードの中心価値である共通基盤を極力長く維持するために，下位互換性（過去の製品・サービスと共有可能）を持つように設計しなくてはならない。

補完事業者によって提供される機能の一部が好評を博したならば，それを標準基盤のなかに取り込むことも可能である。ある補完事業者から機能を奪い取った企業は，他の補完事業者との関係は維持しつつ，システム全体の完全性を保つように留意することになる。スタンダード化が成功すれば，その保有者のポジションはより強固になるので，一部補完業者との関係を損なってもかまわないほどの自由度を持

てるようになる[8]。

ブルー・オーシャン戦略におけるバリュー・イノベーションの位置づけは，すでに第10章，第11章で述べたが，ノンカスタマーを含めた買い手から見た価値のイノベーションに注力することが要点である。

▶選択された戦略と「組織・人材の適応」の一致

戦略アプローチと組織にも一貫性が求められる。複数の戦略アプローチをとっているときには，同時に複数の組織設計が必要になる場合[9]や，一時的にクロス・ファンクショナル・チーム的に対応するケースがある。

ポジショニング・アプローチとリソース・ベースト・アプローチにおいて，組織は日常的に反復する活動の遂行能力を高めることに注力する必要がある。その目的が低コスト，差別化，業務効果のいずれであるにせよ，高度な組織能力を構築し維持するための専門化，権限移譲，標準化が組織設計の原則となろう。官僚制のトップダウン（ピラミッド型の場合が多い）組織は，プロセスのバラつきを少なくし，組織目的遂行に向けての効率を上げることに向いている。そのためには組織内の規律が重んじられる。その時の問題点は大きくは2点で，1つは細分化，専門化された業務があまりにルーティン化してマンネリズムに陥り，顧客視点からではなく社内視点重視の業務効果に力点が置かれること。もう1つは細分化・専門家がセクショナリズム（タコツボ化）を呼び，部分最適化はなされるが，全体最適にならないことである。ゆえに，時折クロス・ファンクショナル・チーム（機能横断型のプロジェクト）によって，日常業務とは違う視点で戦略と組織が整合しているかを確認する必要がある[10]。こうした組織のリーダーは組織が硬直化に陥っていないか，高い視点で注視しなくてはならない。社内業務の専門化，標準化が進んだ組織は変化が苦手である。本章後半で見る変革のマネジメントは，こうしたポジショニング・アプローチとリソース・ベースト・アプローチをとっている企業にも有効である。

ダイナミック・ケイパビリティ・アプローチで，環境変化への適応力を優位性の源泉にしようとしている企業の組織設計は，環境変化に迅速に対応して資源の再配分を行うために「強い外部志向」「優れた情報収集と解釈能力」「柔軟性」を持った縄張り意識の強すぎない分権型となる。可能な限り顧客を巻き込んでフィードバックを得ながらイノベーションとオペレーションを微調整する仕組みと，失敗から学ぶ組織文化の醸成が必要となる。

ダイナミック・ケイパビリティ・アプローチとSaPでは，ボトムアップ型で，個々人の学習と創造性を促進するような組織である必要もある。つまりフラットな分権型の方がよいのだ。このとき悩ましいのは，全体の効率性（ピラミッド型の方が一般には効率を上げやすい）とボトムアップ分権のバランスである。例えばトヨタは，組織全体としてはピラミッド型の組織構造でありながら，分権的で失敗から学ぶ組織文化を浸透させて，階層的な規律とボトムアップ的分権のバランスを高いレベルで維持している。その際，実験をするプロセスに関しては社内共通ルールが必要で，トヨタはPDCA（Plan/Do/Check/Action）[11]プロセスが全社的に徹底されている。

ブルー・オーシャン戦略のようなビジョン牽引型の戦略では，柔軟性を保ちながらビジョンを実現・拡大するために，形式ばらず，業務手順を簡素に保ち，専門業務の細分化を避け，上層部と現場の迅速なコミュニケーションが促進されるような組織が望ましい。そのためにはスピードを保つための明確な方向感覚と，次々に出てくる障害を克服する柔軟性を組み合わせた組織文化が求められる[12]。

システム・ロックイン戦略のような業界の生態系に働きかける戦略では，企業の境界線を越え，外部の補完事業者らと信頼に基づく協業関係を構築するために，外部に向けてオープンで密接な関係を保てるような組織が必要となる。外部と知識や経験を共有する組織文化，促進するルールや組織を作るのだ。組織の枠外での協業を促進する，緩やかなガイドラインを用意する場合も多い。その場合，コントロールはある程度放棄せざるを得ないだろうが，競争優位を維持するための肝を徹底的に管理し保持する役割を誰（部門）が担うか，管理の方針等は明確にしておくべきである。

事業の発展を狙う企業は，現有人材のみを起点に戦略を立案するのではなく，現有人材を見極めた上であるべき戦略を描き，その戦略を実行するための人材を必要に応じて獲得，育成するという順序で考えるべきである。

▶目的と手段（戦略と実行の適応プロセス）

前節で，戦略実行においては，戦略アプローチに合わせた適応プロセスが必要なことを見てきた。戦略アプローチと適応プロセスを一致させるためには，環境分析，戦略立案，顧客関係の管理，適応プロセスが一方通行ではなく，スパイラルのように循環しながら構築されていくことが重要で，例えばイノベーションから戦略アプローチへとプロセスが回る場合もある。

その際に重要なことは，目的と手段を取り違えないことである。無意識のうちに，手段が目的化する事例は多い。何らかの理念と経営目標に基づいた戦略アプローチを実現するためにある組織体制が構築されているのであって，組織体制は戦略を実現する手段であるはずなのだが，現行の組織体制を前提として戦略アプローチが選択されることは少なくない。実行時には機能が細分化され，専門化されることが多いのだが，時折その専門化された組織や業務を維持すること自体が目的化することがある。

特に適応プロセスで見た要素は1つ1つが重要な要素であるので，ついつい目的化してしまいがちなので，そもそもの経営目標と選択された戦略アプローチは何で，この適応プロセスはそれと一致しているのかを，定期的にチェックする仕組みを組み込む必要がある。

【第3節】変革の実行(1)：4つのハードルを克服する「ティッピング・ポイント・リーダーシップ」

変革を主導する，もしくは社内外の環境変化に合わせるために，戦略を変更しなくてはならない場合がある。特にひとたび成功した戦略，長期的に継続されてきた戦略を変革するのは大変である。大きな戦略上の変革を実行するには，次に示す組織面の4つのハードルを乗り越えることが必要となる。

① 認識のハードル＝現状に浸り切った組織を変革の必要性に目覚めさせる。
② 経営資源のハードル＝経営資源の不足を補う。
③ 士気のハードル＝従業員を奮い立たせる。
④ 社内政治のハードル＝膨大な利害関係からの抵抗を排除する。

大きな変革であるほど，成果を出すには長い時間と，膨大な経営資源が必要というのが，これまでの常識だった。トップダウンで，ピラミッドの上から水が段階を経て流れ落ちるように会社全体を変えていく，いわゆるカスケード式の変革を膨大なエネルギーを投入して行うイメージである。しかし「ティッピング・ポイント・リーダーシップ（Tipping point leadership：TPL）」は，その常識を逆転させる。TPLはどのような組織でも，一定数を超える人々が信念を抱き熱意を傾ければ，そのアイデアは大きな流行となって広がっていく。組織面のハードルを"短期

間に低コスト"で乗り越え，現状からの変革への関係者の支援を取り付けやすくする。

　このような現象を引き起こすための鍵は，拡散ではなく「集中」にある。組織内のとりわけ大きな影響力を持つ要素を見極め，それらを活かすことで資源と時間を節約するのだ。どのような組織でも，業績にとりわけ大きな影響を及ぼす人，出来事，行動等が存在する。4つのハードルそれぞれに一番影響力を持つ要素を探し出し，集中的に働きかけるのである。

▶意識のハードルの克服：現状に浸り切った社員に変革の必要性に目覚めてもらう

　ポイントとなる人を見つけたとして，その相手の意識を変えるためには，相手の前に厳しい現実を突きつけ肌で触れさせることが有効である。変革の重要さを認識してもらうためには，業務の最も切実な面を幹部・従業員に"現場で"直視させる。ややもすると，特に経営幹部層は，下から上がってくる市場調査データや部門からの報告数字で判断しがちになるのだが，不満を抱いた顧客の現場に足を運ぶ，もしくはそうした顧客の様子が体感できる環境に身を置くことによって，変革を拒みがちな，凝り固まった認識のハードルを越えさせる。

▶経営資源のハードル：経営資源の不足を補う

　経営資源が潤沢でどんな戦略を実行するにも制約が無いなどというケースはなく，まずほとんどは，少ない経営資源をなんとかやりくりしなくてはならない。手持ちの資源を有効活用するには，「ホットスポット（重点領域）に資源を集中」「コールドスポット（非重点領域）から資源を引き上げる」「部門間で資源交換をする」の3点である。この3つはセットで行うことで効果が増す。

　重点領域に資源集中しろとはよく耳にするが，結局は総花的な資源配分になっていることが多い。あえて非重点領域から資源を引き上げることによって，メリハリが効いてくる。そのために，部門間で資源交換をする。

　ここで言うホットスポットとは，少ない資源投入で業績が著しく向上する可能性のある分野である。逆にコールドスポットとは，多大な資源投入を必要とする割に業績貢献が少ない分野である。領域ごとにROI（リターン・オン・インベストメント：費用対効果）を見極めて資源再配分をしようということである。資源不足を嘆く企業も，こうした資源の再配分で解決できる例は多い。

▶従業員の士気のハードル：中核人物にフォーカスし，見える化する

　従業員の士気を上げる際に，壮大なビジョンを掲げトップダウンで大々的な従業員動員作戦を仕掛ける方法は，時間とエネルギーと費用がかかる割には士気を上げられないことが少なくない。組織の各ステークホルダーのニーズや思いは複雑なので，全員に対して大きなビジョンを単純に掲げてもついてこないのだ。変革に向けての士気を上げようと思ったら，「中核人物（キングピン）」「金魚鉢のマネジメント」「具体的な内容に因数分解する」の3点がキーワードとなる。

- 「中核人物（キングピン）」：組織全体ではなく，まずは組織に強い影響力を持つ"中核人物に徹底的に働きかける。たいていの組織には周りの人から尊敬され，耳を傾けられる人がいる。その人は必ずしも役員ではないかもしれない。ここで大事なのは，組織の階層として重要という意味ではなく，他の人への影響力が強い人物を選択することだ。もしかするとそれは，工場・現場の古参社員なのかもしれない。

- 「金魚鉢のマネジメント」：その中心人物の士気を高め，それを維持するためには，彼らの行動や，達成成果などを周りに目立つわかりやすい形で繰り返し紹介する。これを金魚鉢のマネジメントと呼ぶ。その中心人物が何をしているか（していないか）が，金魚鉢のように周りからまる見えになるようにする。金魚鉢のなかにいるその中心人物は何もしていなくても，何かを成し遂げていても，周囲に認知されるのだ。いわゆる"見える化"である。現場レベルでは，営業成績をグラフにしてオフィスの目立つところに貼っておくなど，見える化が実行されているかもしれないが，金魚鉢のマネジメントは，それを中核人物に対して行う。これを上手くいかせるには，まず関係者全員に明確に，何が期待されているか，何が評価基準なのかを伝えることが必要である。つまり，公正なプロセスで行うということである。

- 「具体的な内容に因数分解」：大きな方向性をそのまま各部門や人に下ろすのではなく，その大きな目標を細分化して，各部門，各個人が何を達成すればよいのかを明確にしてあげることである。理想としては各個人が朝会社に来たときに，今日具体的に何をすれば会社全体の戦略の実現に近づけるのかがはっきりと認識される状態である[13]。

▶社内政治のハードル：相談役・守護神・大敵のマネジメント

　変革が現実化してくると，既得権益を守ろうとする抵抗勢力が出てくる。こうし

た抵抗勢力は社内政治のコントロールが上手く，改革をとん挫させるケースも多い。社内政治のハードルを乗り越えるポイントは，「トップマネジメントへの適切な相談役（Consigliere）を得る」「守護神（Angel）を活用して，大敵（Devils）を黙らせる」ことである。

　守護神とは，戦略変更によって誰よりも大きな利益を得る勢力であり，「大敵」とは，変革により最も大きな損失を受けそうな勢力のことである。また，「相談役」は駆け引きに長けていて大いに信頼できる人物なので，敵味方を見分け，あらゆる危険をあらかじめ見通すことができる人である。戦略を策定しはじめる段階から，①この戦略転換で一番得をするのは誰か，誰が協力者になってくれるだろうか，②新戦略を実行すると一番損失を被ると認識するのは誰か，抵抗勢力になり戦いを挑んでくるのは誰か，を見極める。

　大事なのは，大敵が邪魔をしはじめる前に素早く動くことである。守護神らと早めに協調し，大敵を孤立させ，抵抗できないようにする。そうすれば，大敵は早い段階で戦いをあきらめる可能性が高くなる。上下・横に，場合によっては社外も含め広く，こちらの足をすくいそうな人，味方になりそうな人の2種類を見極め，この2種類の人々に資源投入を集中し，「互いに利益をもたらす」ためにどうするかを考える。早めであるほどウィン－ウィン（win-win：双方得）の状況に持っていきやすいが，いったんこじれはじめるとウィン－ウィンの解決策に落とし込むのは難しくなる。

【第4節】変革の実行(2)：
　　　　手続きの公平性を担保する「フェア・プロセス」

　「手続きの正当性（フェア・プロセス：Fair Process）」は，全社的に組織が新たな戦略を実行し，実際に結果を出す上で必須となるプロセスである。新しい戦略をトップ，中間管理職，現場の社員全員に浸透させ，心から共鳴させ，全力で推進してもらうのは非常に困難である。組織の皆が新戦略に共感し完遂するには，その新たな戦略が「最適なものであるという事実」だけでは不十分で，その戦略の立案時から始まるフェア・プロセスが必要となる。

　公正なプロセス無しに上層部から新戦略を押しつけられた最前線の社員がその戦略の想定通りに動くことはない（あるいは動けない）。その結果，新戦略がとん挫する例は至るところで見られる。

▶公正なプロセスを支え合う3つの要素

公正なプロセスは，次の互いに支え合う3つの要素から構成されている。

① 関与（Engagement）
② 説明（Explanation）
③ 明快な期待内容（Clarity of Expectation）

これら3つの要素のうちどれか1つが欠けても，組織の信頼や献身を受けることは難しい。仮にこれらを無視して戦略を押しつけたとしたら，組織が機能不全を起こすリスクは増大する。

① 関与：「関与」とは，組織のメンバーに戦略を立案するプロセスに関わる機会を用意することである。関与には2つのメリットがある。1つは，戦略の方向性に対する意見を求めたり，アイデアや仮説に反論することで，一人一人の社員の考え方を経営陣が重視しているということを，関係する全ての社員に伝えることができ，結果的に社員がその戦略の実行に関与しやすくなることだ。もう1つは，多くの社員，階層から意見を求めることで，その戦略が研ぎ澄まされ，結果的に意思決定の質が高まっていくことである。

② 説明：「説明」とは，その戦略を決めた道筋，理由を全てのステークホルダーに説明し，理解と納得を得ることである。自分の意見はどのように反映された（されなかった）のか，なぜ反映された（されなかった）のかを教えてもらわなくては，せっかくの「関与」プロセスが台無しになってしまう。説明には2つの目的がある。1つはどのようなロジックで判断が下されたのかを説明されることによって，意見が反映された人，そうでなかった人双方の納得感と，経営陣への信頼感を醸成すること。もう1つは，経営陣の判断基準を全社に示すことによって，社員への意見のフィードバックを行い，学習のループを構築することである。

③ 明快な期待内容：「明快な期待内容」とは，戦略が確定した後で，全社そして社員に何を期待するのかを明確に提示することである。新しい戦略は何を目指しているのか，目標と途中のプロセス指標は何なのか，どのような基準で評価がなされるのか，そして結果が目標に到達した場合にはどのような見返りがあり，到達しなかった場合にはどのようなペナルティがあるのかを，あらかじめ知らせておく。誰が，何に責任を負うのかについても，はっきりさせておく。

目標，期待値，責任の所在を設計することも重要だが，一人一人の社員がそれらをはっきりと，適切に理解できていることの方がより重要である。全ての社員が明確に理解できれば，駆け引きやえこひいきをしているよりも，いち早く戦略の実践に目を向けた方がいいことがわかる。

▶公正なプロセスを実行する効果

公正なプロセスが必要な背景は，人間の「知的」評価と「感情的」評価の2面がある。人は誰でも，単なる「労働力」や「頭数」としてではなく，人間としての価値を認めてもらいたいと思っている。公正なプロセスを用いることで，知性と感情の双方を評価していること，つまり従業員一人一人を信頼し，大切にしているということや，知識，才能，専門性を高く評価していることが伝わる。人としてその人格を尊重されていれば，戦略に共鳴し，できる限りの貢献をしたいと思うだろうし，周囲からの評価は，強いモチベーションを生み出すのである。その反対に，公正なプロセスを踏みにじると逆の効果が現れる。自分の知性をないがしろにされたと感じた従業員は，アイデアや専門性を抱え込んでしまうだろうし，他の人がたとえすばらしい発想や創意工夫を提案したとしても，正面から評価しようとしない。

また，自分の感情を無視した対応をされると，人は怒りを感じ，前向きな行動をしようという意欲を失う。それどころか，他人の戦略遂行に向けての行動の足を引っぱるように動くかもしれない。"あの態度はヒドイ，見ていろよ……"という反応である。戦略の策定プロセスという前提に疑念を抱くと，できあがった戦略も信頼できなくなるものなのだ。

公正なプロセスはコンセンサス重視とは違い，意見を聞いた全員の意見を反映しなくてはならないわけではない。経営者が最終判断を行うため，最終結論が，従業員やプロセスに関わった人々の意見と全く違ったものになることは十分にあり得る。公正なプロセスで重要なことは，従業員が，その意思決定に関わり，意見を表明する機会が公式に与えられ，きちんと検討された，という事実だ。

【注】

1　Morgan et al. (2008), Thompson et al. (2013), Kaplan & Norton (2008) など欧米でも戦略実行 (execution) に焦点を当てた研究が出てきている。
2　この節の適応プロセスのコンセプトは主に Hax & Wilde II (2001) Chap.7を参考にしている。

3 この点は Hax & Wilde II（2001）も Reeves et al.（2015）も同意している。
4 競争戦略においては顧客細分化であり，市場創造戦略ではノンカスタマーを見渡すことであり，これらに関してはすでに第8章，第10章，第11章で述べてきた。
5 ドラッカー（1996）は，企業の目的は「顧客の創造」で，経営（マネジメント）とは「組織をして成果を上げさせるための道具，機能，機関」であり，「戦略」の役割は組織が成果を上げるための方向づけであるとしている。その目的達成のための重要な2つの機能がマーケティング（marketing）とイノベーション（innovation）と位置づけた。本書でもマーケティング（特にセグメンテーション〜ポジショニング）は戦略立案の重要な要素と位置づけ，イノベーションはその実行上の重要なツールと位置づけている。
6 オペレーション現場のマネジメント自体は第7章第3節を参照。
7 例えば，それまでどのPCメーカーも独自仕様のOSを作っていた時期に，IBMのPCと同じOSを載せようと，CompaqがMicrosoftにアプローチしてきた。CompaqのOSをカスタマイズした方が短期的にはより儲かると主張した幹部もいたはずであるが，ビル・ゲイツはその要求に応じた。この決断無くして，MicrosoftのOSを，成長していたPC産業のなかのスタンダードとして確立できなかったろう。
8 Microsoftは，インターネット黎明期には他社のブラウザ開発に興味を示さなかったが，インターネットユーザーの勃興を感じ取ると自社でブラウザを開発し，すでに共通基盤となっていた自社OS製品に組み込んだ。その際，主な攻撃目標はごく少数で，それ以外の多くの補完事業者の利益は損なわないように留意していた。
9 小規模組織に仕分ける方法もあるが，詳しくは第15章の両利きの経営で述べる。
10 クロス・ファンクショナル・チームは有効なツールだが，状況に応じた適切なやり方がある。日産のリバイバルプランの事例は有名だが，ただそのやり方をまねるのではなく，なぜそのときの日産でその形式のクロス・ファンクショナル・チームが上手くいったのか，自社の状況はどうかを考察して，人員選択，経営者の関与の仕方，テーマ設定，役割の設定などを決めなくてはならない。
11 Plan（計画）→ Do（実行）→ Check（評価）→ Action（改善）を繰り返すことで，業務を継続的に改善していく手法。
12 ビジョン牽引型の戦略をとる企業がベンチャーの場合は，トップダウンのカリスマ型リーダーである場合が多いが，カリスマ型のリーダーでなければビジョン牽引型の市場創造ができないというわけではない。適切な組織文化を持つことが，継続的な市場創造を支援する。
13 日本の組織では忖度文化を前提に，戦略の方向性を明確にせず，各部門の戦略も明確に因数分解しない形の組織運営・リーダーシップも一定の評価を得てきた。こうした曖昧さが，ミドルや現場の考える力を育成してきた面も否定はできないのだが，平時と変革期で組織運営やリーダーシップも使い分けが必要になる。

第13章

トレードオフのマネジメント

　トレードオフ（Trade-off：二者択一）は一方を追求すれば他方を犠牲にせざるを得ないという相反する状態・関係のことで，経済学，経営学の双方において重要な論点である。「企業は矛盾をテコに自らをかえていける生き物である」（伊丹・加護野，1989）と言われるが，トレードオフのマネジメントはここまで見てきた様々な戦略理論において共通のテーマである。

▶**経営戦略におけるトレードオフ**
　経済学では主に資源の希少性（限られていること）ゆえに，人は選択をせざるを得ないことがトレードオフの背景である[1]。経営戦略においても，経済学と同様に限られた資源のなかでどのような選択をするかという意味でのトレードオフも多いが，経営戦略ではそれに加えて，対立する目的・活動をどう管理するかという意味でもトレードオフを使っている。
　コスト・リーダーシップと差別化がトレードオフの関係にあり，二兎を追うとスタック・イン・ザ・ミドルとなり中途半端な立ち位置になるという解釈は有名であるが，Dodd & Favaro（2006）は，それ意外にもビジネスでは同時に実現させたいが対立しがちな様々な目的があり，特に「収益性」と「成長性」，「短期志向」と「長期志向」，「全社業績」と「事業ユニットの業績」が顕著であると述べている。戦略以外でも，国際経営では「グローバル統合」と「ローカル適応」が対立軸になり，イノベーションマネジメントでは「持続的イノベーション」と「革新的イノベーション」が対立軸になる。
　二兎を追うにせよ一兎に集中するにせよ，戦略論はトレードオフをいかに管理するかについて研究してきたとも言えるだろう。

▶**トレードオフへのスタンス**
　これまでの経営戦略論では，何がトレードオフになっているかを明確にした上で，

双方のプラス・マイナスを定量化し，二兎を追わずどちらかを選択せよという傾向が強かった（Porter, 1980, 1985）が，2000年後半以降，二者択一的な発想から離れよという提言も増えてきた。ハーバード・ビジネス・レビューの2009年の特集に向けてG．ハメル，P．センゲ等の米国の著名CEO，学者，コンサルタント25人が2日間の合宿で未来のマネジメントが目指すべき25項目の提言をまとめたが，その1つは「二者択一的な発想を捨てる」であった[2]。これは，これまで米国では，比較的トレードオフを明確にして一兎を追う意思決定が推奨される傾向があったゆえに，出てきた提言ではないかと思われる。

日本企業はどちらかと言えば，トレードオフ関係をいかに両立するかを工夫し，二者択一ではなくあれもこれも（総花的）選択する傾向があったように思われる。現状の立ち位置によっても，より二者択一にシフトするか，より二兎を追う方向にシフトするのかが違ってくるだろう。

▶トレードオフが起きる状況

戦略においてトレードオフが起こる状況はいくつかあるが，Porter（1985）は3つの点を強調している。①製品の特性が両立しない場合，②活動そのものにトレードオフが生じる場合，③イメージや評判の不一致が生じる場合である。

① 製品の特性が両立しない場合：あるニーズを最もよく満たす製品が他のニーズをあまりよく満たせない場合である。コンビニエンスストアのセブン-イレブンは数多くのバラエティから食品を選択したいというニーズには合わないし，G-ショックはエレガントなビジネスユースというニーズを満たさない。また，産業用機械で精度と丈夫さと柔軟性を同時に満たすことは一般的には難しい。

② 活動そのものにトレードオフが生じる場合：ある種の価値を最もよく実現する活動の組み合わせは，別の価値をよく満たす組み合わせにはならない。効率よく大量に生産するための工場，調達から販売までの仕組みは，小ロットの特注品を柔軟に生産するには適さない。短期的には現行のビジネスモデルに全社邁進した方が利益最大化となるが，中期的には別ビジネスモデルに今から注力しておいた方が将来の利益が高まるような状況も，活動の不一致である。シャープの亀山工場生産をブランド化した液晶パネル外販部門と，液晶パネルを使った最終製品部門（液晶TV）も，トレードオフになり得る関係であったと言われる。

③ イメージや評判の不一致が生じる場合：事業拡大に邁進している企業は，自

社や自社のブランドが持つイメージとの不一致に気が付かないことがある。三菱重工は重厚長大なものでは抜群の信頼性イメージを持つが，仮に繊細さを求められる注射針が三菱重工製と聞くと（きっと申し分のない品質なのだろうが）なんとなく，ゴツくて痛そうな気がしないだろうか。

▶トレードオフにおける「投入資源と価値」の関係

トレードオフの本質的な難しさは，投入資源の分散自体ではなく，トレードオフの対象となる複数の活動（投入資源）の間で，ある価値を追求すると他の価値が追求しにくくなる関係があるときに生じる。言い換えると，それぞれの活動の投入資源と価値が逓増的（徹底的に極めたときに価値が高いと考えてもよい）なときである。逆に言えば，投入資源と価値の関係が逓減的である場合は，二兎を追うことが可能になるのである[3]。

【第1節】コストと差別化（付加価値）のトレードオフ

コストと差別化（付加価値）は最もよく議論となるトレードオフである。ポーターは「コスト・リーダーシップ戦略と差別化戦略も，互いに矛盾する関係にある。差別化に成功するには，普通高いコストを要するからである。……逆にコスト・リーダーシップ戦略では，製品を標準化し，マーケティング費用を削減するなどによって，差別化をある程度あきらめなければいけない」と言っている[4]。つまり，基本的にコストと差別化はトレードオフの関係にあるとしている。

逆に言えば，難易度は高いがコスト・リーダーシップと差別化を同時に達成できるなら，そのリターンは大きい。狙ったセグメントにおいてコスト優位と差別化の両方を達成した会社が，無いわけではない。例えば金属缶業界のCrown Cork & Sealは，その実践例としてビジネススクールのケースでもしばしば取り上げられている。コスト・リーダーシップと差別化を同時に狙う条件として，以下の4つが挙げられる。

① 競争相手が戦略を見失って窮地に立っている場合：有力な競争相手が一貫性の無い戦略をとり，組織の力が活用されていないような状況である場合は，競合のコストと付加価値のバランスは悪くなり，自社のコストと差別化は矛盾しにくくなる。

② コストがシェアまたは他業界との相互関係によって大きく変わる場合：コス

ト地位が，製品設計，技術の水準，提供されるサービスその他の要因によるよりも，市場シェアによって大きく決まるような場合である。大きな市場シェアの優位を持つ会社が，差別化につながる活動にこのシェアによるコスト優位を利用できれば，ほかの部分でコストを増やしたとしてもまだ正味のコスト・リーダーシップは守り続けられる。もしくは，1社だけが持っていて他の業者は手が出せないような他業界との関係が，コスト削減や差別化につながっている場合である。
③　大きなイノベーションを率先してやり遂げた場合：1社だけが強力なイノベーションを導入できた場合，コストを下げると同時に差別化を推進することができ，両戦略とも成功する場合がある。ただし，差別化もしくはコスト・リーダーシップのどちらかに絞り込んで，新しいイノベーションを導入した競争相手の方が，その後の優位性を構築してくるリスクもある。
④　外部から模倣できない独自能力による場合

上記の④は比較的持続可能だが，①②③どの条件も一時的なもので，①の場合は競合相手が明確な戦略を持つようになれば，コスト・リーダーシップと差別化の両立は難しくなる。比較的継続可能なのは，③を通じて新市場創造を実現できた場合で，これはブルー・オーシャン戦略におけるバリュー・イノベーションである。

実際に，成熟産業における成功企業の共通法則を研究したHall（1980）は，米国の8つの成熟業界64社の事例を通じ，コスト・リーダーシップ，差別化，その両方の戦略で成功している企業があることを発見した。CaterpillarやPhilip Morris等は，コスト・リーダーシップと差別化を両立させて成功した例だったという。ハイテク業界でもコスト・リーダーシップと差別化の両立例は提示されており，例えば電卓分野では，④を磨き上げてその両方を追求したカシオとシャープのみが生き残り，コスト・リーダーシップのみを追求したTexas Instrumentsは撤退し，差別化を追求したHewlett Packardは極めて小さいシェアにとどまった[5]（新宅，1986）。
コスト・リーダーシップと差別化にはトレードオフになる可能性があることを認識しつつ，具体的にどの要素が・どんな理由で・どの程度トレードオフになり得るかを定量的にも検証して，環境条件を見極めながら，両立の可能性を模索する姿勢が必要となる。

【第2節】コストとスピードのトレードオフ

　コストとスピードもトレードオフの関係と認識されることが多い。従来，何かを急いで提供する際にはコストが余計にかかるので，特急料金がかかっていた。同じことをするにも短い時間で行うには，不規則な作業をすることになり，不規則な作業には計画の書き換えや，生産の切り替え等の余分な手間がかかり，コストが上がるという理由である。つまり，スピードとコストがトレードオフの関係にあったのである。タイムベース競争（time based competition）によってコストとスピードのトレードオフを解決し，優位性につなげられる場合がある。タイムベース競争とは，時間こそが顧客と企業の双方にとって貴重な資源であるという基本原理である。多くの事業において，他の要素（価格・品質）が同じであれば，提供するまでの時間が短いほど顧客満足度が向上し需要も大きくなるという前提を置く。
　タイムベース競争の考えを適用すると，コストとスピードがトレードオフではなく，むしろ工夫次第で時間短縮とコスト削減を同時に達成できることがわかってきた。

▶生産量と品数のコストへの影響

　タイムベース競争のメカニズムを説明するために，まずは製造業のコストドライバーを確認する。製造のコストは，生産量と品種数が影響を与えるというのが従来の前提であった。生産量（規模）の増加と単位コスト低減の関係はすでに見てきたが，一般に同じ生産ラインでは品種数の少ない方がコストは低くなる。例えば，同じものを100個作る方が，20個ずつ5種類作るよりも単位コストは低い。この前提は，ある製品の総コストは，多様化で変動するコストと量によって変動するコストとの両方を足したものであり，**図50**のグラフのようになる。スピードとコストの関係で言うと，短い時間で次々と色々なものを作ろうとすることは多様性を増加させることになるので，単位当たりコストが上がるというのが従来の考えであった。
　しかし，工夫によって多様性のコストはおさえられることがわかってきた。例えば，自動車用素材のサプライチェーンで，原糸メーカー，織布メーカー，シートメーカー，組み立て工場において，それぞれどれだけ時間がかかっているかを示したものだ。組み立てに4段階合計で71日を要していたが（4社合同で作成して初めて判明したという），そのなかで実質的な価値の付加に費やされていたのはわずか

図50 従来の量と多様性のコスト関係

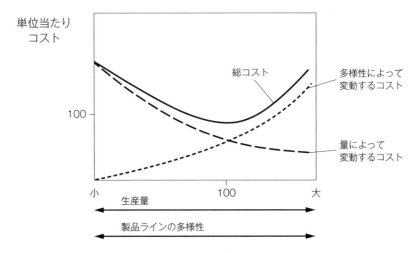

出所：水越（2003）。

に19日だった（**図51**の黒い部分）。その他の52日（**図51**の白い部分）は，次の工程待ちや他の部品在庫待ちなどに費やされていたのである。多様性が増えるとコストが増える背景は，この事例の場合は，この白い部分が増えるからであった。1つのラインで複数のものを作ると，ものを作るという本質以外の（**図51**の白い部分）がどんどん増えてしまい，その分コストが増加していたのだ。

　多様性によって増える白い部分によってコストが上がるのであれば，その白い部分を上手く工夫して減らすことで，多様性のコストを減らすことができる。待ち時間の短縮等で柔軟性が高まり，多様性を増やしてもコストが増えない工程を作ることができる。**図52**の左グラフと右グラフの比較でわかるように，柔軟な工程化によって生産量と多様性の最適点が右にシフトし，それ以降の総コスト上昇もわずかなものにできる。

　BCGの様々な製品・サービス事例の分析によれば，実際の工程のなかで価値を生んでいる時間は，全体のわずか0.05〜5％に過ぎない。また，その付加価値を生まない時間が何に使われたかと言えば，前の工程の待ち時間，手直し，次の工程に進む決定までの待ち時間がそれぞれ3分の1ずつ程度だったという。BCGの経験によれば，この付加価値を生まない時間は4分の1程度に短縮可能で，その場合の

第13章　トレードオフのマネジメント　243

図51　ある自動車用素材のサプライチェーン

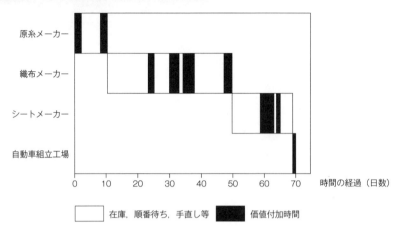

出所：水越（2003）。

図52　多様性とコストのトレードオフの打破

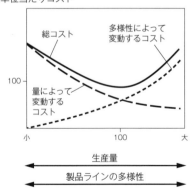 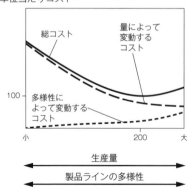

出所：水越（2003）。

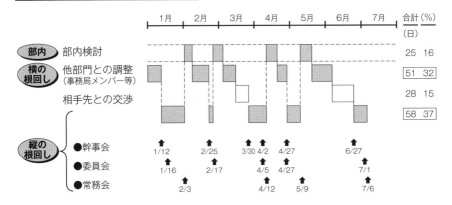

図53 投資決定の社内プロセス例

出所:水越(2003)。

労働生産性と資本の生産性は倍増し得るという。

このようにスピード(多様性)とコストのトレードオフを解消することで，優位性の構築につなげようというのがタイムベース競争である。Amazonの成功は，このタイムベース競争によっても(膨大な種類の本を，自前倉庫への投資等で短納期でデリバリー)説明できるかもしれない。タイムベース競争は元々日本企業が実践して欧米企業に対する優位性の源泉にしていたものを，BCGのコンサルタントが発見した[6]。

日本企業の場合は，生産現場でのタイムベース競争では優等生なのだが，経営の意思決定におけるタイムベース競争は，海外競合に劣後しているかもしれない。図53は，ある企業で海外投資案件が検討された際に最終意思決定がなされるまでの，実際にいつ何にどれだけ時間が費やされたかのプロセスチャートである。

網かけの部分は社内の根回しに費やされた時間で，実際に相手との交渉に使われたのは白い部分だけである。縦(部長会・常務会・役員会)横(他部門)との調整に7割近い時間が使われ，実際に交渉に使われたのは15%程度であった。意思決定のスピードが日本企業の課題と言われるが，単に「スピードアップだ！」と檄を飛ばすのではなく，こうして具体的にプロセスを可視化しボトルネックを特定することで，意思決定においてもスピードとコストのトレードオフを解消し，差別化につなげることが可能であろう。

【第3節】既存活動と新規活動のトレードオフ

▶なぜ既存活動と新規活動はトレードオフになるのか

企業が長期的に発展するためには，多くの場合既存事業の深化と新事業開発の両方が必要なのだが，既存事業を深化させることと，新規事業を開拓することもトレードオフの関係になりがちである。既存事業で改善を積み重ね効率よく運営し利益を上げているが，なかなか将来に向けての事業が立ち上がらない会社は少なくない。それは既存事業深化と新規事業開発に必要とされる考え方，組織構造，マネジャー，顧客へのアプローチ，組織学習等において要求されるものが違っているか

表9　既存事業と新規事業に求められるものの違い

		既存事業	新事業開発	
組織要件				
	組織構造	1）安定的・拡張	1）流動的，構造的変化, structurally changed	
		2）資源の活用プロセスごとに活動がグループ化される	2）課題に応じて活動をグループ化	
	評価・報酬システム	1）安定性と効率性が評価される	1）クリエイティビティとイニチアチブが評価される	Ansoff & McDonnell, 1988
		2）達成された（過去）のパフォーマンスに対して	2）イニチアチブが無いことが罰される	
		3）基準からの逸脱は罰される		
マネジャーの要件				
	価値観	経済的報酬，パワー，安定性と快適さ	経済的報酬と自己実現，変化，多様性	
	スキル	経験豊富さ，人望あるリーダーシップ，ゴールを設定し既知の問題解決を進める，直感的に問題を解決，既知のリスクに対応，状況診断を収斂させる，パフォーマンスを管理，（過去の経験からの）積み上げ式計画	ビジョナリー，カリスマ・政治的リーダーシップ，これまでにない新しい問題を解決，状況診断が拡散，クリエイティブな支援，起業家的計画	
顧客へのアプローチ		既存顧客における違いに着目し，セグメンテーションを行う	非顧客（既存顧客を含む）の共通点に目を向ける	Kim & Mauborgne 2005
戦略活動の前提		業界の境界は固定	業界の境界を再定義	
組織学習		深化活用（Exploitation）型：改良，選択，効率性，生産，選択，実行などがキーワード	探索（Exploration）型：多様性，リスクテイク，実験，柔軟性，発見，イノベーション，遊び等がキーワード	March, 1991

出所：筆者作成。

らである。表9にその違いをまとめる。

▶ヤマト運輸（当時）の商業貨物から宅配便事業転換時の選択

ヤマト運輸が1976年に宅急便の営業を開始してからわずか3年後の1979年に，小倉社長（当時）は大口貨物からの完全撤退を指示し，同年上半期には路線部門を支えた大口荷主（松下電器含む）からの完全撤退を完了させた。安定的な収入源である大量商業輸送であったが，業界初でリスクが高いとみなされていた宅急便の展開に必要な組織能力とは相いれないという理由からの撤退判断であった。1979年度の商業貨物と宅急便の両業務を担当していた路線トラック部門の経常利益は，5億円とかつてない赤字を計上し，その危機感が宅急便に賭ける意識を強め，1980年には損益分岐点を超えた。

これは，商業貨物（既存）と宅配便（新規）に要求される組織能力がトレードオフの関係にあるとトップが判断し，一兎を選択し成功した事例である。常に一兎選択がよいわけではなく，一兎を追って失敗する事例もある。多くの場合は，既存と新規はトレードオフであることを承知の上で二兎を追わざるを得ない。上手く既存と新規の二兎を追うためには，そのメカニズムをよく把握しておく必要がある。

▶イノベーションのジレンマと既存事業と新規事業のトレードオフ

既存事業と新規事業の両立の難しさの背景には，イノベーションのジレンマ（Innovator's Dilemma）問題もある。クリステンセン（Christensen, 2013）は，成功している企業の優秀な経営者であればあるほど，（競争環境を変えてしまうような）新たな破壊のイノベーションを十分認識できず，対応しにくいことを主張した。まず，十分に破壊のイノベーションを認識できない理由は，破壊のイノベーションは，①往々にして既存の業界で認められた（確立した）評価軸から見ると劣ったものに見え，ゆえに既存の優良顧客のニーズを満たさない場合が多い，②（当初は）儲からない場合が多いので，利益を重んじる経営者としては優先順位が下がることである。ヤマト運輸の例でも，（当時の）破壊のイノベーションである宅急便は，当初赤字になった。この認識の問題への対応策は，ブルー・オーシャン・アプローチのツール（ノンカスタマー，6パス等）が活用できる。また，自社がとり得るリスクの上限（その案件が失敗しても会社が傾かないレベル）がどの程度かを，しっかりシミュレーションしておくことも有効である。

また，たとえ経営陣が重要性を認識したとしても，組織としてはなかなか上手く

対応できない。その理由としては，成功している企業は既存の（成功している）事業に経営資源，価値観，ビジネスプロセスが適合しているので，破壊のイノベーションに対しては，たとえ豊富な経営資源があったとしても，価値観やビジネスプロセスが適合しないからである。このような背景から，革新的な（破壊の）イノベーションと既存事業は，その既存事業が上手くいっていればいるほど両立しにくいのである。

▶新規事業開発と別組織

既存事業と新規事業で求められる経営資源，価値観，プロセスが違うということへの対応策の1つとしては，既存事業と新規事業で「組織を分ける」というものがある。ただし，新規事業部門という別の箱を作るだけで新規事業が立ち上がるのは，稀なケースである。別組織にして，人材要件，価値観やルールを含めたビジネスプロセスも，既存事業とは別にするということである。ゆえに最初はその組織の人数も小さく，場所も既存事業の中心部からは多少離れた方がよいとされている（Christensen, 2013）。このように組織を分けても既存組織からの干渉を避けることは簡単ではないので，組織を分けた上でトップマネジメントの強い保護・支援も必要である。

こうした革新的な新事業組織を分ける事例は，IBMのPC事業が有名だが，ソニーのゲーム事業立ち上げでも組織を分けるという手法は使われた。ソニーがゲーム事業の立ち上げを決めた1992年当時，ソニーがゲームビジネスに入ることに前向きであった人は，社内にはほとんどいなかった。最先端の家電製品を次々に生み出していたソニーにとって，ゲームは文字通りおもちゃのようなもので，ソニーが扱うべき商品と認識されていなかった。大賀社長（後ソニー名誉会長），徳中氏（当時経営企画部長，後SCE社長），丸山氏（当時ソニーEPIC社長，後SCE副社長，ソニーミュージック（SME）社長）と久夛良木氏（当時次長，後SCE社長）の10名程度が集まるなかで，大賀社長が「Let's do it！ ソニー本社のもとでは成功しないだろうから，ソニーとは別会社，ソニーとソニーミュージックのジョイントベンチャーにする」という決定をした。実際，ソニーのゲーム事業は，ソニー本社（大崎）からほどよく離れた青山近辺で，50人程度のごく少人数でスタートし，独自の組織文化を形成して大成功を収めた[7]。

▶新事業を別組織化する際のさらなるトレードオフ要素

　IBMも，PC事業を立ち上げる際に地理的に離れたところに設立し，PCの開発は成功した。しかし2つの問題があった。1つは，意図的に本体組織と切り離したので，IBM本体の豊富な資源が使えずに，オペレーティングシステム（OS）の開発で外注に頼らざるを得なかったのである。このOS開発をMicrosoftに依頼したことが，その後のMicrosoftの躍進の契機になったのだ。もう1つは，IBM本体の官僚機構が結局はPC事業の独立独歩を許さず，次第にPC事業の独立性は薄められていったという。ここで，2種類のトレードオフのマネジメントが存在している。既存事業と新規事業のトレードオフを解決するために，革新的新規事業を本体から離れた別組織にする手法をとると，新事業の自由度と本体資源の活用との間でトレードオフが生じたのである。

▶既存事業と新規事業における組織学習

　既存事業と新規事業のトレードオフにおいては，組織学習のタイプが違うということも重要である。継続的な成長を狙う組織には，すでに持っている知識に改良を重ねて深化活用する（Exploitation）組織学習と，知の範囲を広げるために新しい知識を探索する（Exploration）組織学習の両方が必要である[8]。活用は既存ビジネスに貢献し，探索は将来のビジネスに貢献する傾向がある。

　この活用型組織学習と探索型組織学習は，個人に求める考え方や必要な活動も違う（Levinthal & March, 1993）。March（1991）によれば，組織の社会化が進めば[9]，組織は効率よく目標パフォーマンスを実現しやすくなるが，社会化の進展は組織の多様性を低減させるため，組織としても革新的なアイデアは生じにくくなる。組織として活用成果に軸足を置けば，自ずと探索成果は犠牲になる，逆もしかりということである（Lavie & Rosenkopf, 2006）。

　「両利きの経営（ambidextarity／ambidextrous organization）」理論のなかには，探索と活用を同じ軸の相反する両端に位置づけるのではなく，両プロセスは相互にゆるやかな連結関係にあると捉えることで，両立を可能とする見方も出てきた（Duncan, 1976）。実際，高い収益性や効率性（活用成果）を確保すると同時に，新事業や新技術の創出，戦略のリニューアル（探索成果）を生み出し続ける「両利きの経営／組織」は確実に存在する（Andriopoulos & Lewis, 2009）。ただし，両プロセスがゆるやかな連結関係にあるということは，限りある組織資源をめぐってより複雑な組織内の要素間の緊張関係（tension），奪い合いが生じることにもなる。

その緊張関係は、ポジティブな影響もネガティブな影響もどちらも及ぼし得る。

その両利きの経営を可能にするためには、探索成果を生み出す学習サイクルと活用成果を生み出す学習サイクルが、構造的には切り離されている一方、組織価値感やリスク低減の観点など何らかの形で緩やかに連結している二重ループが存在し、それらの学習サイクル間で資源をめぐる綱引きが行われている状態が必要である（鈴木、2012）。学習サイクルと言ったが、これは机に向かって勉強しているわけではなく、組織文化としてのオープンに学び教え合う姿勢、協調し合う姿勢のことである。世界の41事業部へのアンケート調査によれば、従業員が常に両利きを意識して仕事の時間配分をするような職場環境や、文化を持っている組織ほど、そのパフォーマンスがよいのである（Gibson & Birkinshaw, 2004）。

両利きの企業文化の成功例としては、3Mがよく引き合いに出される。15％ルールを通じて社員が自発的にイノベーションを推進しているのは有名だが、実は組織の評価制度等も両利きの経営を支持する仕組みになっている。3Mは、そもそもの毎期の売上のうち5年以内に開発・導入された新製品を一定割合にすることが経営目標となっており、社員はその達成度で評価されるのである。社内ではNew Product Vitality Index（NPVI）と呼ばれるのだが、2007年はその割合が23％、2012年は33％で、2017年は40％が目標と言う[10]。このNPVIの達成はかなり厳しくチェックされる[11]。3Mはそのために会社としてのイノベーションの手法を"Customer Inspired Innovation"として社内（社外）に共有し、社内外で使いやすい技術プラットフォームの構築に注力している。

既存事業と新規事業のトレードオフに対応するには、表9における、組織構造、評価システム、組織学習の複数の要素に留意し、両利きの経営を意識する文化を醸成しなくてはならない。

【第4節】イノベーションによるトレードオフのマネジメント

▶インターネットは何を両立させたのか

それまでトレードオフの関係にあると思われていたものが、何らかのイノベーションによって両立し得ることがある。例えば、インターネットをはじめとする様々なICT技術は、それ以前はトレードオフ関係だったものを解決するツールとして見ることも可能である。初期のインターネットは、それをリッチネス（豊富さ）とリーチ（到達範囲）のトレードオフへの解決策として活用した企業が、競争優位

性を構築してきた (Philip & Wurster, 1999)。「リッチネス」とは，相手と共有する情報の量や質，具体性，新しさ，信頼性などを指す。「リーチ」は，情報のやりとりの対象となる人または組織の数を指す。企業経営において社外と社内の情報伝達は重要なテーマであるが，情報のやりとりを伴う活動のほとんどにおいて，情報の「リッチネス」と「リーチ」にはトレードオフの関係が存在する。一般には，直接的会話のように，リーチはあきらめて少人数の相手に限定すれば，リッチネスがきわめて高いやりとりを行うことができる。逆に，新聞広告のように，リッチネスをあきらめれば，広範なリーチを得ることができた。しかし，両方を同時に満たすことはできなかった。情報伝達手段の根底には，このリッチネスとリーチのトレードオフの原則が存在する。

ゆえに，インターネットを広く顧客に到達するリーチと，伝える内容をリッチにすることの両立を図ることができるツールとしていち早く認識した消費者向けサービス，例えばAmazonが急成長したのだ。実店舗の書籍店にはリッチ（在庫の豊富さ）とリーチのトレードオフの制約があるなか，Amazonは膨大な種類の書籍（リッチ）を多くの人に届けるということを両立させた。

▶生産技術革新によるトレードオフへの対応

生産技術のイノベーションが「製品の多様性/カスタマイズとコスト/効率」のトレードオフに対する解決策になった例もある。自動車各社はそれぞれ違うイノベーションでこのトレードオフに取り組んできた。日産は「顧客との同期化」と「フィッシュボーン・システム（魚の骨のような構造を特徴とした太くて短いラインで，各作業に必要な部品を1個ずつ順番通りに供給）」等の生産方式で1つの生産ラインで8モデルを生産することが可能となった（2004年時点）[12]。一方でVolkswagenはモジュール化の生産方式で，コストをおさえながら多様な車種を生産できるようになった（中西，2013）。モジュール生産方式とは，複数の車種に使える共通部品を開発し，それを組み合わせることによって市場ニーズにあった多様な製品を提供できるのである。

韓国のSamsung Electronicsも消費者市場に参入した初期は，「刺身システム」と呼ぶ生産モデルによって，多様な新製品をスピーディに比較的ローコストで導入していたが，これもモジュール化生産の応用であった。

今後も，新たなイノベーションが，これまでトレードオフと思われていた関係を解決する例が出てくるだろう。

【第5節】社内と社外のトレードオフ

　第11章で業界バリュー・チェーンの組み換えに触れたが，企業内で業務完結するか，企業外調達を活用するかは，継続的に出てくるトレードオフの論点である。

▶社内調達と社外調達のトレードオフ
　企業内では，同じ指揮命令系統に属して目標を共有する同僚同士が，共通の暗黙知と信頼関係のなかで，お互いの期待について話し合いながら密な連携をとることが可能なので，社内で開発・製造等を行う内部調達では高いリッチネス（豊富な情報量の交換）が実現できる。一方，外部調達では広範なリーチ（多様な相手への到達）が得られるので，世界中で最も低コスト，かつ，最良のイノベーションを生み出せる専門企業と協働できる可能性もある。ただし，合意した製品仕様や法的契約の範囲内という制約がある。つまり，社内調達か社外調達かの選択は，リッチネスとリーチのトレードオフとも解釈できる。前の節で見たようにインターネットは，リーチの拡大に効力を発揮し，特に外部調達の進展を促進した。目標がコスト削減にある場合，リッチネスは低くても問題ない。要求仕様を書いて入札を募り，グローバルで最も低コストのサプライヤーを見つける。契約期間は短くし，もっと安いところが見つかったら改めて入札を実施する。米国のARIBA社，日本のディーコープ社は，このビジネスモデルで成長を遂げた。

　文房具，工具，汎用材料等の調達はこれでよいが，過度にリーチを広げ外部調達に依存すると，中核製品において収益性の源泉であるイノベーション，順応性，多様性，標準仕様を上回る品質，といった組織能力を弱体化させることになるのではないかという疑問が出てくる。中核製品の調達業務では，内部調達のリッチと外部調達のリーチのトレードオフは解決できないのだろうか。

▶リッチネスとリーチを兼ね備えたネットワークによるトレードオフ解消
　トヨタは，米国自動車メーカーよりもはるかに，製品の多様性や，標準仕様を上回る品質を重んじ，プリウス等の革新的な車を生み出してきたが，米国の完成車メーカーの部品外注比率が半分にも満たないのに対して，トヨタの部品外注比率は4分の3近くにも達している。最近TNGA（Toyota New Global Architecture：トヨタ・ニュー・グローバル・アーキテクチャ）[13]で新たな方向性を示したが，元々

トヨタは，自動車製造のリッチとリーチの両立に工夫を凝らしてきた。

トヨタがどのようにして社内連携の持つリッチネスと，世界的競争力を有する広範なサプライヤーへのリーチの，両方を兼ね備えた関係を構築しているのかに対して，BCGはそのポイントを以下の6点と分析した。

- サプライヤーとの長期無期限の関係構築。これにより，メーカーとサプライヤー双方に相互依存の責任が生まれるが，細部は決めずにオープンなままにしておく。
- 広範にわたるきめ細かい実験を通じた定量的分析・検証を特徴とする，共通の業務規律を，メーカーとサプライヤーにわたって徹底する。
- サプライ・チェーン全体に豊かな共通言語を育み，その共通言語で実験的検証の結果を伝達し浸透させる。
- 広範な情報システムを基盤とした，学習結果を詳細かつ迅速に伝達できる仕組み（全体的コミュニケーション，小集団活動，ハブ・アンド・スポーク方式など）に投資する。
- 製品ナレッジの大半は社内で専有する一方，プロセス面のナレッジはサプライ・チェーン全体の知的財産としてオープンに共有する。
- 生産性向上の恩恵は，長期にわたりメーカーとサプライヤーが平等に享受することを相互に理解し，競合企業がたまたまその恩恵にあずかる可能性もあることを容認する（Evans & Wolf, 2004）。

▶ネットワーク・キャピタルによるパートナーの能力向上

このようなやり方を長期間一貫して適用することにより，信頼感や共通の「セマンティクス（意味論）」（思考の枠組み，語彙）が醸成され，共有ナレッジが蓄積される。Dyerと延岡（2000）も，米国工場のケースを通じてトヨタのナレッジ共有ネットワークに関して同様の考察をしているが，これらが，ネットワーク自体に植えつけられた資本のような形で形成されていくのである。エバンスはこれを，「ネットワーク・キャピタル」と呼んでいるが，ネットワーク・キャピタルにより，社内では同僚間の連携が緊密化し，社外では，サプライ・チェーンを構成するプレーヤー同士が，会社組織の境界や契約上の義務にとらわれることなく，リソースを有意義な形で結合できるようになる。ネットワーク・キャピタルの構築に注力することにより，マーケット型の柔軟な情報伝達と，ヒエラルキー型に見られる緊密な連携や低コストでの情報伝達という，従来はトレードオフの関係にあった両方の

特性を享受できるようになるのである。

　これは,「カンバン」や「改善」に象徴されるトヨタ生産方式として認識されてきたものとは異なる。もちろん,トヨタ生産方式にもこの手法が多々具現化されてはいるが,重要なのは,こうしたナレッジネットワークが日本以外でも成立したことである。トヨタは米国のケンタッキーやオンタリオで同様の方式を採用しており,米国トヨタの事例であるが,トヨタの調達コストは米国の平均的メーカーの約3分の1という推定もある (Dyer, 2000)。こうした外部調達のトレードオフの解消は,パートナー企業を含めた差につながる。トヨタ系部品メーカーは,トヨタ本体とともに高い生産性向上を達成している。それに対してデトロイトの完成車メーカーは (より低い水準からではあるが) 生産性向上を達成しているが,リッチネスの乏しい結びつきで学習成果の共有というネットワークの利点を得られないデトロイトの

Column 見えていないトレードオフ

　常にトレードオフが見えている（適切に認識されている）わけではない。表層からは見えてないトレードオフを把握することも意識したい。

　ある日系の法人ビジネス企業は,日本の得意先のリクエストに従って中国進出をし,10年以上日本の顧客の要望に合わせて現地組織を構築した。黒字ではあるが,なかなか思うように事業拡張ができず,それまで中国で蓄積した資源を活用し現地顧客に売り込みを図ることにした。ところが,日本顧客に合わせた品質基準や業務プロセスが現地顧客には合わないのだが,長年日本の顧客と仕事をしてきた現地社員や組織が現地ニーズに上手く対応できなくなっていた。では現地の欧米顧客に売り込もうと思ったら,日本語ができる人材ばかりを採用してきたので欧米顧客とのコミュニケーションも不自由だったという。

　この企業は無意識のうちに,海外展開において「母国企業の海外顧客中心（事業立ち上がりは比較的早い）」と「進出国の地元顧客中心（事業立ち上がりに時間がかかる）」の選択をしていたのだ。逆に米国系コンサルティング会社のAccentureは日本に進出する際,長期の赤字覚悟で現地（日本）企業を主要ターゲットにする選択をし,10年以上の赤字を経て日本でも有数のコンサルティング会社へと発展してきた。自社が何に対する意思決定をしているのかを深く考え,どのようなトレードオフがその背後にあるのかを認識することは,企業業績にも大きな影響を及ぼすのだ。

部品メーカーの生産性は，ほとんど改善が見られないという。

このトヨタの事例でも，社内・社外のトレードオフマネジメントは不可能ではないが，簡単でもないことがわかる。

【注】

1 　経済学では，好きなものを選んだときのメリットだけでなく，選べずに諦めざるを得なかったものに目を向けて，それを「費用（犠牲・デメリット）」として考える。この，他の選択肢を犠牲にしたデメリット（費用）を「機会費用」という。また，「もう支払ってしまって，返ってこない費用」のことを「サンクコスト（埋没費用）」と呼び，合理的に判断すると，「過ぎてしまった過去」は無視するべきとしている。

2 　例えばHamel（2009）。

3 　詳細は浅羽茂「二兎を追うものは一兎をも得ず」はなぜか　トレード・オフ・マネジメント【第一回】2014年5月13日　を参考にされたい。
http://www.dhbr.net/articles/-/2552

4 　確かにポーターは「コストの削減が必ずしも差別化の犠牲を伴うというわけではない。差別化をあきらめること無しに，むしろ差別化を進めながらコストを削減する方法を手にした会社も多くある」とも言っているが「コスト削減は，コスト優位の達成と同じではない」としていることには留意が必要である。

5 　ポーターの戦略論は利益を最大化するための方法を述べているので，HPはシェアは少ないが，電卓部門の利益率は高かったのではないかという議論があり得る。

6 　もしかするとこれ以外にも，日本企業の隠れた優位性の源泉があるのかもしれない。

7 　社長経験者を含む複数のソニーOBのコメントから。

8 　探索と活用の定義が論者ごとで微妙に異なっており，それが組織学習研究に曖昧さをもたらす要因の1つとなっている。探索と活用を学習のタイプやレベルで区別する派（Atuahene-Gima（2005），Benner & Tushman（2002））と，学習の有無で区別する派（Vermeulen & Barkema（2001），Wadhaw & Kotha（2006））が存在する。前者は，活用を既存の技術トラジェクトリー（軌跡）のもと構築された，既存のものの改善を含んだ革新と捉える一方，探索は急進的な革新の実現に必要な多様性や新規性を育てるための実験や新たな知識の開発であり，異なる技術トラジェクトリーへシフトする革新と位置づけ，どちらもイノベーションや学習活動だがタイプが異なる，と説明する。後者は，活用は探索から得られた果実を消費する存在と解釈できるとする。最初に探索と活用を唱えたMarch（1991）の立ち位置は，前者の立場が近いだろう。既存のルーティンや知識を繰り返し利用しているだけのような活動でも，その利用に関する経験が蓄積され，結果として学習の発生を意味するからである。

9 　組織構成員が組織の目標を達成するために求められる役割や知識，規範，価値観などを獲

第13章　トレードオフのマネジメント　　255

得して，組織に適応していくプロセスを「組織社会化」という。
10　3MのIR資料より。
11　2015年の3Mの営業マネジャーとのインタビューより。シックス・シグマ等を導入してあまりに厳密にイノベーションを促進しようとしたら，クリエイティビティが失われ，シックス・シグマの取り組みを縮小させたという。
12　日産アニュアルレポート　2004
13　車種を横睨みした際にも，共通部品を使えるように，様々なもの（製造工程，部品，仕様などなど）を共通化していこう，グローバル標準化していこうとする取り組み。

第14章

全社戦略（corporate-level strategy）と多角化（diversification）

　前章までは事業戦略，すなわち単一の産業または製品市場での戦略を対象に議論を進めてきた。実際には多くの企業は複数の事業を経営している。第6章では楽天市場を見たが，楽天はトラベル事業，クレジットカード事業，銀行事業，証券事業，プロ野球球団経営にまで事業分野が拡張している。元々はレーヨン繊維の大手メーカーだった帝人は多角化が進み，医薬医療事業の売上が2割近くになり，繊維素材の売上は全体の41％となっている[1]。このように事業展開を広げる多角化の意思決定，そしてこうした複数の事業の管理には事業戦略とはまた違った視点が求められる。本章では多角化を，第15章は全社戦略を扱う。

【第1節】多角化の目的

▶多角化の背景

　企業は様々な理由で多角化を図る主な動機の1つに，企業全体の価値を上げるための多角化がある。多角化を通じて企業の持つ事業群の収入が上がるか，コストが削減されることで利益が増加し企業価値が向上することが期待される。

　企業全体のリスク分散，既存事業の成熟化，未使用資源の活用もよく聞く多角化の動機だが，それ自体が必ずしも経済価値を生むとは見なされていない（Hitt et al., 2012）。これらが価値を産む多角化になるためには，事業運営上の範囲の経済等のような価値創造多角化要因と合わさる必要があるのだが，その判断を短期的に行うのは簡単ではない。

▶米国・日本・新興国の多角化の位置づけ

　多角化を管理することには大きなコストがかかる。投資家は異なる業種の複数の会社の株式を組み合わせてポートフォリオを組めるので，経営者は「1つの会社が

表10　多角化の動機と多角化の類型の関係

多角化の動機	関連多角化	非関連多角化
事業運営上の範囲の経済		
・活動の共有	○	
・コア・コンピタンス	○	
財務上の範囲経済		
・内部資本配分	○	
・リスク分散	○	○
・税効果	○	○
反競争的な範囲の経済		
・多地点競争	○	
・市場支配力の活用	○	○
企業規模と従業員の多角化インセンティブ	○	○

出所：Barney（2002）。

多角化する」メリットを合理的に説明する必要がある。例えば，多様な企業への株式投資ポートフォリオでは実現できないような「範囲の経済」が必要になるのだ。米国では1960〜70年代に多角化ブームがあったが，コングロマリット化（総合化・多角化）のメリットを合理的に説明し実現化せよという外部圧力を受け，事業領域を絞り込む傾向が強まった。

　日本企業は今もいわゆる「総合企業」が多い。これまで多角化・総合化が経済価値をもたらすロジックの説明が必ずしも明確でなくとも，多角化による「事業拡張」と「経営安定化」の目的を評価する傾向が社内・社外の双方において強かった[2]。海外株主の比率が増えてきたこと，多角化が必ずしも経営の安定化につながらない事例が増えてきたことから，これからの日本企業は多角化による経済価値創造をこれまで以上に明確に考え，それをコミュニケートする必要が出てきた。

　新興市場，特にアジア圏の企業は「非関連型（後述）」多角化戦略をとる会社が多い背景は，制度が未発展の国ではビジネスグループに所属している企業の方が，パフォーマンスが高い傾向にある（Khana & Palepu, 2000）ことから，ある程度説明ができる。こうした新興市場の多角化企業も今後，多角化の経済性を真剣に考察する必要が出てくるだろう。

▶価値向上につながらない多角化

必ずしも企業価値を高めない多角化も，少なからず存在する。企業価値の増加には貢献しないが減少を食い止める場合もあれば，企業価値を減少させる場合もある。

競合企業が積極的に拡張してきているのを邪魔することで，自社の企業価値減少を食い止めるための多角化もある。例えば，競合企業が川上の原材料企業を買収し，原材料供給の支配権を獲得する形で競争力を強めようとしているときに，自社も川上事業に多角化し競合企業の支配力に対抗しようとするような場合，その多角化は自社の企業価値の減少を食い止める多角化となろう。

企業の規模が大きくなれば経営者への報酬も大きくなるシステムが存在するときには，企業価値が増加しない（ときには減少のリスクがあっても）多角化を進める動機づけがある。多角化のデメリットとして，インフルエンス活動によって生じるインフルエンス費用，各事業部への動機づけの問題もある（Roberts, 2007）。インフルエンス活動（influence activity）とは，企業内部の人々や各事業部が経営者に影響（influence）を及ぼして，経営者の意思決定を自らに有利な方向へ歪曲させる活動のことである。多角化した事業部間で相互に内部補助が行われ，その結果社内のインセンティブが歪み，非効率性が生じる際の，様々な企業の非効率性から発生する費用が，インフルエンス費用（influence cost）である。

▶多角化の悪影響

多角化が，企業価値に悪影響をもたらす（コングロマリット・ディスカウント：conglomerate discount）[3]可能性があることを，いくつもの実証研究が指摘している。米国株式市場において，多角化企業の価値が，その構成要素の総和の価値よりも低く評価されていることを示した研究（Lang & Stulz, 1993）や，各事業分野の単独企業価値（stand-alone value）や，企業価値に関する多角化の効果を推定し，1980年代後半から90年代初めの期間に，多角化企業は単独企業価値の合計よりも平均13%から15%の価値喪失を示し，過大投資と内部補助が価値減少の原因であることを主張する研究もある（Berger & Ofek, 1995）。Lins & Servaes (1999) は，1992年から94年までの3年間，日英独3か国の多角化ディスカウントを調査し，ドイツでは有意ではないが，日本では10%，英国では15%のディスカウントを見いだしたと主張した。一方で，こうしたコングロマリット・ディスカウントを否定する研究もあり[4]，多角化が企業価値に正負どちらの効果をもたらすのかの結論は出ていない。1990年代の多角化研究では，業績と多角化の因果関係で言えば，低業績が

多角化をもたらすが，逆の因果関係は確認されていない（Roberts, 2007）。つまり，低業績企業には多角化を進める動機づけが働くのだ。

▶リスク分散

単一事業のみを手掛ける専業企業は，その事業を取り巻く環境が激変した場合に業績が大きくぶれる可能性がある。ゆえに前章までで，いかに強固かつ柔軟な事業戦略を構築するかを見てきた。しかし，既存事業とは事業特性の違う事業を持ち，他の収益源を持つことで，単一事業に依存するリスクを低減する可能性があるのも事実である[5]。

企業によっては既存事業以外に1～2つの新たな事業の柱を持つ形の多角化を目指す場合もあれば，分散して多くの事業を持つ形（散弾銃型）の多角化を目指す場合もある。新たな事業の柱にするのであれば，自社でよりコントロールできる経営形態が必要であるし，散弾銃型であれば他社との提携を活用しながらの多角化の方が効率的かもしれない。

勘違いをしてはならないのは，多角化しさえすればリスクが減るのではなく，「多角化した事業を上手く経営できれば」という条件があってリスク分散が望めることである。元々の主事業より，多角化事業を上手く経営できない企業は少なくない。英国のEMI社は主事業であった音楽ビジネスは，当たり外れが大きく収益のブレ幅が大きかったので，事業特性が違うヘルスケア分野に新しい柱を求め，CTスキャン事業に多角化した。EMI社はヘルスケア分野に全く知見がなく，ヘルスケア系企業からも提携のオファーがいくつも来ていたのだが，新たな事業の柱にするためには自社のコントロールが強くなくてはならないということから独資で事業を立ち上げた。一度は成功裏にEMIのCTスキャン事業は立ち上がったが，徐々に競争力を失い結果的には赤字事業となり売却された。

▶既存事業の成熟化・停滞と多角化（繊維事業のケース）

自社の製品・サービス分野がライフサイクルの成熟～衰退期に入り将来的な成長が見込みにくい，もしくは業界内で負け戦になっていてリカバリーが見込めないときに，企業は新たな成長分野を求めて多角化を試みることがある。特に業界全体の衰退期には，業界内の会社の多くが多角化に走ることになる。多角化の難しさと可能性を日本の繊維業界を例に見てみよう。

日系繊維素材会社は1896年には日本のトップ100社の57社を占めていたが，1960

年〜80年代にかけて成熟化が進み，1960年にはトップ100社に入る繊維系企業は17社に減少し，2010年には旭化成と東レの2社のみとなっていた。

多くの繊維素材会社は，1960〜80年代に様々な多角化を試みた。1960年代の繊維業界上位企業は，東レ（売上955億円），帝人（575億円），鐘紡（526億円），東洋紡（526億円），旭化成（449億円）等であった[6]。東レは2010年時点でも売上高繊維比率が40％以上であり比較的多角化をしていないが，その他の上位企業は帝人（売上高繊維比率：25％），鐘紡（26％：破綻前の2003年），東洋紡（25％），旭化成（25％）と，どの会社も多角化を進めていた[7]。

鐘紡は伊藤淳二社長（当時）のもと1970年代に「ペンタゴン経営」を標榜し，繊維，化粧品，薬品，食品，住宅の5つの事業分野での多角化を目指し，「異業種多角化のモデル」とも言われていた[8]。帝人は大屋晋三社長（当時）が，1969年に2兆円構想をぶち上げ，未来事業本部のもと，石油開発，食肉加工，化粧品，医薬，自動車販売事業等に多角化展開した。この多角化は「思い付きの新規事業による多角化[9]」で「未来事業は止めてポリエステル専業会社として堅実に徹すべし[10]」とも評された。旭化成の宮崎輝社長（当時）は，「三種の神器（ナイロン，合成ゴム，建材事業）」を初めとする多角化を進めた。その多角化の積極さは，「ダボハゼ経営（儲かる仕事なら何でも飛びつく）」と評されるほどでもあったが，「それぞれの仕事は脈絡が無いようで，根っこをたどると芋づるのようにちゃんとつながっている（芋づる経営）」（上之郷，1987）との評価もあった。

大屋晋三に関しては，のちの社長2人（安居祥策・長島徹）が「大屋氏は70歳で引退すべきだった」「あまりに手を広げ過ぎて赤字をたくさん作った。80年代はこの超多角化経営を整理する時代で，撤退・売却・撤収をやりながら縮小均衡を図った[11]」と言っている。確かに未来事業本部のもとでの多角化は帝人の収益に悪影響をもたらし，1977年には経常赤字に陥っている（翌年には164億円の黒字に回復）。ただ，大屋は1966年に70歳だったが，もしこの年で引退し，積極的な多角化推進をしていなかったら，PETフイルム事業（1968年開始），アラミド繊維事業（1972年開始），医薬事業（1973年開始）等の，1980年代以降の帝人を支えた事業が成長していたのだろうか。石油事業で計上した損失は膨大ではあるが，会社がつぶれるほどではなかった。帝人は，1960〜70年代に屋台骨が揺らがない程度に様々な事業の種をまいたことが，後継経営者が選択と集中をできる基盤になったとは考えられないだろうか。

一方で，合理的な多角化戦略と評価の高かった鐘紡は，新分野への参入を借り入

れで賄っていたものが，バブル崩壊で債務超過となり粉飾決算に手を染めた結果，2004年に破綻している（藤川，2007）。戦前は国内企業として売上高1位だった鐘紡の破綻は，構造不況を多角化で乗り切ることの難しさを象徴しているとも言われたが，同じ繊維業界で好調を維持している会社もあることから，経営力の差による破綻と考えるべきであろう。

ダボハゼ的な多角化だが，よく見ると根底の部分で自社資源の有効活用がなされていると言われた旭化成は，2015年3月期の売上高1.9兆円，経常利益166億円と順調に業績を伸ばしてきている（建材不祥事はあったが）。

【第2節】多角化と価値創造

▶多角化が価値創造につながる条件

多角化が価値創造につながる（経済的価値を持つ）ためには，2つの条件が必要になる。第1に，各事業間に何らかの**範囲の経済（economies of scope）**が存在している。第2にその範囲の経済を実現し維持していく上で，1つの企業内に対象事業群を持つ統治形態の方が，**それ以外の統治形態（戦略的提携による統治形態や市場での調達型統治形態）よりも効率が高い**ということである。バーニー（Barney, 2002）は範囲の経済が存在しないのならば，複数の事業を1社が営む経済的理由は何も無いとまで言い切っている。

▶範囲の経済

範囲の経済とは，2つ（もしくはそれ以上）の事業を統合して運営される場合の価値が，それぞれ別個に運営される場合の価値の合計よりも大きくなる状態を言う。多角化の効果として，範囲の経済とシナジー（synergies：相乗効果）とを区分けする考え[12]，シナジーと相補効果と区分けする考え[13]もあるが，本書では相補効果，活動の共有によるコスト削減，組み合わせによる効果増大を合わせて範囲の経済としている。

全社戦略とは，「範囲の経済」の源泉は何か，それを生じさせる要因や組織体制はどのようなものかを考えることと言っても差し支えない。

事業運営上の範囲の経済は通常，①活動の共有，②コア・コンピタンスの共有，のいずれか（もしくは両方）の形態をとる。**図54**の縦軸は，事業間の事業活動を共有する機会（事業間の活動の共有度）を表し，横軸は企業（全社）レベルの関連

第14章 全社戦略（corporate-level strategy）と多角化（diversification）

図54 多角化による価値創造

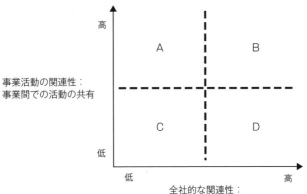

出所：ヒット他（2014）をもとに筆者修正。

性（コア・コンピタンスを他の事業に移転する機会）を表している。

多角化の場合分けの仕方はいくつもあるが，**図54のCは「非関連多角化（unrelated diversification）」**と呼ばれることが多い。多角化を考える際に，企業はまずは**図54A，B，Dの何らかの関連がある「関連多角化（related diversification）」**から狙いはじめるべきだろう。以降，活動の共有とコア・コンピタンスの共有について見ていく。

【第3節】多角化のレベルと企業ドメイン

▶多角化の分類

多角化は，まず総売上に占める単一事業の割合が70%を超えるか否かで大別され，総売上に占める単一事業の割合が70%以上のものは，限定的多角化に分類される。総売上に占める単一事業の割合が70%未満であり，複数の事業が何らかの活動を共有するものを関連多角化と呼び，総売上に占める単一事業の割合が70%未満であり事業間に共通特性やリンクがほとんどないものを非関連多角化と呼ぶ。

日本企業は欧米企業と比較して多角化度が高く，売上規模が小さくても多角化している企業も多い（**図55**）。

図55 日欧米企業の多角化度[14]

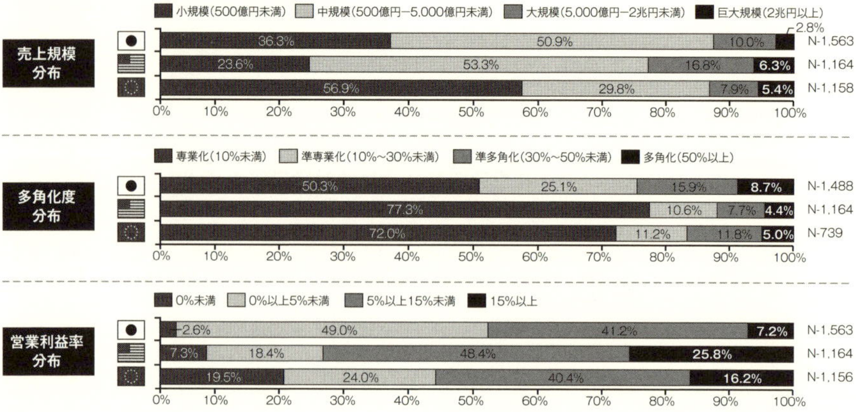

売上規模分布

	小規模(500億円未満)	中規模(500億円〜5,000億円未満)	大規模(5,000億円〜2兆円未満)	巨大規模(2兆円以上)	
日本	36.3%	50.9%	10.0%	2.8%	N=1,563
米国	23.6%	53.3%	16.8%	6.3%	N=1,164
欧州	56.9%	29.8%	7.9%	5.4%	N=1,158

多角化度分布

	専業化(10%未満)	準専業化(10%〜30%未満)	準多角化(30%〜50%未満)	多角化(50%以上)	
日本	50.3%	25.1%	15.9%	8.7%	N=1,488
米国	77.3%	10.6%	7.7%	4.4%	N=1,164
欧州	72.0%	11.2%	11.8%	5.0%	N=739

営業利益率分布

	0%未満	0%以上5%未満	5%以上15%未満	15%以上	
日本	2.6%	49.0%	41.2%	7.2%	N=1,563
米国	7.3%	18.4%	48.4%	25.8%	N=1,164
欧州	19.5%	24.0%	40.4%	16.2%	N=1,156

※欧州は英仏独3カ国を合計。1USD=100円，1EUR=130円，1GBP=130円で円換算

出所：OECD "Economic Outlook" No.91をもとにデロイトトーマツ分析。

▶多角化はどこまで広げられるか

　企業は何らかの価値創造ができる限り，もしくはリスクの軽減ができるのであれば，多角化を広げてよいものだろうか。これはにわかには答えにくい問題である。事業戦略立案の要諦は事業定義であることは第4章で見てきたが，全社戦略立案において自社の事業ドメイン（domain）を考えることは，どこまで多角化を広げるかの議論の助けになる。事業ドメインとは，企業が事業を営む境界であり，何をするかを定義づけ，同時にどの分野に参入しないかを定義づける（Simons, 2013）。

　企業のドメインはビジョンからも影響を受け，ビジョンがドメインを定義している企業は少なくない。例えばセコムのビジョンは「社会システム産業」の構築であり，「社会システム産業」とは社会で暮らす上で，より「安全・安心・快適・便利」なサービスやシステムを創造し，それらを統合化・融合化して，社会システムとして提供するものである。そこからセコムはセキュリティ・サービス，防災，メディカル・サービス，保険，地理情報サービス，情報通信，不動産等7つの事業領域を規定しているが，これがセコムの「事業ドメイン」である[15]。

▶企業ドメインの設定

　適切に定義された企業ドメインは，多角化戦略を策定する際のガイドライン

となる。その好例としてよく取り上げられるのは、日本電機（NEC）の「C&C（Computer & Communication）」である。NECのC&Cは複雑なNECの事業にストーリー性を与える戦略設計図となった（Hamel & Prahalad, 1994）。1970年代後半、小林会長（当時）は、コンピュータとコミュニケーション、そして両社をつなぐ半導体分野で事業を展開していくことを「C&C」というドメインを用いて宣言した。コンピュータがシステム化し、コミュニケーションがよりデジタル化し、それにつれて半導体がより高度化するという、相互に関連し合う3つの深化の流れをマーケティング面と技術面から方向づけたこのC&Cは、NECを世界的な技術リーダーに押し上げた。

　企業ドメインは、現在の事業活動領域と将来の方向性の両方を含むので、曖昧すぎると事業の焦点を絞りにくいが、具体的過ぎても柔軟性が無くなる。一般に「モノ」でドメインを定義すると明確になりやすく、「行動やベネフィット」で定義すると柔軟性が増すと言われている。ハリウッドの映画界は自分たちの事業ドメインを「映画産業」ではなく「エンターテイメント（娯楽）産業」と規定し直して発展した。一方で、狭い事業ドメイン定義で低迷した産業も存在する。例えば、Levitt（1960）は「鉄道が衰退したのは、旅客と貨物の需要が減ったためではない……鉄道以外の手段（自動車、トラック、航空機、さらには電話）に顧客を奪われたからではない。鉄道自体が、そうした需要を満たすことを放棄したからなのだ。」[16]と主張したのは有名である。つまり、米国の鉄道事業が衰退したのは、自らを「輸送サービス」ではなく「鉄道」と狭く定義したからであると主張したのだ。一方で、サイモン（Simon, 1996）はドイツ企業の成功を研究し、「成功企業は事業定義を広く定義しなかったから上手くいった」と主張した。扱い製品に基づき、事業を狭く定義し、その市場を世界規模で制覇したことを成功要因としたのである。

▶多角化とパフォーマンス

　このように多角化戦略立案時に重要な企業ドメインの定義であるが、適切なドメイン設定を通じて多角化ができている会社はそう多くはない。成長性のある市場、業界としての収益率が高そうな市場があれば機会主義的に進出し、その後でドメインを再定義すればよいという考え方もある。しかし、図56のように、日本企業は多角化が進むと収益率が落ちる傾向がある（山本, 1999）。どんな事業分野で収益を上げられるのか（強みを発揮できるのか）という観点でドメイン定義を考察した上で事業分野を広げないと、拡張が収益向上につながらないリスクがある。

図56　多角化度別営業利益率

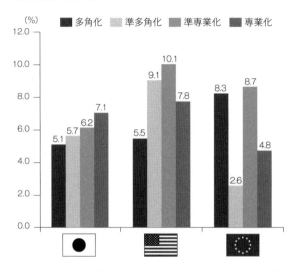

出所：OECD "Economic Outlook" No.91をもとにデロイトトーマツ分析。

▶富士フイルムの多角化と収益パフォーマンス

　多角化の成功事例と言われる富士フイルムは，フィルムカンパニーから1980年代に「イメージング＆インフォメーション」と広く定義づけたことで，事業ドメインにアナログフィルムとデジタルフィルムの両方を含めやすくなった。その後も事業多角化を進めてきた富士フイルムは，事業ドメインを一言では言い表せず，「イメージングソリューション」「ドキュメントソリューション」「インフォメーションソリューション」という3つの事業領域として表現している[17]。化粧品事業は，この「インフォメーションソリューション」に含まれる。富士フイルムは，業界的に利益率の高い医薬品や化粧品分野を取り込んだ多角化を通じて売上を伸ばしてきた。しかし，売上と利益率の推移を1990年代から見てみると，売上の伸びと利益率（経常利益）の伸びは一致しておらず，2010年頃までは利益率は低下傾向を見せていた。ようやく過去5年ほど利益率は回復しつつある。多角化と高収益の両立は容易ではない（図57）。

第14章　全社戦略（corporate-level strategy）と多角化（diversification）　267

図57　富士フイルムの売上高・利益率推移

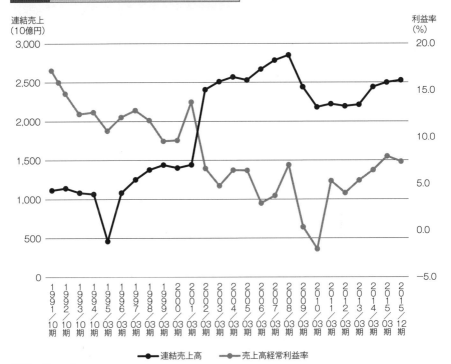

出所：Speeda。

【第4節】多角化の手法(1)：関連性の高い多角化

　これまでに見てきたように，多角化の関連性はまずは範囲の経済（活動の共有とコア・コンピタンスの移転機会）で判断する。関連度の高い多角化にリスクが無いわけではないが，一般には範囲の経済を活かした方が，価値創造がしやすいと考えられている。

▶活動の共有（shared activities）
　活動の共有は，コスト削減と売上の増大の双方（もしくはいずれか）を通じて企業価値の増大を目的とする。複数事業間でどのような活動が共有され得るかは，バリュー・チェーン分析が有効である。例えば，A，B，Cの3つの多角化事業を持

つ会社において，同じ技術開発機能をA，B，Cの3事業で共有しており，流通機能はAとC事業が共有しているというような具合である。当然このような共有化は，どこも行っているかに思われるが，意外に多角化事業間で活動の共有がされていない例は少なくない。あるメーカーは，必要なプロセスはほぼ同じだったにもかかわらず，各事業がそれぞれ注文処理情報システムを構築し，4つのシステムが併存していた。この会社は，システムを共有することで運用コストが大幅に削減できた。Amazonが，書籍EC事業で構築した倉庫設備・物流ネットワークを，多角化した他の事業の物流と共有しているのも，活動の共有の一例である[18]。

　多角化企業の複数事業が，製品開発と販売活動を共有することで顧客に対して「複数の製品を束ねる（バンドル）」形での提供が可能になり，個別に提供するよりも売上が大きくなる可能性がある。また，ある事業が持つ名声を他の事業が活用する（ブランディング活動を共有する）ことで，売上が増加する可能性もある。例えばセコムは，警備保障事業で構築した「安心・安全」ブランド・イメージを他の介護等の事業等にも活用し，効率的に多角化を進めている。

　複数事業の経営によってコストが削減できる背景の1つとして，規模の経済がある。複数事業が共通の原材料を使用し，共通の生産プラットフォームを持っている場合，これらの事業を1社が所有することによって規模の経済が働き，コストが逓減する可能性がある。このとき，規模の経済は，範囲の経済によって得られる経済価値の一例となる。ただし，範囲の経済には，規模の経済に依存しない要素も多数存在する。

　企業内の多角化事業間での活動を，どのように共有できるかをまとめたものが，**表11**である。この表にはないが，カスタマイズされたマネジメントトレーニング・教育等も事業部間で共有することのインパクトが大きい活動の1つである。上級幹部のトレーニングの設計・実施はコストがかかるので，複数事業で共有することでコストの効率化が図れるのだが，それ以上に，複数事業の幹部が同じテーマで語り合うことで，事業を超えた改善活動や，新たな事業創造の機会が発見されることも少なくない。

▶**活動の共有の限界**

　活動の共有は，多角化による価値創造の重要な源泉の1つであるが，3つの限界がある。1つめは，多角化企業が事業横断的な関係を上手く調整するのが簡単ではないという点である。官僚的な組織文化（いわゆるタコツボ）の存在等により，事

表11 活動の共有とバリュー・チェーンのなかでの位置づけ

バリューチェーン活動	活動共有	
インプット（生産要素）活動	共通の購買チェーン 共通の在庫管理システム 共通の保管施設 共通の在庫配送システム	共通の品質保証 共通のインプット納入条件システム 共通の配給業者
生産活動	共通の製造部品 共通の製造部品の製造 共通の組み立て施設	共通の品質管理システム 共通のメンテナンス業務 共通の在庫管理システム
完成品保管・配送	共通の完成品配送システム	共通の完成品保管施設
販売・マーケティング	共通の広告活動 共通の販促活動 製品の相互販売 共通の価格設定システム 共通のマーケティング部門	共通の流通チャンネル 共通の販売部隊 共通の営業拠点 共通の受注処理サービス
販売店支援・アフターサービス	共通のアフターサービス拠点 共通の保証・補償制度 共通の売掛金管理システム	共通の販売店教育 共通の販売店支援サービス

出所：Barney（2002）。

業間の調整が上手くいかない事例は多い。2つめは，活動の共有によって，ある事業がその事業特有の顧客ニーズに上手く対応できなくなることである。ある産業機械メーカーは，各事業部門に置いていた技術開発部隊を集約化することで，開発部門の効率化を図った。しかし，主要事業部門では顧客ニーズに合わせて機動的に用途開発することが重要だったが，開発部門が集約・共有化されることで，顧客対応の機動性が失われてしまった。3つめは，ある事業でのよい評判を，活動の共有を通じて他の事業にも転用しようとする場合，ある多角化企業の一事業部の悪評が，何かしら活動を共有する他の事業部にも及んでしまうリスクである。

　これらのマイナス面を重視した場合，多角化していても活動の共有を減らす場合がある。1990年代以降，欧米のコングロマリットは活動の共有を減らし，個々の事業を独立したものとして運用する傾向がある。スイスのエンジニアリング会社ABBは各事業間の活動の共有を禁じているし[19]，ゼネラル・エレクトリック（GE）も最近まで，事業間で共有する活動を研究開発や教育訓練等の限られた範囲に制限してきた。

　注意してほしいのは，範囲の経済の存在は，多角化戦略が経済価値を持つための必要条件ではあるが，十分条件ではないことである。複数事業を「内部」に取り込

む形態の方が，市場調達や戦略的提携による範囲の経済の実現よりも「効果があり低コストである」ことが必要となるのだ。また，範囲の経済がもたらす経済価値に大きな不確実性が存在する場合，一般的には社内で抱え込まずに市場取引を通じて範囲の経済性を実現し，戦略に柔軟性を維持しておいた方がよい。

▶コア・コンピタンスによる多角化

　多角化企業は，活動の共有以外に，経営上のノウハウ，技術上のノウハウ，経験，知恵等のような，より目に見えにくい無形の経営資源（コア・コンピタンス）を共有することがある（Prahalad & Hamel, 2006）。例えば，ヤクルトは腸内にすむ善玉菌（乳酸菌）のパワーを健康の維持・増進に役立てる「プロバイオティクス」という考え方に基づき乳酸菌飲料「ヤクルト」事業を営んでいるが，その乳酸菌に関する技術知見をコア・コンピタンスとして，スキンケアのための乳酸菌培養液「乳酸菌はっ酵エキス（保湿成分）」を開発し，1995年に化粧品分野に多角化した[20]。ヤクルトも，前節で見た富士フイルムも，飲料や写真フィルムという全く別の事業分野から，技術ノウハウに基づくコア・コンピタンスを活用して化粧品分野へと多角化した。ホンダは内燃機関と動力伝達装置（エンジン）の製造におけるコア・コンピタンスを共有して，二輪車，自動車，芝刈り機，小型発電機などの分野で多角化経営をしている。これらの事業は具体的な活動は共有していないが，ホンダの内燃機関と動力伝達装置というコア・コンピタンスによってリンクされているのだ。

▶コア・コンピタンスとしての買収能力

　「買収，合弁を通じて異分野に参入する能力」をコア・コンピタンスとして多角化する企業も存在する。その好例はソフトバンクであろう[21]。元々はソフトウェアの卸会社が創業事業だったのだが，IT業界の情報収集を目的に米国のZiff Davisの展示会部門を買収，Comdexの買収とあわせて展示会事業に進出したことを皮切りに，ヤフーへの出資と合弁でインターネット・ポータル事業に展開を広げ，その後もM&AとJV（joint venture：合弁）を上手く使い分けながら，様々なインターネット事業に多角化した。

　2000年代に入ってからは，ADSL事業者の東京めたりっく通信の買収を通じ通信事業に参入した。ほぼ同時期にヤフーを通じて個人向けADSL事業に参入している。2004年には固定電話の日本テレコム，2006年にはVodafone日本法人の買収を通じてIP電話，携帯キャリア事業にまで多角化を押し広げた。**表12**にソフトバン

第14章 全社戦略（corporate-level strategy）と多角化（diversification）

表12　ソフトバンクの外部成長戦略の推移

年月	内容
1994.3	米コンピュータソフト会社，フェニックステクノロジーズを3,000万米ドルで買収
1994.11	ジフ・デービス・コミュニケーションズから展示会部門を200億円で買収
1995.2	世界最大のコンピュータ見本市「コムデックス」を運営するインターフェイス・グループから同展示部門を800億円で買収
1995.11	コンピュータ関連出版最大手の米国・ジフ・デービス・パブリッシングを2,100億円で買収
1995.11	米国・ヤフーに200万ドルを出資
1996.1	日ヤフーを米国・ヤフーと共同で設立
1996.3	米国・ヤフーに6,375万ドルを追加出資
1996.4	米国・ヤフーに4,250万ドルを追加出資，出資比率が30.61%に
1996.6	豪・ニューズと合併会社を設立し，旺文社メディア（100%）を417億円で買収，全国朝日放送筆頭株主（21.4%）に
1996.8	米国・パソコン用メモリーボード大手のキングストンテクノロジーを15億800万ドルで買収
1996.12	トレンドマイクロに35億円を出資（35%）
1997.3	テレビ朝日株式を間接保有するソフトバンクと豪ニューズの折半出資会社ソフトバンク・ニューズ・コープ・メディアの全株式を朝日新聞社に売却。見返りにテレビ朝日が「Jスカイ B」の事業に協力
1998.7	米国・ヤフーに345億円を追加出資
1998.7	米国・Eトレードに585億円を出資（27.2%）
1999.7	96年に買収した米キングストン・テクノロジー株式を創業者に売り渡す（4億5,000万ドル＝547億円）
1999.9	ソフトバンク・ファイナンスを通じて，米投信評価大手のモーニングスターに資本参加（9,100万ドル＝111億円）
2000.1	アリババ・ドット・コムにおよそ2,000万ドルを出資すると報じられる
2000.6	米国・Nasdaq，大坂証券取引所とナスダックジャパンを設立
2000.9	オリックス，東京海上などと組み，日本債券信用銀行を買収，48.83%を出資
2001.7	東京めたりっく通信を45億円で買収
2003.9	おおぞら銀行（旧日本債券信用銀行）の持ち分（48.88%）を1,011億円で米サーベラスに売却
2004.7	日本テレコム（売上高3,472億円）を1,433億円で買収
2004.11	福岡ソフトバンクホークスを200億円で買収すると基本合意
2005.2	ケーブルアンドワイヤレスIDC（売上高713億円）を123億円で買収
2005.2	ソフトバンクインベストメントが増資，連結子会社から外れる（出資比率が46.9%から38.8%に低下）
2005.10	Tao Bao Holding limited 株式を417億円で売却
2006.3	ボーダフォン日本法人（売上高1兆4,700億円）をヤフーと業務提携して1兆7,820億円で買収
2006.11	ソフトバンク，ニューズ・コーポレーショングループ，合併会社マイスペースの設立合意
2008.4	日本テレコムインボイス（売上高148億円）を255億円で買収（出資比率14.9%—100%）
2010.8	ウィルコムとスポンサー契約を締結
2012.10	イー・アクセス（売上高2,047億円）を1,800億円で株式交換により完全子会社化，ソフトバンクモバイルとイー・アクセスが業務提携
2013.4	ガンホー・オンライン・エンターテイメント（売上高258億円）を249億円で子会社化
2013.7	米国携帯電話3位のスプリント（売上高3兆4,000億円）の株式の78%を1兆8,000億円で買収
2013.11	フィンランドのモバイル端末向けのゲーム事業（売上高105億円）を展開するスーパーセルの株式51%を1,514億円で買収
2016.7	英国ARM社（半導体）の買収を発表

出所：ソフトバンクIR資料より作成。

クの主な買収，出資案件をまとめているが，これはまさに買収，合弁，出資等のマネジメント自体をコア・コンピタンスとしての多角化と言えよう。ソフトバンクの多角化事業間には活動の共有が少ないので，非関連多角化（seemingly unrelated diversification）に見えるが，実は買収と統合能力を軸とした関連多角化とも言えよう。これらの買収をてこにした多角化を通じて，ソフトバンクはときにジェット・コースターのようなアップダウンを見せながらも，これまでのところ結果的には事業拡張を達成してきている[22]。

▶コア・コンピタンスによる多角化の限界

コア・コンピタンスによる多角化は，その無形性ゆえに汎用的に使えそうに見えるが，いくつかの限界もある。例えば，無形という属性ゆえの限界である。活動の共有は目に見える形で企業内の実際の行動に反映されるが，無形のコア・コンピタンスは社内で共有されている知識，経験，知恵のなかに存在する。この無形性ゆえに企業は2種類の過ちを犯す可能性がある。

① 空想の産物としてのコア・コンピタンス：稚拙な多角化戦略を正当化するために，実際には無いかもしくは根拠が薄弱なコア・コンピタンスを前提としてしまうことである。例えば自動車を作っている会社が，自動車に関する事業に対するコア・コンピタンスがあるとしてカーレースのゲームに進出したとして上手くいくかは疑問がある。

② コア・コンピタンスのインパクトが小さい：実際にコア・コンピタンスのリンクが事業間にあったとしても，そのコスト削減効果，売上拡張効果の影響が微小であることも少なくない。

【第5節】多角化の手法(2)：関連性の低い多角化（非関連多角化）

企業は非関連多角化においても，2種類の財務の経済性を通じて価値の創造が可能である。1つめの財務の経済性は，効率的に企業内部で資本の配分を行うことで財務の経済性につなげる。例えば，既存の事業と異なる事業特性（リスクの性格）を持つ事業を展開することで，企業のリスクを分散することができる。2つめの財務の経済性は，買収した資産の再編である。例えば，買収した企業の資産効率を上げるようなリストラクチャリングをした上で売却し，収益を上げる方法もある。

多角化した大企業は社内に資本市場を形成し，企業全体の価値を創造しそうな事

業に対して本社が資本を配分する。ここでの前提は，社内の事業ポートフォリオの実際の業績および見込みについては，より詳細で正確な情報を持って意思決定できる内部資本市場の方が，外部資本市場よりも効率的な配分ができるということである。General Electric（GE）は，内部資本市場による資源配分を非常に上手く行ってきた企業であり，電球のような消費者用家電製品，航空，エネルギー，ヘルスケア，金融サービス等の多くの異なる産業分野において多角化を成功裏に管理してきた。

▶非関連多角化の限界

非関連多角化の限界はいくつかある。1つは，多数の異なる事業に対して高いレベルでの事業評価力が求められることである。2つめは非関連多角化企業のマネジャーが常に外部資本市場よりも質量ともに高い内部市場情報を持っているとは限らないことである。個別事業のマネジャーが外部資本市場に対して業績や見通しを誇張して開示したいという誘惑は，内部市場にも向けられることがある。3つめは，企業レベルで資本配分責任を持つマネジャーが，業績や見通しが悪いにもかかわらず「いつかは業容も復活して，自分の当初の意思決定が正しかったことが証明されるだろう」という希望的観測から，その事業に投資をし続けるインセンティブが存在することである。組織心理学では，この現象をコミットメントの段階的拡大と呼び，経営幹部が特定事業への投資に関して非合理的になっていく事例が研究されている（Staw, 1981）。

先進国経済圏では外部資本市場インフラが整備されており，財務の経済性を模倣することは比較的容易なので，先進国で非関連多角化戦略をとる企業は競争にされされやすいとも考えられる。

新興国の企業は，非関連型の多角化が支持される傾向がある（Guillen, 2000）。この要因の1つは，新興国では外部資本市場のインフラ（効果的な金融仲介機関・適切な規制・契約法等）が整備されていないため，内部資本市場がより優位性を持ちやすいためとも考えられる[23]。

▶関連多角化と非関連多角化：持続的競争優位

多くの研究は，関連多角化企業のパフォーマンスは非関連多角化企業のパフォーマンスを上回ることを主張している（Robins & Wiersema, 1995）。注意が必要なのは，こうした実証研究が，関連多角化をしている企業と非関連多角化をしている

企業とを比較していることである。実際のビジネスでは，多角化企業とそうでない企業との勝負もあり得る。例えば，企業Aと企業Bがあり，企業AのX事業と企業BのY事業が競争しているとする。企業Aは非関連型であるが多角化を通じて価値のある範囲の経済を実現しているが，企業Bがそのような範囲の経済を実現できていない場合，X事業は企業Aの多角化戦略から競争優位を得ることができる（企業Bがそれに替わる優位性の源泉を持たないとすれば）。

【注】

1　帝人アニュアルレポート。
　HP http://www.teijin.co.jp/ir/faq/group_business.html#anchor-05
2　実際に経営が安定化したか否かの検証がされていなくても，そうした目的自体を評価していたように思われる。
3　コングロマリット（conglomerate）とは，複数の事業領域を有する複合企業体（多角化経営企業）である。
4　Villalonga（2001）は1990年代前半に多角化を見直す企業とほぼ同数の企業が多角化度合を高めた事実を示し，さらに90年代の多角化志向の買収が，株式市場で好意的に受け止められ，価値を拡大すると評価されていた事実を見いだした。Campa & Kedia（2002）は多角化する企業の意思決定を内生化するモデルを考察し，多角化ディスカウントが明確には示されないことを示している。
5　環境の不安定さと多角化度合には関係があると言われている。Bergh & Lawless（1998）は多角化度合の低い会社は，環境の不安定度が高いときには買収などで多角化を進め，不安定度が低いときには売却などで多角化度を低くすることを発見した。
6　日経ビジネス　1983年9月19日号
7　甘利（2011）。
8　日経ビジネス　1977年8月15日号　「鐘紡の大胆な異業種多角化による転身の実験は同業他社，さらに繊維以外の構造不況業種に属する企業の今後の経営にとって格好の研究テーマ」
9　日本経済新聞　1991年7月5日　徳末和夫コメント
10　日経ビジネス　1980年10月20日号「ポリエステル業界トップの同社が日清紡並みのけちけち経営に専念すれば，ポリエステルだけでも堅実な，いい会社として生き残ることは不可能ではない」
11　The 21 2011年5月号
12　欧米圏では範囲の経済とシナジーは，どちらも，「活動の共有化によるコストダウン」と「掛け合わせによる効果の増大」の両方を含むほぼ同義語として使われることが多い（Barney, 2002）。本書はその前提に立って説明をしている。日本の経営学では範囲の経済と

第14章　全社戦略（corporate-level strategy）と多角化（diversification）

シナジーは別のものとされることが多いようである。
　相乗効果（シナジー）は同一企業が複数の事業活動を行うことで，別個に行うよりも大きな効果が得られることを指す。日本では範囲の経済が，複数の事業で活動を共有することで，事業別に活動するよりもコストが下がることに力点が置かれている。シナジー効果には，複数事業の組み合わせによって「効果が大きくなる」ことは含まれるが，「費用の低下」は含めないとされる（網倉・新宅（2011））。例えば，鉄道事業と百貨店では，共通活動は少ないためコストの低減効果は少ないが，双方にとって利用者増という大きな効果が得られる。このパターンが純粋なシナジーである。

13　事業多角化の合成効果には「相補効果（Complementary effect）」と「相乗効果（Synergy effect）」の２種がある。相乗効果はよく知られているが，相補効果は，複数の製品分野での事業が互いに足りない部分を補い合うことで，資源の制約や市場の需給変動に対応できるようになり，企業全体として効率性が高まったり，効果が得られることである。その場合，組み合わせる相手はその効果が得られるのであれば何の事業でもよい（伊丹，2003）。

14　日本はTOPIX構成銘柄，米国はNYSE総合指数構成銘柄，欧州はFTSE総合指数（イギリス），CAC全株指数構成銘柄（フランス）およびCDAX指数構成銘柄（ドイツ）を分析対象。全体売上（100％）から売上高構成比率が最大の事業の売上高構成比率を差し引いた数字を使用。例えば，売上高構成比率が最大のＡ事業の売上高構成比率が20％の場合，多角化率は80％となる。

15　セコムHP
http://www.secom.co.jp/corporate/ir/kojin03-01.html

16　Levitt（1960），p. 45-46.

17　富士フイルムHP
http://www.fujifilm.co.jp/corporate/aboutus/solution/

18　北海道のニセコリゾートは北海道でも有数のスキー場であるが，テニス，ゴルフ，乗馬，マウンテンバイクと多角化している。これも大自然のリゾート空間という資産を，需要の季節変動に対応して共有することでコストを共有しようという試みである。http://rusutsu.co.jp/summer/nature

19　Rapoport, C. & Moran, K.（1992）. A Tough Swede invades the US. *Fortune*, June, 29.

20　ヤクルトHP　http://www.yakult.co.jp/company/overview.html

21　ソフトバンクは99年３月期から05年３月期まで，累計で3,000億円を超える経常赤字を出している。ADSL事業への積極的な投資や活発なM&Aによるのれん償却などがもたらしたものだったが，日米両ヤフーへの出資が無ければ，このような赤字を続けることは困難だっただろう。１つの投資の大きな成功が，次の事業展開への礎となった。同じような事例は中国最大のEC事業者Alibaba Group Holding（アリババ・グループ・ホールディング。以下，アリババ）への出資でも見て取れる。ソフトバンクはアリババの普通株式の31.9％を保有する筆頭株主で，持分法適用会社となっている。そしてその保有株式の時価は８兆円に達する。

22 コア・コンピタンスは通常，組織内の集団的学習内容であり，組織内の製造スキルや技術スキル等をいかに調整・統合するかである。つまり「組織の能力」なのだが，ソフトバンクの買収マネジメントのコア・コンピタンスの源泉がもし経営者である孫社長であるならば，孫氏の退任によってそのコア・コンピタンスが失われるリスクがある。

23 新興国では事業展開では国内のビジネスネットワークが重要であり，このビジネスネットワーク力をコア・コンピタンスと見れば，新興国コングロマリットの戦略は非関連ではなく関連型の多角化とみなすことも可能である。

第15章

全社戦略の管理

　複数事業を持つ会社が，全社の事業をどのように管理するかが全社戦略である。本業を中心に関連する事業を展開する場合もあれば，本業と関連度の低い多角化を進める場合もある。本章では，そうした複数の事業をどのように管理するかを扱う。

【第1節】資金配分視点からの全社戦略

▶プロダクト・ポートフォリオ・マネジメント（PPM）

　自社の持つ多様な事業群をキャッシュの配分から管理しようとしたのが，プロダクト・ポートフォリオ・マネジメント（product portfolio management）である（**図58**）。このコンセプトを最初に考えたコンサルティング会社の名前をとって，このときに使用される図をBCGマトリクスと呼んでいる（水越，2003）。

　PPMの目的は「戦略的事業単位（strategic business unit：SBU）[1]間で最適資源配分を行い，企業全体としての成長を最大化すること」である。この目的のために縦軸に将来期待成長率を，横軸に相対市場シェアを取り，その2軸に各SBUをプロット（配置）する。すると各SBUは2軸上の4つの象限に配置されるが，その4つの象限にはそれぞれとるべき投資方針があるというのが，このPPMの基本的な使い方になる。

▶PPMの2軸の位置づけ

　縦軸はそのSBUが所属する業界自体の将来期待成長率（向こう3〜5年の予測成長率）であり，当該SBU自体の成長率ではない。この市場成長率は企業がコントロールできない所与のものと想定しており，その成長率は企業のキャッシュ・アウト（必要投資金額）につながるという前提を置いている。その背景にはプロダクト・ライフサイクル（product life cycle：PLC）の概念がある。PLCとは製品や市場が導入期，成長期，成熟期，衰退期といったライフステージを経る傾向があ

図58 プロダクト・ポートフォリオ・マネジメント（PPM）

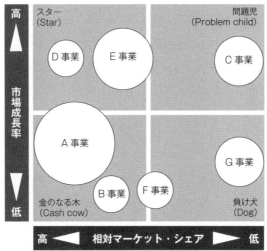

出所：水越（2003）をもとに筆者修正。

り，そのライフステージごとに主要な顧客層や，マーケティング・ミックス，必要投資額が変わってくるという考え方である。導入期，成長期は製品改良や市場成長の広告等のために投資が多くかかりがちで，成熟期，衰退期には必要投資は減ってくるという前提を置いているので，PPMにおいては将来期待成長率が高い場合はキャッシュ・アウトが大きく，低い場合はキャッシュ・アウトが少なくなるはずとしている。将来期待成長率は通常は成長率０％で線引きするのではなく，10％（いわゆる２けた成長）で線引きする場合が多い。

横軸の相対マーケット・シェアはキャッシュ・インの代替指標とされている。累積生産量が倍増すると，一定の比率で単位当たりコストが減少するという経験曲線の概念がその背景にあるので，リーダーの利益率は高く，リーダーと比較してシェアが低いほど利益率が低くなるという前提を置いている[2]。ゆえに相対マーケット・シェアの計算は，「自社シェア÷自社を除く最大の競争相手のシェア」で計算する。つまり１位の事業は２位企業の事業との比較となり，２位以下の場合は１位企業の事業との比較となる。横軸の中央値は通常1.0倍であるが，必要に応じて２

倍以上も記入する。この横軸を考察する際にランチェスターの市場占拠率モデル[3]を参考にしてもよい（Fehlmann, 2008）。ランチェスターの市場占拠率モデルでは，市場シェアが1.7倍以上の相手に勝つのは非常に困難とされるが（福田，2008），1位企業は2位企業に1.7倍以上のシェア差がある場合には高収益となる確率が高いと考えられる。市場成長率は会社がコントロールできない要素だが，市場でのポジションは会社がコントロールし得るという前提を置いている。

個々のSBUは円で示されるが，その円の大きさは売上高に比例する。

▶PPMの4つの象限

4つの象限はそれぞれ「金のなる木（Cash cow）」「花形（Stars）」「問題児（Problem child）」「負け犬（Dog）」と呼ばれる。それぞれの象限のポイントは以下のようになる。

- 金のなる木：成長率は低いので必要投資額は少なく，市場リーダーポジションにあるため，自事業に効果的に再投資できる以上のキャッシュ・インが得られると考えられる。この象限に分類されるSBUには投資・コストを必要最小限におさえて利益を確保し，他の事業にその資金を振り分けることが期待される。
- スター：成長市場においてリーダーポジションを持つこの事業は，必要投資額も大きいが，相対マーケット・シェアも大きいのでキャッシュ・インも大きいことが想定される。キャッシュ・インとアウトの双方が大きいので，ある程度独り立ちした状況である。もしリーダーポジション維持のために追加投資が必要な場合は，積極的に投資し，金のなる木となったときに投資を回収する。
- 問題児：成長率の高い市場で低いシェアしか持たない事業である。成長投資が必要な段階であるが，キャッシュ・インが小さいので現状維持だけでも資金需要が大きい。シェア拡大のため投資拡大をする際には自事業のキャッシュフローだけでは賄えないので，補てんが必要となる。逆に早期撤退の判断が求められる場合もある。シェア奪取に成功すれば，"スター"になるが，失敗すれば"負け犬"に転落する。
- 負け犬：市場成長率が低く，追加投資の必要性は本来少ない。相対シェアも低い状況で，期待されるキャッシュ・インも少ない。市場の将来性を考えると，シェア拡大のための投資は正当化されにくいが，利益率が必ずしも低いとは限らない。全社の資源が限られている場合は，早期撤退も視野に入れて検討する。

PPMは，全社的な成長を促進するために，将来性のある事業に対して現在の主

力事業から投資資金を移転することを示唆しているが，金のなる木が大きな資金供給源と想定している。ときには負け犬も資金供給源となる。そして，花形に成長する可能性がある問題児，もしくは維持がときには必要な花形に資金が供給されるという資金の流れが想定される。

図59　GEのビジネススクリーン

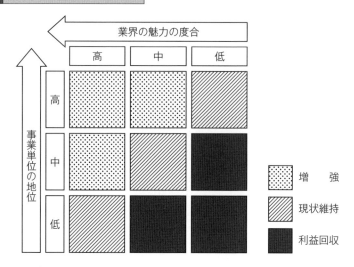

業界の魅力の評価基準

評価基準	指　標
1. 市場規模	3年平均の業界規模（ドル価格）
2. 市場成長率	10年間の実質年平均市場成長率
3. 産業の収益性	事業単位および3大競争相手の3年平均売上利益率（ROS）：名目，インフレ調整後
4. 循環性	売上げの傾向値からの年平均乖離率
5. インフレへの対応	価格変化率と生産性変化率の和にたいするインフレによるコスト変化率，5年間平均
6. 非アメリカ市場の重要性	国際市場の全市場に対する割合，10年間平均

事業単位の地位の評価基準

評価基準	指　標
1. 市場における地位	市場占有率（全市場），3年間平均国際市場占有率，3年間平均相対的市場占有率（SBU対3大競争相手）2年間平均
2. 競争上の地位	以下の点で競争相手より上位か，同等か，下位か：品質 技術上のリーダーシップ 製造／コストのリーダーシップ 流通／マーケティングのリーダーシップ
3. 相対的収益性	3年間の事業単位の売上高利益率マイナス平均売上高利益率（対3大競争相手平均）：名目，インフレ調整後

出所：伊丹・加護野（1989）。

▶PPMの効果と限界

　PPMは，1つの図に全社事業の位置づけが一覧できる視認性の高さとシンプルさがある。長期的な成長のためには「健全な赤字事業」を全社的な視点から管理しなくてはならないことを明確に認識させることができる。様々な事業の特性が違うと個別に資源配分を比較議論することが難しいのだが，PPMによってキャッシュ・インとキャッシュ・アウトという共通の軸で特性の異なる事業間の資源配分の議論がしやすくなることがPPMの効果である。

　一方で，いくつかの限界もある。1つは，そのSBUの事業単位の設定方法である。例えば，パネル製造会社であれば，液晶パネル事業を分析単位にするのか，タブレット向け，大型TV向け，スマートフォン向けに分けるのか，もしくは高級スマートフォンと汎用スマートフォンに分けるのかなどによって，成長率もシェアも変わってくる。このような分析単位の議論もPPMを使う意義の1つではある。また将来期待市場成長率と相対マーケット・シェアが，必ずしもキャッシュ・アウトやキャッシュ・インと相関していない場合もある。将来期待市場成長率が，PLC上のどこ（導入期か衰退期か）における数字なのかも確認する必要もある。

　また，PPMではキャッシュフローを意思決定の中心に据えているので，事業間のシナジーのような戦略上の関連性は図には示されない[4]。

　キャッシュが基本的には社内市場のみで回ることを前提にしているが，オープンな資金調達によってよりダイナミックな資源配分も可能になる。

　PPMはシンプルなのが美点だが，事業評価にはより高度な評価が必要だろうということで，GEとMckinseyが開発したのが，ビジネススクリーンである。業界の魅力度と事業単位の地位の2軸で資源配分を決めるのはPPMと似ているが，それぞれの軸には**図59**のように複数の要素が考察される。

【第2節】既存事業と新規事業の視点からの全社戦略

　PPMは，事業環境として成長市場か衰退市場かという視点で全社の事業ポートフォリオを見ていたが，自社の事業がどのくらい将来への準備ができているかという視点での全社戦略も必要である。そこで活用されるのが，ブルー・オーシャン戦略のツールであるPMSマップである。

▶PMSマップ

　PMSマップを活用して，全社の事業ポートフォリオのレッド・オーシャン度（ブルー・オーシャン度）を評価し，将来への道筋を予測することができる。売上，収益性，市場シェア，顧客満足度等はどれも重要な尺度だが，価値やイノベーションを事業の重要なパラメータとして位置づけて，全社の将来ポートフォリオを評価するには，PMSマップがよい。PMSマップとは，個々の事業を戦略キャンバスで評価した上で，各事業をパイオニア（pioneer），安住者（settler），移行者（migrator）に区分けして，**現在と将来（計画中）**の事業ポートフォリオをプロットしたものだ（図60）。

　ここでのパイオニアとは，将来の新市場開拓の担い手で利益成長の源と想定される。このような事業は多くの顧客を引き付け，戦略キャンバス上でも際立った価値曲線（バリュー・カーブ）を示す。この対極にあるのが安住者で，業界のごく標準的な価値曲線を示す。安住者は一般的に将来の成長にさして貢献せず，レッド・オーシャンでくすぶっている場合が多い。移行者はパイオニアと安住者の間に位置する存在である。市場において良質な製品やサービスを提供している。顧客に大きな価値をもたらし，価値曲線は業界平均を上回るが，その基本形状は業界の平均と大きくは変わっておらず，バリュー・イノベーションには至らない。その戦略はレッド・オーシャンとブルー・オーシャンのはざまにあると言えよう。**図61**は時系列を追ったAppleのPMSマップである。これまでは継続的にパイオニア製品を創り出し非常に上手くバランスをとってきたことがわかるだろう。

図60 PMSマップで事業ポートフォリオの可能性を見極める

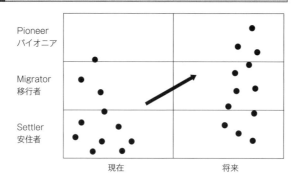

出所：Kim & Mauborgne（2015）。

図61　AppleのPMSマップ（1997〜2014）

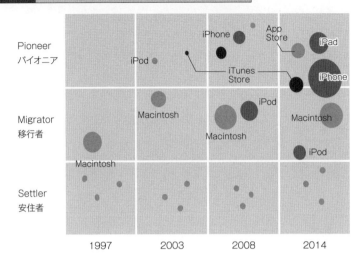

出所：Kim & Mauborgne（2015）。

　PMSマップにおいて，もし現在と将来の事業ポートフォリオが安住者を柱としているなら，成長性は低くレッド・オーシャンにどっぷりつかっていないかを検証する。安住者が利益を上げていれば，いまだ数年の収益性はあるのかもしれないが，競合他社との模倣競争や価格競争に陥る恐れは十分にある。現在の事業ポートフォリオに，将来計画のなかに多数の移行者が含まれていれば，ある程度の成長が期待できるだろう。とはいえ潜在的な成長力を十分に引き出そうとしておらず，他社がバリュー・イノベーションを実現すれば，取り残されるリスクを抱えている。業界に安住者がひしめき合っていればいるほど，バリュー・イノベーションを通してブルー・オーシャンを切り開くチャンスは大きい。

▶PMSマップとPPMの総合的活用

　将来を意識した経営には，パイオニアを主体とした中長期のポートフォリオに組織を率いていく必要がある。その際に留意すべきは，現在のキャッシュフローと将来の成長のバランスである。安住者は成長性が低いとはいえ，現在は収益源である場合が少なくない。PMSマップは各事業の戦略的位置づけの全体像を示唆するが，事業運営に必要なキャッシュフローの全体像までは見せてくれない。ゆえにPMS

マップと前の節で紹介したPPMは、組み合わせて使うことでさらに有効性が増す。その際、留意すべきなのは、PPMで使う分析単位とPMSの分析単位をいかにすり合わせるかである。

PMSマップにおけるパイオニア事業は、場合によってはまだ市場が成立していないので、精緻に将来期待成長率や相対マーケット・シェアをとることが難しいかもしれない。そうした場合には、必ずしもPPMにおいて厳密さを求めずに、やや大雑把に「急速な成長が見込まれる市場」「緩やかな成長が見込まれる」といった区分けで分析する形でもよいだろう。

【第3節】性質の違う戦略アプローチの管理という視点での全社戦略

▶性質の違う複数の戦略アプローチを管理する

ここまで様々な戦略アプローチを見てきたが、これらの複数の戦略アプローチを同時に適切に管理することは可能なのだろうか。1社のなかで、異なる戦略アプローチをとることには、同じ業界環境下で異なる戦略アプローチをとる場合[5]と、複数の異なる業界環境で事業を運営するなかで異なる戦略アプローチをとる場合とがある。前者は例えば1つの事業内で差別化とコスト・リーダーシップを同時に追求するようなことで、これに関するトレードオフの問題は第13章ですでに見た。

後者は全社戦略であり例えば、戦略パレットで言うと予測可能性が低く改変可能性も低い業界環境下でクラシカルな戦略アプローチを取りつつ、一方で別事業において予測可能性が高く改変可能性が高い環境下でビジョナリーな戦略アプローチをとるようなパターンである。このような複数の戦略アプローチを成功裏に、同時もしくは時間軸を違えて順次適用できる能力をBCGのリーブスら（Reeves et al., 2015）は「両利きの経営（ambidexterity／ambidextrous organization）」と呼んでいる。この両利きの経営は、第13章でも見たように元々「活用（exploitation）」と「開発もしくは探索（exploration）」という、別箇のものではあるが補完的でもあり得る2つの活動を同時に行うことを意味していた（O Reilly & Tushman, 2004）。両利きの概念は組織学習の概念でもあり、既存のナレッジをより深めること（Exploitation）と新たなナレッジを探索すること（Exploration）が同時にできる能力としても使われる（March, 1991）。

いずれにせよ、複数の戦略アプローチをとることは、不可能ではないが決して簡

第15章　全社戦略の管理　285

単でもない。多くの会社は安定期か変革期のマネジメントのどちらかが得意であり，安定期と変革期の両方において業界平均を上回るパフォーマンスを継続的に達成し続けることのできる企業はごくわずかである。その理由の1つは，両利きの経営において求められる知の深化と知の探究の双方に求められる要件が，相容れにくいからである。

▶両利きの経営の対応方法

リーブスらは複数の戦略アプローチをとるために，事業環境を「事業環境の多様さ」と「事業環境の変動の大きさ（ダイナミズム）」の2軸で場合分けをし，4種類の対応方法を提示した（**図62**）。

- 分離：事業環境が多様で変動が比較的小さい場合には，組織をサブユニットに分ける，それぞれの組織が独立して異なる戦略アプローチをとる「分離」が適切である。これは他の研究者からも提示され[6]，多くの企業が実際に採用している戦略である。このとき，それぞれのユニットには異なる戦略アプローチに合わせた独自の経営指標，組織文化，人材構成等が求められる。また第12章で見たように，分離によって部門間のコミュニケーションが妨げられ，連携がしにくくなり，組織の資源活用の効率が落ちるというデメリットもある。

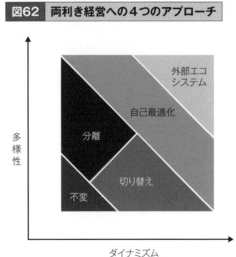

図62　両利き経営への4つのアプローチ

出所：リーブス他（2015）。

- 切り替え：環境変化は激しいが，その種類が多岐にわたるわけではない場合は，共有する資源プールを活用し複数の戦略アプローチを臨機応変に組み替える「切り替え」が最適とされる。切り替えでは環境変化に合わせて経時的に戦略アプローチを変更することもある。変化の波が大きい，製品サイクルが速い市場や，猛スピードで進化する創業ベンチャーなどには，この切り替えがふさわしい場合が多い。例えば，創業初期には探索的な経営を行って何が市場と適合するかを試行錯誤し，いずれかの製品・サービスが上手くいくと拡大を求めて活用的な経営にシフトする，というようなケースである。この切り替えのマネジメントは大変なので，第12章の後半で見たような変革のマネジメント手法が有効である。

- 自己最適化：環境変動幅が大きく，多様性にも富んでいる場合は，変動のスピードに柔軟に対応するために「自己最適化」という手法がとられる。自己最適化ではトップダウンではなく，小規模チームや個々の社員に，いつどの戦略スタイルをとるかの裁量権が与えられ，各チームは市場で必要とされる戦略アプローチを自律的に選択し実行する。会社は，各チームがどのように社内資源を活用し連携するかのルールを定め，チームの中長期目標と業績測定指標を確認する必要がある。この方法は社内に資源の重複が生じ，チーム間の相互関係の監視等のコストが大きくなりがちである等，比較的高コストな方法である。また，社員が正しい戦略アプローチを選択することを信頼することが前提になっている。

- 外部エコシステム：極度に複雑で変動の激しい事業環境下では，必要な戦略アプローチの全てに社内資源で対応することは現実的ではなく，組織外の多様なエコシステムを活用することが必要となる。この手法には大きなコストとリスクが伴う。中核企業は，外部プレイヤーが参加するエコシステムを支えるオープンな事業基盤を構築するコストを負担する。ときには外部プレイヤーの参加を促すために，自社の利益を一部犠牲にしたり，ビジネスのコントロール権を失うことがあるかもしれない。ここで必要とされる手法の多くは，第6章でみたビジネス生態系のマネジメントが活用できる。

【注】

1　企業における事業計画立案の組織単位。

2　この前提（規模と利益率が比例する）が単純すぎるという批判はもちろんあり，このPPMの後に出てきたポジショニング戦略では，規模以外にも高収益の要因があることを前提にしている。

3　B.O.クープマンはランチェスター戦略をもとにシェアの目標値を以下のように設定した。独占的市場シェア：73.9％　首位が絶対安全かつ優位独占の状態。安定的トップシェア：41.7％　実質3社以上の戦いの場合，安定した地位を確保できる。市場影響シェア：26.1％　この値を上回ると，激戦の競争状況から一歩抜け出した状態と判断される。強者と弱者を決定づける基準値。並列的競争シェア：19.3％　複数企業で拮抗している競争状態のときに多いシェアで，安定的トップの地位をどの企業も得られていない状況。市場認知シェア：10.9％　生活者において純粋想起がなされるレベルのシェア。市場存在シェア：6.8％　生活者において，助成想起が可能なレベルで，市場においてようやく存在が許されるレベル（福田，2008）。

4　中間製品事業が負け犬象限に分類されて，収益も出ていないので売却したら，実はそれを内製化していることが花形事業である最終製品の優位性に大きく貢献しており，売却によって競争優位性が失われたというケースもあり得る。逆に実際にどの程度有効かわからないシナジーを理由に温存される不採算事業もあり得るので，多角化戦略でシナジーの有無を検証することは必須である。

5　ポーターは，通常3つの基本戦略の中から1つを選択すべきであると言っているが，ときには同じ会社の内部に複数の別個の事業体を作って，それぞれが違った基本戦略を実行するということは可能であるとも述べている。

例えば，大手のホテルチェーンが，ターゲット層と戦略ポジションが異なる複数のホテルブランドを所有する事例がある。Hiltonホテルズの系列は以下のような対象の違うホテルチェーンを所有している：最高級ホテル（Waldorf Astoria Conrad），高級ホテル（Hilton, Double Tree by Hilton, Embassy Suites），中級ホテル（Hilton Garden Inn, Hampton Inn, Homewood Suites）。最高級ホテルでは集中差別化戦略を，高級ホテルでは差別化戦略をとっているが，中級ホテルでは必ずしもコスト・リーダーシップをとっているわけではない。全体には差別化を狙っている。似たような分離戦略は時計業界やアパレルでもとられており，Swatchグループもコスト・リーダーシップ戦略に位置づけられるブランドや，差別化に位置づけられるブランドを組織を分けて運営している。ここで留意しなくてはならないのは，違う基本戦略を追求する事業単位を厳密に分離しておかなかったら，それぞれの事業単位が競争優位を勝ち取る能力が曖昧になってしまうことである。会社の総合政策や企業文化が強すぎて，各事業体に浸透し過ぎるあまりに，競争するための最適化があるセグメントにはふさわしいが，別のセグメントには過剰か過少となってしまい，ついには窮地に追い込まれることになりかねないのだ。

例えば，航空機業界，大手キャリアは格安航空事業に参入して失敗したケースである。
6 例えばChristensen（2013）。

参考文献

Aaker, D. A. & Adler, D. A.(1984). *Developing business strategies* Wiley New York.
Adolph, G.(2009). *Merge ahead* Tata McGraw-Hill Education.
Andriopoulos, C. & Lewis, M. W.(2009). Exploitation-exploration tensions and organizational ambidexterity: Managing paradoxes of innovation. *Organization Science*, 20(4), 696-717.
Ansoff, H. I. & McDonnell, E. J.(1988). *The new corporate strategy* John Wiley & Sons Inc.
Atuahene-Gima, K.(2005). Resolving the capability—rigidity paradox in new product innovation. *Journal of Marketing*, 69(4), 61-83.
Augsdorfer, P.(2005). Bootlegging and path dependency. *Research Policy*, 34(1), 1-11.
Barley, S. R. & Tolbert, P. S.(1997). Institutionalization and structuration: Studying the links between action and institution. *Organization Studies*, 18(1), 93-117.
Barney, J. B.(1986). Organizational culture: Can it be a source of sustained competitive advantage? *Academy of Management Review*, 11(3), 656-665.
Barney, J. B.(2002). *Gaining and sustaining competitive advantage* Upper Saddle River, NJ, Prentice Hall.
Barney, J. B. & Clark, D. N.(2007). *Resource-based theory: Creating and sustaining competitive advantage* Oxford University Press Oxford.
Bart, C. K.(1997). Industrial firms and the power of mission. *Industrial Marketing Management*, 26(4), 371-383.
Bart, C. K., Bontis, N. & Taggar, S.(2001). A model of the impact of mission statements on firm performance. *Management Decision*, 39(1), 19-35.
Benner, M. J. & Tushman, M.(2002). Process management and technological innovation: A longitudinal study of the photography and paint industries. *Administrative Science Quarterly*, 47(4), 676-707.
Berger, P. G. & Ofek, E.(1995). Diversification's effect on firm value. *Journal of Financial Economics*, 37(1), 39-65.
Bergh, D. D. & Lawless, M. W.(1998). Portfolio restructuring and limits to hierarchical governance: The effects of environmental uncertainty and diversification strategy. *Organization Science*, 9(1), 87-102.
Besanko, D., Dranove, D., Shanley, M. & Schaefer, S.(2009). *Economics of strategy* John Wiley & Sons.

Boudreau, K. J. & Hagiu, A.(2008). Platform rules: Multi-sided platforms as regulators. *Available at SSRN* 1269966.

Bower, J. L.(1970). *Managing the resource allocation process: A study of corporate planning and investment* Havard Business School.

Bower, J. L. & Christensen, C. M.(1995). *Disruptive technologies: Catching the wave* Harvard Business Review Video.

Burgelman, R.(2002). *Strategy is destiny: How strategy-making shapes a company's future* Harvard Business School Press.

Butler, A., Letza, S. R. & Neale, B.(1997). Linking the balanced scorecard to strategy. *Long Range Planning*, 30(2), 242-153.

Campa, J. M. & Kedia, S.(2002). Explaining the diversification discount. *The Journal of Finance*, 57(4), 1731-1762.

Campbell, A. & Yeung, S.(1991). Creating a sense of mission. *Long Range Planning*, 24(4), 10-20.

Cappelli, P., Singh.H., Singh, J. & Useem, M.(2010). *The India way: How India's top business leaders are revolutionizing management* Harvard Business Press.

Carter, C., Clegg, S. R. & Kornberger, M.(2008). Strategy as practice. *Strategic Organization*, 6(1), 83-99.

Caves, R. E. & Porter, M. E.(1977). From entry barriers to mobility barriers: Conjectural decisions and contrived deterrence to new competition*. *The Quarterly Journal of Economics*, 91(2), 241-261.

Chandler, A. D.(1962). Strategy and structure: Chapters in the history of the American enterprise *Massachusetts Institute of Technology*, Cambridge.

Chesbrough, H. W.(2006). *Open innovation: The new imperative for creating and profiting from technology* Harvard Business Press.

Chesbrough, H. W. & Appleyard, M. M.(2007). Open innovation and strategy. *California Management Review*, 50(1), 57-76.

Christensen, C.(2013). *The innovator's dilemma: When new technologies cause great firms to fail* Harvard Business Review Press.

Clausewitz, C. V.(1976). *On War*, trans, Howard, M. & Paret, P, Princeton University Press.

Collis, D. J.(1994). Research note: How valuable are organizational capabilities. *Strategic Management Journal*, 15(8), 143-152.

Collis, D. J., Montgomery, C. A. & Montgomery, C. A.(1998). *Corporate strategy: A resource-based approach* Irwin/McGraw-Hill Boston, MA. (根来龍之・蛭田啓・久保亮一訳 (2004).『資源ベースの経営戦略論』東洋経済新報社)

Combe, I., Hamlin, R., Henry, J. & Cuthbert, R.(2012). Acquiring market flexibility via niche portfolios: The case of fisher & paykel appliance holdings ltd. *European Journal of Marketing*, 46(10), 1302-1319.

Cool, K. & Dierickx, I.(1993). Rivalry, strategic groups and firm profitability. *Strategic Management Journal*, 14(1), 47.

Cusumano, M. A. & Markides, C.(2001). *Strategic thinking for the next economy* Jossey-Bass.

Dambolena, I. G. & Khoury, S. J.(1980). Ratio stability and corporate failure. *The Journal of Finance*, 35(4), 1017-1026.

David, F. R.(1989). How companies define their mission. *Long Range Planning*, 22(1), 90-97.

Davila, T., Epstein, M. J. & Shelton, R.(2006). *Making innovation work: How to manage it, measure it, and Profit from it* Pearson Prentice Hall.

Dodd, D. & Favaro, K.(2006). Managing the right tension. *Harvard Business Review*, 84(12), 62.

Drucker, P. F. & Drucker, P. F.(1994). *Post-capitalist society* Routledge.

Duncan, R. B.(1976). The ambidextrous organization: Designing dual structures for innovation. *The Management of Organization*, 1, 167-188.

Dyer, J. H.(2000). *Collaborative advantage: Winning through extended enterprise supplier networks* Oxford University Press.

Dyer, J. H. & Nobeoka, K.(2000). Creating and managing a high-performance knowledge-sharing network: The Toyota case. *Strategic Management Journal*, 21(3), 345-367.

Eccles, R.(1991). The performance measurennent manifesto. *Harvard Business Review, January-February*, 131-137.

Eccles, R. G. & Pyburn, P. J.(1992). Creating a comprehensive system to measure performance. *Strategic Finance*, 74(4), 41.

Evans, P. & Wolf, B.(2004), Richer Sourcing. BCG Perspectives.

Evans, P. & Wurster T. S.(1999). Blown to bits: how the new economics of information transforms strategy. *Harvard Business School Press,* Boston.

Evans, P. & Wurster, T. S.(2000). *Blown to bits: How the new economics of information transforms strategy* Harvard Business Press.

Farrell, J. & Katz, M. L.(2000). Innovation, rent extraction, and integration in systems markets. *The journal of industrial economics*, 48(4), 413-432.

Farrell, J. & Klemperer, P.(2007). Coordination and lock-in: Competition with switching costs and network effects. *Handbook of Industrial Organization*, 3, 1967-2072.

Fehlmann, T. M.(2008). New lanchester theory for requirements prioritization. *IWSPM'08. Second International Workshop on Software Product Management*, 35-40.

Foster, R. N.(1988). *Innovation: The attacker's advantage* Summit Books.

Gabel, H. L.(1991). *Competitive strategies for product standards: The strategic use of compatibility standards for competitive advantage*. McGraw-Hill.

Geneen, H.(1984). *Managing* Doubleday Books.

Ghemawat, P.(1991). *Commitment* Simon and Schuster.

Gibson, C. B. & Birkinshaw, J.(2004). The antecedents, consequences, and mediating role of organizational ambidexterity. *Academy of Management Journal*, 47(2), 209-226.

Gilbert, C. G.(2005). Unbundling the structure of inertia: Resource versus routine rigidity. *Academy of Management Journal*, 48(5), 741-763.

Govindarajan, V. & Ramamurti, R.(2013). Delivering world-class health care, affordably. *Harvard Business Review*, 91(11), 117-122.

Grant, R. M.(1991). The resource-based theory of competitive advantage: Implications for strategy formulation. *Knowledge and Strategy*, 33(3), 3-23.

Greenwood, R. & Suddaby, R.(2006). Institutional entrepreneurship in mature fields: The big five accounting firms. *Academy of Management Journal*, 49(1), 27-48.

Grindley, P.(1995). *Standards, strategy and policy* Oxford University Press.

Guillen, M. F.(2000). Business groups in emerging economies: A resource-based view. *Academy of Management Journal*, 43(3), 362-380.

Hall, W. K.(1980). Survival strategies in a hostile environment. (中村元一・矢島 茂 訳 (1981)「8業種に見る逆境下の生き残り戦略」『ダイヤモンド・ハーバード・ビジネス・レビュー』Jan.-Feb., 14-27) *Harvard Business Review*, 58(5), 75-85.

Hamel, G.(2009). Moon shots for management. *Harvard business review*, 87(2), 91-98.

Hamel, G. & Prahalad, C. K.(1994). *Competing for the future* Harvard Business School.

Hamlin, R., Henry, J. & Cuthbert, R.(2012). Acquiring market flexibility via niche portfolios: The case of Fisher & Paykel Appliance Holdings Ltd. *European Journal of Marketing*, 46(10), 1302-1319.

Hax, A. & Wilde II, D.(2001). *The Delta Project: Discovering new sources of profitability in a networked economy* Springer.

Helfat, C. E. & Winter, S. G.(2011). Untangling dynamic and operational capabilities: Strategy for the(N)ever-changing world. *Strategic Management Journal*, 32(11), 1243-1250.

Hill, C. W.(1997). Establishing a standard: Competitive strategy and technological standards in winner-take-all industries. *The Academy of Management Executive*, 11(2), 7-25.

Hitt, M., Ireland, R. D. & Hoskisson, R.(2012). *Strategic management cases: Competitiveness and globalization* Cengage Learning.

Iansiti, M. & Levien, R.(2004). *The keystone advantage: What the new dynamics of business ecosystems mean for strategy, innovation, and sustainability* Harvard Business Press.

Isaacson, W.(2011). *Steve jobs* JC Lattès.

Jarzabkowski, P., Balogun, J. & Seidl, D.(2007). Strategizing: The challenges of a practice perspective. *Human relations*, 60(1), 5-27.

Johnson, G.(2007). *Strategy as practice: Research directions and resources* Cambridge University Press.

Johnson, G., Melin, L. & Whittington, R.(2003). Micro strategy and strategizing: towards an activity-based view. *Journal of management studies*, 40(1), 3-22.

Johnston, J.(1960). *Statistical Cost Analysis*, Mcgraw-Hill.

Kaplan, R. S. & Norton, D. P.(2008). *The execution premium: Linking strategy to operations for competitive advantage* Harvard Business Press.

Kearns, D. & Nadler, D.(1992). *Prophets in the dark : How Xerox Reinvented itself and Beat Back the Japanese* Harpercollins.

Khanna, T. & Palepu, K.(2000). Is group affiliation profitable in emerging markets? An analysis of diversified indian business groups. *The Journal of Finance*, 55(2), 867-891.

Kim, W. C. & Mauborgne, R.(1999). Strategy, value innovation, and the knowledge economy. *Sloan Management Review*, 40, 41-54.

Kim, W. C. & Mauborgne, R.(2005). Blue ocean strategy: From theory to practice. *California Management Review*, 47(3), 105-121.

Kim, W. C. & Mauborgne, R.(2015). *Blue ocean strategy: How to create uncontested market space and make the competition irrelevant* Harvard Business School Press, Boston, USA.

Klemm, M., Sanderson, S. & Luffman, G.(1991). Mission statements: Selling corporate values to employees. *Long Range Planning*, 24(3), 73-78.

Kotler, P. & Keller, K.(2011). *Marketing managementm, 14th edition* Prentice Hall.

Lang, L. H. & Stulz, R. M.(1993). *Tobin's q, corporate diversification and firm performance*, NBER Working Paper No. 4376.

Lavie, D. & Rosenkopf, L.(2006). Balancing exploration and exploitation in alliance formation. *Academy of Management Journal*, 49(4), 797-818.

Learned, E., Christensen, C., Andrews, K. & Guth, W.(1969). *Business policy: Text and cases*, homewood, illinois, Richard, D. I.

Leonard-Barton, D.(1995). *Wellspring of knowledge.* Harvard Business School Press, Boston, MA.

Leslie, E.P., Laura, B.C. & Miller, C.C.(2000). Curvilinearity in the diversification-performance linkage: An examination of over three decades of research. *Strategic Management Journal*, 21(2), 155-174.

Levinthal, D. A. & March, J. G.(1993). The myopia of learning. *Strategic Management Journal*, 14(S2), 95-112.

Levitt, T.(1960). *Marketing myopia* Harvard Business Review Press.

Levitt, T.(1966). Innovative imitation. *Harvard Business Review*, 44(5), 63-70.

Lins, K. & Servaes, H.(1999). International evidence on the value of corporate diversification. *The Journal of Finance*, 54(6), 2215-2239.

Magretta, J.(2012). *Understanding Michael Porter: The essential guide to competition and strategy.* Harvard business press.

March, J. G.(1991). Exploration and exploitation in organizational learning. *Organization Science*, 2(1), 71-87.

Martin, J.(1996). Are you as good as you think you are. *Fortune*, 134(6), 142-152.

McGrath, R. G.(2013). *The end of competitive advantage: How to keep your strategy moving as fast as your business* Harvard Business Review Press.

Mintzberg, H.(1994). *The rise and fall of strategic planning: Reconceiving roles for planning, plans, planners* Pearson Education Limited.

Mintzberg, H., Ahlstrand, B. & Lampel, J.(2005). *Strategy safari: A guided tour through the wilds of strategic mangament* Simon and Schuster.

Mintzberg, H. & McHugh, A.(1985). Strategy formation in an adhocracy. *Administrative Science Quarterly*, 30(2), 160-197.

Mintzberg, H. & Waters, J. A.(1985). Of strategies, deliberate, and emergent. *Strategic Management Journal*, 6(3), 257-272.

Moore, J. F.(1996). *The death of competition: Leadership and strategy in the age of business ecosystems* HarperCollins Publishers.

Moore, J. F.(1998). The rise of a new corporate form. *Washington Quarterly*, 21(1), 167-181.

Morgan, M., Malek, W. A. & Levitt, R. E.(2008). *Executing your strategy*. Harvard Business School Press.

Nalebuff, B. J., Brandenburger, A. & Maulana, A.(1996). *Co-opetition*. London: HarperCollinsBusiness.

O Reilly, C. A. & Tushman, M. L.(2004). The ambidextrous organization. *Harvard Business Review*, 82(4), 74-83.

Penrose, E. T.(1959). *The theory of the growth of the firm*. New York: Sharpe.

Peters, T. & Waterman, R.(1982). *In search of excellence: Lessons from America's best-run corporations*. New York: Warner.

Philip, E. & Wurster, T.S.(1999). *Blown to bits: how the new economics of information transforms strategy*, Harvard Business School Press, Boston.

Porter, M. E.(1980). *Competitive strategy: Techniques for analyzing industries and competitors*.

Porter, M. E.(1985). *Competitive strategy: Creating and sustaining superior performance. The Free*, New York.

Porter, M. E.(1996). What is strategy? Harvard Business Review, *November*.

Porter, M. E.(2002). What is strategy. *Strategy for Business: A Reader*, 625.

Prahalad, C. K. & Hamel, G.(2006). *The core competence of the corporation* Springer.

Preton, R.(1991) *American Steel*. New York: Avon.

Priem, R. L. & Butler, J. E.(2001). Is the resource-based "view" a useful perspective for strategic management research? *Academy of Management Review*, 26(1), 22-40.

Rangan, V. K. & Thulasiraj, R.(2007). Making sight affordable(innovations case narrative: The aravind eye care system). *Innovations*, 2(4), 35-49.

Rapoport, C. & Moran, K.(1992). A tough swede invades the US. *Fortune*, June, 29.

Reeves, M., Haanaes, K. & Sinha, J.(2015). *Your strategy needs a strategy: How to choose and execute the right approach.* Harvard Business Press. (御立尚資・木村亮示監訳（2016）『戦略にこそ「戦略」が必要だ —正しいアプローチを選び、実行する』日本経済新聞出版社)

Reinertsen, D.G.(1983). Whodunit? The search for the new-product killers. *Electronic Business,* 9(7), 34-39.

Ricardo, D.(1891). *Principles of political economy and taxation* G. Bell and sons.

Roberts, J.(2007). *The modern firm: Organizational design for performance and growth* Oxford university press.

Robins, J. & Wiersema, M. F.(1995). A resource-based approach to the multibusiness firm: Empirical analysis of portfolio interrelationships and corporate financial performance. *Strategic Management Journal,* 16(4), 277-299.

Rumelt, R. P.(1987). Theory, strategy, and entrepreneurship. *The competitive challenge, 137,* 158.

Rumelt, R. P.(1991). How much does industry matter? *Strategic Management Journal,* 12(3), 167-185.

Schein, E. H.(2003). DEC is dead, long live DEC. *Irish Journal of Management,* 24, 135-137.

Scherer, F. M. & Ross, D.(1990). *Industrial market structure and economic performance. University of Illinois at Urbana-Champaign's Academy for Entrepreneurial Leadership Historical Research Reference in Entrepreneurship* Rand Macnally.

Selznick, P.(2011). *Leadership in administration: A sociological interpretation* Quid Pro Books.

Shenkar, O.(2010). Copycats. *How Smart Companies use Imitation to Gain a Strategic Edge,* Boston: Harvard Business School Publishing Corporation.

Simon, H.(1996). You don't have to be german to be a "Hidden champion". *Business Strategy Review,* 7(2), 1-13.

Simons, R.(2013). *Levers of control: How managers use innovative control systems to drive strategic renewal* Harvard Business Press.

Stalk, G., Evans, P. & Shulman, L. E.(1991). Competing on capabilities: the new rules of corporate strategy. *Harvard business review,* 70(2), 57-69.

Staw, B. M.(1981). The escalation of commitment to a course of action. *Academy of Management Review,* 6(4), 577-587.

Teece, D. J.(2009). *Dynamic capabilities and strategic management: Organizing for*

innovation and growth Oxford University Press.
Teece, D. J., Pisano, G. & Shuen, A.(1997). Dynamic capabilities and strategic management. *Strategic Management Journal,* 18(7), 509-533.
Thompson, A., Peteraf, M., Gamble, J., Strickland III, A. & Jain, A. K.(2013). *Crafting & executing strategy 19/e: The quest for competitive advantage: Concepts and cases* McGraw-Hill Education.
Vermeulen, F. & Barkema, H.(2001). Learning through acquisitions. *Academy of Management Journal,* 44(3), 457-476.
Villalonga, B.(2001). Does diversification cause the'diversification discount'?
Wadhwa, A. & Kotha, S.(2006). Knowledge creation through external venturing: Evidence from the telecommunications equipment manufacturing industry. *Academy of Management Journal,* 49(4), 819-835.
Waite III, D. C.(1982). Deregulation and the banking industry. *The Bankers Magazine,* 165, 26-35.
Wan, W. P., Hoskisson, R. E., Short, J. C. & Yiu, D. W.(2010). Resource-based theory and corporate diversification: Accomplishments and opportunities. *Journal of Management,* 0149206310391804.
Welch, J. & Byrne, J. A.(2003). *Jack: Straight from the gut* Business Plus.
West, J.(2003). How open is open enough?: Melding proprietary and open source platform strategies. *Research Policy,* 32(7), 1259-1285.
Whittington, R.(1996). Strategy as practice. *Long Range Planning,* 29(5), 731-735.
Whittington, R.(2003). The work of strategizing and organizing: For a practice perspective. *Strategic Organization,* 1(1), 117-126.
相葉宏（1995）.『日本企業変革の手法』プレジデント社.
青島矢一・加藤俊彦（2012）.『競争戦略論』東洋経済新報社.
浅羽茂（1995）.『競争と協調の戦略』有斐閣.
浅羽茂（1998）.「競争と協力―ネットワーク外部性が働く市場での戦略」（特集 組織の中の見えないもの: 情報・知識社会におけるニューパラダイムを求めて）『組織科学』, 31(4), 44-52.
安宅和人（2010）.『イシューからはじめよ: 知的生産の「シンプルな本質」』英治出版.
甘利和行（2011）.「繊維産業の斜陽化を超克した経営者たちのキャリア研究」神戸大学経営学研究科　専門職学位論文.
網倉久永・新宅純二郎（2011）.『経営戦略入門』日本経済新聞出版社.
石井淳蔵・奥村昭博・加護野忠男・野中郁次郎（1996）.『経営戦略論　新版』有斐閣.

伊丹敬二（2003）.『経営戦略の倫理』第3版, 日本経済新聞社.
伊丹敬之・加護野忠男（1989）.『ゼミナール経営学入門』日本経済新聞社.
伊丹敬之・加護野忠男（2003）.『ゼミナール経営学入門』第3版, 日本経済新聞社.
井上達彦（2012）.『模倣の経営学―偉大なる会社はマネから生まれる』日経BP社.
今村英明（2005）.『法人営業「力」を鍛える：BCG流ビジネスマーケティング』東洋経済新報社.
宇田理（2015）.「戦略の多声性」大森信編著『戦略は実践に従う』同文舘出版, 154-189.
内田和成（2006）.『仮説思考：Bcg流問題発見・解決の発想法』東洋経済新報社.
内田和成（2009）.『異業種競争戦略―ビジネスモデルの破壊と創造』日本経済新聞出版社.
内田和成（2010）.『論点思考』東洋経済新報社.
内田和成（2015）.『ゲーム・チェンジャーの競争戦略』, 日本経済新聞出版社.
内田和成編, 岩井琢磨著・牧口松二著（2016）.『物語戦略』日経BP社.
遠藤功（2011）.『経営戦略の教科書（光文社新書）』光文社.
遠藤功（2014）.『現場論』東洋経済新報社.
大滝精一他（2006）.『経営戦略―論理性, 創造性, 社会性の追求 新版』有斐閣.
大前研一（1984）.『ストラテジックマインド』プレジデント社.
大森信（2015）.「実践の習慣化と戦略化の関係性」, 大森信編『戦略は実践に従う』 同文舘出版.
奥村昭博（1989）.『経営戦略』日本経済新聞社.
加護野忠男（1983）.『日米企業の経営比較―戦略的環境適応の理論』日本経済新聞社.
加護野忠男・吉村典久（2012）.『1からの経営学』第2版, 碩学舎.
金井一頼（2006）.「経営戦略とは」大滝精一, 山田英夫, 金井一頼, 岩田智『経営戦略―論理性・創造性・社会性の追求』有斐閣.
上之郷利昭（1987）.『宮崎輝の「逆転の経営」』講談社.
楠木建（2010）.『ストーリーとしての競争戦略―優れた戦略の条件』, 東洋経済新報社.
久保克行・広田真一・宮島英昭（2005）.『日本企業のコントロールメカニズム：経営理念の役割』季刊 企業と法創造, 1(4), 113-124.
古森重隆（2013）.『魂の経営』東洋経済新報社.
佐藤正（2008）.『ホンダ神話〈1〉本田宗一郎と藤沢武夫』文藝春秋.
柴田高（1992）.「ハードウェアとソフトウェアの事業統合と戦略形成―音響・映像業界における共統合戦略」『組織科学』, 26(2), 80-90.
清水龍瑩（1998）.『実証研究30年日本型経営者と日本型経営』千倉書房.
社会経済生産性本部（2004）.『ミッション・経営理念 社是社訓―有力企業983社の企業

理念・行動指針』生産性出版.

新宅純二郎(1986).『技術革新に基づく競争戦略の展開』ダイヤモンド・ハーバード・ビジネス, 11(4), 81-93.

新宅純二郎・許斐義信・柴田高(2000).『デファクト・スタンダードの本質:技術覇権競争の新展開』有斐閣.

鈴木修(2012).『[探索]と[活用]のバランスの実現に関する考察—携帯電話端末の開発を題材に』組織科学, 45(4), 66-81.

関根正之(2010).「長期的成長のための. ケイパビリティ強化」.『Management Journal』.

中西孝樹(2013).『トヨタ対VW(フォルクスワーゲン)2020年の覇者をめざす最強企業』日本経済新聞社.

中橋国蔵(2008).『経営戦略の基礎』東京経済情報出版.

名和小太郎(2000).「標準化プロセスと知的所有権」新宅純二郎・甲斐義信・柴田高編『デファクトスタンダードの本質』有斐閣, 203-214.

新原浩朗(2003).『日本の優秀企業研究』日本経済新聞社.

丹羽宇一郎(2008).『人は仕事で磨かれる』文藝春秋.

沼上幹(1999).『経営学における意図せざる結果の探究』(21世紀の企業経営). 經營學論集, 69, 173-178.

沼上幹(2008).『わかりやすいマーケティング戦略　新版』有斐閣.

沼上幹(2009).『経営戦略の思考法』日本経済新聞出版社.

根来龍之(2005).『代替品の戦略』東洋経済新報社.

根来龍之監修, 富士通総研編著(2013).『プラットフォームビジネス最前線』翔泳社.

野中郁次郎・紺野登(2012).『知識創造経営のプリンシプル—賢慮資本主義の実践論』東洋経済新報社.

林紘一郎(1998).『ネットワーキング:情報社会の経済学』NTT出版.

平野敦士カール・アンドレイ・ハギウ(2010).『プラットフォーム戦略』東洋経済新報社.

福田秀人(2008).『ランチェスター思考—競争戦略の基礎』東洋経済新報社.

藤川祐輔(2007).「カネボウの粉飾決算と経営破綻—破綻の要因を中心に」流通科学研究, 7(1), 69-80.

藤本隆宏.(2007).「日本発の経営学は可能か—ものづくり現場の視点から」東京大学ものづくり経営研究センター, ディスカッションペーパー, MMRC-J-148. Vol.12., Booz & Company.

星野優太(1994).「わが国製造企業の業績測定システムの分析—実態調査に基づいて—」『弘前大学経済研究』(17), 26-39.

三品和広（2011）.『どうする？日本企業』東洋経済新報社.
三品和広（2015）.『経営戦略の実践1　高収益事業の創り方』東洋経済新報社.
水越豊（2003）.『BCG戦略コンセプト―競争優位の原理』ダイヤモンド社.
三谷宏治（2013）.『経営戦略全史』ディスカヴァー・トゥウェンティワン.
山田英夫（1993）.『競争優位の規格戦略』ダイヤモンド社.
山田英夫（1997）.『デファクト・スタンダード―市場を制覇する規格戦略』日本経済新聞社.
山田英夫（2004）.『デファクト・スタンダードの競争戦略』白桃書房.
山田英夫（2007）.『逆転の競争戦略』第3版，生産性出版.
山田英夫・遠藤真（1998）.『先発優位・後発優位の競争戦略―市場トップを勝ち取る条件』生産性出版.
山本崇雄（1999）.「日本企業の国際化，製品多角化とパフォーマンス―収益性およびイノベーションの視点から」『産業経営』(27).
與那原建（2010）.「ダイナミック能力論の可能性―競争戦略論の統合化に向けて」琉球大学経済研究,(80), 125-145.

推薦図書

〈メタ戦略〉
- リーブス，M.・ハーネス，K・シンハ，I. 著　御立尚資・木村亮示監訳（2016）．『戦略にこそ『戦略』が必要だ』日本経済新聞社．

〈ポジショニング・アプローチ〉
- ポーター，M. E. 著　土岐坤・中辻萬治・小野寺武夫訳（1985）．『競争優位の戦略』ダイヤモンド社．
- ポーター，M. E. 著　土岐坤・中辻萬治・服部照夫訳（1995）．『新訂　競争の戦略』ダイヤモンド社．

〈リソース・ベースト・アプローチ〉
- コリス，D. J.・モンゴメリー，C. A. 著　根来龍之・蛭田啓・久保亮一訳（2004）．『資源ベースの経営戦略論』東洋経済新報社．
- ティース，D. J. 著　谷口和弘・蜂巣旭・川西章弘・ステラ S. チェン訳（2013）．『ダイナミック・ケイパビリティ戦略』ダイヤモンド社．
- 永野寛子（2015）．『資源ベース論の理論進化』中央経済社．
- バーニー，J. B. 著　岡田大訳（2003）．『企業戦略論』（上・中・下）ダイヤモンド社．
- ハメル，G.・プラハラード，C. K. 著　一條和生訳（2001）．『コア・コンピタンス経営』日本経済新聞社．

〈業界生態系アプローチ〉
- 内田和成（2015）．『ゲーム・チェンジャーの競争戦略』日本経済新聞出版．
- 根来龍之（2013）．『プラットフォームビジネス最前線―26の分野を図解とデータで徹底解剖』翔泳社．
- ハックス，A. C.・ワイルド，D. L. 2世著　サイコム・インターナショナル監訳（2007）．『デルタモデル』ファーストプレス．
- 山田英夫（2004）．『デファクト・スタンダードの競争戦略』白桃書房．

〈実践としての戦略〉
- 遠藤功（2014）．『現場論』東洋経済新報社．
- 大森信（2015）．『戦略は実践に従う』同文舘出版．
- ジョンソン，G.・ラングレイ，A.・メリン，L.・ウィッティントン，R. 著　高橋正泰監訳（2012）．『実践としての戦略』文眞堂．
- 藤本隆宏（2007）．『ものづくり経営学』光文社．

〈事業創造アプローチ〉
- 安部義彦（2011）．『ブルー・オーシャン戦略を読む』日本経済新聞出版社．
- 安部義彦・池上重輔（2008）．『日本のブルー・オーシャン戦略』ファースト・プレス．

- チャン・キム, W.・レネ・モボルニュ著, 入山章栄監訳 (2015).『ブルー・オーシャン戦略』ダイヤモンド社.

〈経営計画〉
- アンゾフ, H. I. 著　中村元一監訳 (2015).『新装版・アンゾフ戦略経営論（新訳）』中央経済社.
- ミンツバーグ, H. (1997).『戦略計画』産能大学出版部.

〈戦略論テキスト〉
- 青島矢一・加藤俊彦 (2003).『競争戦略論』東洋経済新報社.
- 朝倉久永・新宅純二郎 (2011).『経営戦略入門』日本経済新聞出版社.
- 浅羽茂 (2004).『経営戦略の経済学』日本評論社.
- ゲマワット, P. 著　大柳正子訳 (2002).『競争戦略論講義』東洋経済新報社.
- ヒット, A. M.他著　久原正浩・横山寛美監訳 (2014).『改訂新版　戦略経営論』同友館.
- ベサンコ, D.他著　奥村昭博・大林厚臣監訳 (2002).『戦略の経済学』ダイヤモンド社.
- 三品和広 (2015).『経営戦略の実践』東洋経済新報社.
- ミンツバーグ, H. 他著　齊藤嘉則監訳 (2012).『戦略サファリ（第2版）』東洋経済新報社.

〈テーマ別〉
- 井上達彦 (2012).『模倣の経営学』日経BP社.
- シェンカー, O. 著　井上達彦監訳 (2013).『コピーキャット』東洋経済新報社.
- 根来龍之 (2005).『代替品の戦略』東洋経済新報社.
- ランチェスター戦略学会 (2008).『ランチェスター思考』東洋経済新報社.

〈日本的経営と戦略〉
- 須田敏子 (2015).『日本型戦略の変化』東洋経済新報社.
- ポーター, M. E.・竹内弘高 (2000).『日本の競争戦略』ダイヤモンド社.

〈経営戦略への視点〉
- 伊丹敬之 (1980).『経営戦略の論理』日本経済新聞社.
- 沼上幹 (2009).『経営戦略の思考法』日本経済新聞社.
- ローゼンツワイグ, P. 著　桃井緑美子訳 (2008).『なぜビジネス書は間違うのか』日経BP社.

〈思考法〉
- 津田久資 (2012).『世界一わかりやすいロジカルシンキングの授業』中経出版.
- 根来龍之 (2015).『ビジネス思考実験』日経BP社.
- ミント, B. 著　グロービス・マネジメント・インスティテュート監修　山﨑康司訳 (1999).『考える技術・書く技術』ダイヤモンド社.

おわりに

　複雑・多様・不安定な環境に対応するために，本書は，①企業が置かれた状況に応じて適切に理論的に裏付けのある戦略を選択し，②状況変化に応じて戦略を切り替える，③戦略を実行することを一連のプロセスに落とし込みシチュエーショナル・ストラテジー（Situational Strategy）として提示している。

　環境に応じた戦略の選択肢と，各戦略の前提と用法，細分化やトレードオフなどの各戦略共通テーマという立体構成が，本書の特徴である。よく効く薬には使用上の留意点（前提）が書かれている。どの戦略理論も，何らかの前提を置いている。本書では，それぞれの戦略がどのような前提を置いているか（戦略使用上の留意点）も極力記述した。

　これらの戦略を適切に使いこなすには，いわゆる「戦略的思考」と言われる「基本的な考え方・視点」も必要である。戦略的思考無くしては場合によっては理論やツールの海におぼれて危険でさえある。戦略的思考にもいくつかあるのだが，最低限おさえるべきなのは「仮説思考」「論点思考」「逆算思考」「論理的思考」「スパイラル思考」の5つである。最近流行りの「デザイン・シンキング」等もこの5つで対応可能である。ここで少し思考法に関して触れておきたい。

　「仮説思考」「論点思考」は内田（2006, 2010）と安宅（2010）を参考にされたい。逆算思考は，スタートからゴールに向かって一歩ずつ積み上げていくという通常の考え方とは逆に，目標であるゴールを決めて，そこに辿り着くために必要なことを逆算して想定していくという考え方である。逆算思考によって，ゴールに向かって具体的に何をするべきかという仮説や道筋が見えてくる。そして，この仮説や道筋を考えるために必要なのが「論理思考」であり，成果や成功に向けて仮説や道筋を実践し，検証を加えて次の仮説を立てていくのが「スパイラル思考」である。

　論理的思考とは，「論理的に理解して，論理的に相手に伝える」ことで，「論理的思考」は良書も多いので詳しくは専門に扱った本で学んでほしい。戦略の構築・実行は複数の人々で行うことが多いが，そこで気を付けなくてはいけないのは，相手の論理構造の前提はどのようになっているかを知っておくことである。日本では起承転結でストーリーを作ることが多く，欧米圏では結論からピラミッド構造的にストーリーを展開することが多いという話は耳にしたことがあるだろう。欧米圏でも

テーゼ（正），アンチテーゼ（反対命題），ジンテーゼ（結合）というロジックに慣れ親しんだフランスのような国もある。こうした相手の論理構造を学んでおくことで，戦略構築とコミュニケーションがスムーズになるだろう。

スパイラル思考は，らせん状に循環しながら考えを継続させる思考法のことで，この思考法を用いることで，不確定要素や制約が多い環境下においても最適な解答や，クリエイティブな解答を求めることができる。代表的なスパイラル思考として，①全体とディテールのスパイラルで俯瞰する，②仮説と検証のスパイラルで真の原因を突きとめる，がある。「全体とディテールのスパイラルで俯瞰する」では，最初は穴だらけでもよいので俯瞰して対象の全体像を作ってみる。このことで次に何を調べればよいのか，不確定な部分がわかる。そして，その際に出てくる重要そうでかつ不確定な部分のうち，最も重要な部分を詳細に検証・調査し，全体像にはめ込んで，もう一度俯瞰して眺め，その後に次に検証すべきディテールを探す。以上を繰り返して完成度を高めるのが，スパイラル思考である。「仮説と検証のスパイラルで真の原因を突きとめる」は，初期仮説を立てて，それを検証したらそこで止まらず，もっとよくできないか，何か見落としていることはないか，という疑問を持って，次の仮説を立てるということである。

本書はシチュエーショナル・ストラテジー（Situational Strategy）として経営幹部層も活用できる実践性を持った統合型経営戦略論を目指し主要戦略理論を一連のプロセスに落とし込み，トレードオフ等の共通の論点に対する考え方を示している。それは野心的な試みゆえに，説明不足の点，改善点等もあると思われる。グローバル化が進む中で，国境を越える戦略の事例が無いことは本書の限界でもある。是非読者の皆さんからのフィードバックをいただき，改善のループを回していきたい。

本書を執筆することができたのは，筆者がビジネスとアカデミック両方のキャリアにおいてご指導・ご鞭撻を頂いた多くの先生，先輩，同僚，後輩の皆さんのおかげである。堀紘一氏，御立尚資氏，水越豊氏，内田和成氏，相葉宏二氏，菅野寛氏，安部義彦氏等，BCG勤務時代の諸先輩や同僚からの様々な刺激は経営戦略への目を開かせてくれた。BCG時代の諸先輩数名とは大学でもご一緒していることには不思議な縁を感じる。アカデミックでは，早稲田大学では経営管理研究科，商学研究科の皆さんから本書執筆の動機付けを頂いた。特に根来龍之教授，太田正孝教授のご支援なしには取り掛かることもできなかっただろう。淺羽茂教授，川上智子教授，山田英夫教授，井上達彦教授，杉浦正和教授，入山章栄准教授には様々なヒントを

おわりに

頂いた。一橋ICSの皆さん，特に阿久津聡教授からは博士論文を通じてアカデミックな研究に目を開かせていただいた。

また，個別にお名前は出さないが早稲田大学の経営幹部プログラムでお付き合いさせていただいている自動車，重電，家電，総合商社，製薬，不動産開発，IT等の様々な業界の経営幹部の皆さん，および欧州委員会のEUエグゼクティブ・プログラムの参加各社の皆さんからは，リアルタイムでの国内外のビジネス現場の課題を共有し経営理論と現場の往復をさせていただく機会を頂戴した。共同のエグゼクティブ・プログラムでご一緒させていただいているIMD（スイス），NUS（シンガポール），HKUST（香港），HEC（フランス），SOAS（英国），ケンブリッジ大学ジャッジビジネス・スクール：（英国），Oxford大学サイードビジネス・スクール（英国），Whartonビジネス・スクール（米国）等の教授陣からも様々なインサイトをいただいた。中央経済社社長の山本継氏とスピーディかつ丁寧な編集支援をいただいた経営編集部の市田由紀子氏に感謝したい。そして，ビジネス界からアカデミックへとシフトするきっかけを作ってくれた江夏健一先生（早稲田大学）なくして，本書は生まれなかったろう。他にも様々な方々のご支援を受けて，本書を執筆することができた，心からお礼を申し上げたい。

書斎が天岩戸状態になるなか温かく支えてくれた妻智子と，常に和ませてくれる息子剣太郎に深く感謝したい。

池上重輔

索　引

◆英数

Above-normal performance	25
adaptive	36
Alternative	57, 212
ambidexterity	248
ambidextrous organization	248
Aspiration	22
BCGマトリクス	277
below-normal performance	24
Blue ocean strategy	191
Business eco-system	99
business environment	33
business strategy	3
C&C	265
Clarity of Expectation	233
Compelling Tagline	217
competitive advantage	64
Complementors	99
Configuration school	9
conglomerate discount	259
Converge	42
Convergence	44
core capability	77
core competences	76
Core value	17
corporate-level strategy	3, 257
corporate strategy	3
Cost of Capital	29
Customer Inspired Innovation	249
customer segmentation	141
customer-switching cost	54
dejure standard	100
differentiation	66
Divergence	217
dominant exchange	104
Economic Profit	24
eliminate-reduce-raise-create grid	199
Emergence School	6
Engagement	233
EP	24
ERRCグリッド	199
Explanation	233
Exploitation	248
Exploration	248
factor	42
fair process	192
focus strategy	183
four actions framework	199
GEのビジネススクリーン	280
Herfindahl-Hirschman Index	41
HHI指数	41
HY戦争	173
industry segmentation	141
influence activity	259
influence cost	259
Inimitability	79
key success factor	142
KOMTRAX	136
malleability	35
market segmentation	141
migrator	282
mission	15
Mission Statement	15
multi-horming	121
multi-sided platform	100
new entrants	52
New Product Vitality Index	249
niche strategy	183
non-customer	206
nonsubsitutable	81
normal performance	25

NPVI	249	strategic intent	17
OE	90	strategize	127
operational effectiveness	90	strategy	3
Path dependency	81	Strategy as Practice	127
PDCA	228	Substitute	57
Performance	25	sunk cost	101
PEST分析	34	switching cost	121
physically unique	81	synergies	262
pioneer	282	targeting	148
Planning School	6	tipping point leadership	192
platform	100, 116	TNGA	251
PLC	277	Total Quality Management	91
PMSマップ	12, 282	Total Shareholders Return	36
PPM	12, 277	TPL	192
predictability	35	TQM	25, 91
Productivity Frontier	91	Trade-off	237
product life cycle	277	Transforming	88
proprietary standard	104, 111	TSR	36
Rarity	79	Unexpected	206
Refusing	206	Value	78
restricted access	104	value curve	42
Return on Assets	8	value innovation	192
Return on invested capital	29	Value proposition	145, 156
reverse engineering	81	vision	15
rigidity	87	VOC	149
rivalry	55	VRIO	78
ROA	8	Winners take all	121
ROIC	28	wintel standard	112
SBU	277	WTA	121
S-C-Pモデル	49		
segmentation	141	◆あ行	
Seizing	88	アクセス制限（restricted access）	104, 119-121
sensing	88	アスピレーション	22
settler	282	アダプティブ型戦略	36
shared activities	267	新しいものを生み出す能力	135-139
Situational Strategy	11	アドバンテージ・マトリクス	38-41
Soon to be	206	安住者	282
stand-alone value	259	アンバンドル	108
strategic business unit	277	移行者	282
strategic group	162		

一時的優位性 ································ 37
一兎に集中 ···································· 237
イノベーション ···················· 77, 105, 225
イノベーションのジレンマ ············ 37
イノベーション・プロセス ·········· 226
インフルエンス活動（influence activity） ····· 259
インフルエンス費用（influence cost） ····· 259
ウィンテル・スタンダード ············· 112
ウォークマン ······························ 42, 43
裏（深層）の競争力 ······················· 133
オーバー・エクステンション ··········· 84
オープン・アーキテクチャ ·············· 113
オペレーション ························ 90, 225
表（表層）の競争力 ······················· 133
オルタナティブ ······················ 203, 212

◆ か行

買い手価値 ······································ 65
買い手（buyers）の交渉力 ··············· 58
改変可能性（malleability） ············· 35
価格ドライバー ······························· 70
学習サイクル ································ 249
覚醒 ··· 209
隔離 ··· 121
カスタマイゼーション ··················· 105
価値活動の共有 ····························· 145
価値観（core value） ······················· 17
価値創造多角化要因 ······················ 257
価値提案（value proposition） ···· 148, 156-160
価値連鎖の再編成 ··················· 175-177
活動の共有（shared activities） ······ 267
活動の共有の限界 ························· 268
活動／プラクシス ························· 130
株主総利回り ································· 36
環境分析 ··· 10
感性志向 ······································· 216
感知（sensing） ······························ 88
関与（Engagement） ······················ 233
関連多角化 ···································· 263
規格間競争 ······················ 101, 121-122

規格内競争 ···································· 101
企業固有能力 ·································· 75
企業成長の理論 ······························· 75
企業の中核能力負債化 ····················· 87
希少性 ··· 79
機能志向 ······································· 216
機能や感性の方向性 ······················ 212
規模型事業 ······································ 39
規模の経済性 ·································· 53
規模の不経済 ·································· 53
業界効果 ··· 8
業界構造 ··· 51
業界細分化（industry segmentation） ···· 141-148
境界者 ·· 206
業界序列ポジション ······················ 167
業界標準 ··· 99
供給者の脅威 ·································· 59
競合の脅威（rivalry） ····················· 55
競合分析 ······································· 160
業績（パフォーマンス：performance） ···· 25
競争活動分野 ······························· 177
競争優位（competitive advantage） ······· 64
競争要因を促進する要素（ドライバー） ···· 60
共特化（co-specificity）の原理 ······· 89
業務効果（OE：operating effectiveness）
 ··· 90, 127
業務遂行主体 ································ 135
拒絶者 ·· 206
キラー・アプリケーション ············ 109
金魚鉢のマネジメント ·················· 231
キングピン ···································· 231
偶発的成功パターン ······················ 131
組み合わせ（modular：モジュラー）型 ···· 132
クラシカル型戦略 ··························· 36
クロス・ファンクショナル・チーム ····· 227
経営計画学派（planning school） ······ 6
経営資源 ··· 76
経営資源と環境のフィット ·············· 78
経営資源のハードル ······················ 229
経営資源をアップグレード ·············· 85

経営資産	76
経営資本	76
経営戦略	i
経験曲線	36
経済価値	78
経済的共同体	99
経済的利益（EP：Economic Profit）	24
ケイパビリティ	7, 76, 87
経路依存性（Path dependency）	81
現状確認（as-is）	198
現地探索	210
限定的多角化	263
現場主義	127
現場力	127
現場論	127
コア・ケイパビリティ	77
コア・コンピタンス	76, 93
構造的魅力度	142
硬直性	87
公的標準	100
購買者グループ	212
合理的計画策定	6
互換性	102
顧客関係の管理	223
顧客細分化（customer segmentation）	141
顧客第一主義	159
顧客ニーズ	141
顧客の経済性	102
顧客の声／VOC	149
小口化モデル	205
コストと差別化（付加価値）のトレードオフ	239
コストとスピードのトレードオフ	241
コストドライバー	70
コスト・リーダーシップ	67
コスト・リーダーシップ戦略	65
コモディティ業界	58
コングロマリット・ディスカウント	259
コンセンサス	234
コンソーシアム型スタンダード	100
コンバージ（converge：収斂する）	42
コンバージェンス（convergence：収斂）	44
コンフィギュレーションスクール	9, 33

◆ さ行

「最高」を目指す	50
サイコグラフィックス軸	154
細分化（セグメンテーション）	141
財務指標	25
差別化（differentiation）	56, 66
差別化戦略	65
サンクコスト（埋没費用）	101
シェアリングモデル	205
シェイピング型戦略	36
士気のハードル	229
事業活動関連の比率	28
事業環境（business environment）	33
事業ドメイン（domain）	3, 58, 264
事業連鎖	180
資源活用プロセス	85
資源が物理的にユニーク（physically unique）	81
資源の育成とアップグレード：企業	86
資源の複合的な活用	86
自己変革能力	88
資産の結合・再結合・再配置	88
市場細分化（market segmentation）	141, 148-149
市場創造戦略	191
市場創造のリスク	194
市場の境界を引き直す6つのパス	211-216
システム・ロックイン	102-107
持続的競争優位	273
実践としての戦略	ii, 7, 127
シナジー（相乗効果）	262
支払い意思額	65
資本コスト（cost of capital）	29
社内政治のハードル	229
収益性関連の比率	28
集中戦略（focus strategy）	65, 183-184
収斂	42, 44
守護神のマネジメント	231

受動的フォロワー	186	全社戦略（corporate-level strategy）	iv, 257
上位4社集中度	41	センシング（sensing：感知）	88
上位集中度分析	41	戦略（strategy）	3
状況対応戦略（Situational Strategy）	9-12	戦略オプション	10, 217
情報価値説	132	戦略化（strategize）	127
将来を見通す	216	戦略グループ（strategic group）	162, 212
ジレットモデル	205	戦略構築プロセス	129
深化活用（Exploitation）	245, 248, 284	戦略的事業単位（strategic business unit）	277
新規参入者（new entrants）	52	戦略の打ち手	191
新規参入の障壁	53	戦略は組織に従う	127
新規事業開発	247	総合企業	258
新製品・サービスの開発	224	相乗効果	262
新戦略（to-be）	198	相対的価値	65
人的資源	77	相対的コスト	66
心理的変数	153	相対マーケット・シェア	278
スイッチング・コスト（customer-switching cost）	54, 121	相談役のマネジメント	231
優れた企業業績	24	創発学派（Emergence School）	6
スタック・イン・ザ・ミドル	92	創発戦略	131
ステークホルダー（利害関係者）	27	相補効果	262
ステークホルダー・アプローチ	27	組織・人材の適応	224
ストラテジック・インテント	17-18	組織としての活用	79
ストラテジック・ムーブ	191	組織における行為	130
ストレッチ（高い目標を掲げた頑張り）	84	組織能力	138
すり合わせ（integral：インテグラル）型	132	組織能力のリジディティ（rigidity）	87
成功要因（key success factor）	142	組織は戦略に従う	127
生産性の限界線（Productivity Frontier）	91	組織プロセスと価値基準	89
セイジング（Seizing：捕捉）	88	組織文化	228
生態系間競争	121	組織ルーティン	85
制度領域における慣行	130		
製品イノベーション	187	◆ た行	
製品イミテーション	187	ターゲティング	148
製品・サービスの顧客への提供	223	ターンアラウンド	38
製品の経済性	102	代替性が無い（nonsubstitutable）	81
製品の範囲	60	代替品	57
セグメンテーション	117, 141, 207	代替品からの圧力	57
設計情報	132	大敵のマネジメント	231
説明（Explanation）	233	ダイナミック・ケイパビリティ	ii
ゼロサム	50	ダイナミック・ケイパビリティ戦略	7
ゼロモデル	205	タイムベース競争	241
		高い目標を掲げた頑張り	84

多角化	257	◆な行	
多角化のマネジメント	iv	ナレッジネットワーク	253
他社と違う何か（付加価値・特徴）	66	ナレッジ・ワーカー（知識労働者）	135
他社比較	91	二者択一	iv, 237
保つ能力	135	二者択一的な発想を捨てる	238
探索（Exploration）	245, 248, 284	ニッチ（niche strategy）	183
単独企業価値	259	二兎を追う	237
チェンジ・マネジメント	38	認識のハードル	229
知識労働者	135	ネットワーク・キャピタル	252
中核人物（キングピン）	231	ネットワーク効果	103
長寿企業	26	能動的フォロワー	187
地理的範囲	60	ノンカスタマー	206-207
地理的変数	153	◆は行	
ティッピング・ポイント・リーダーシップ	192, 229-232	パイオニア	282
適応	36	媒介型プラットフォーム戦略	104
適応プロセス	223	バイヤー・エクスペリエンス・サイクル	201
デコンストラクション	180	バイヤー・ユーティリティ・マップ	201
デジュリ・スタンダード（公的標準）	100	破壊的イノベーション	8
撤退障壁	56	場所（ポジション）	49
手続きの公平性	232	パフォーマンス	25
手詰まり型事業	40	パラダイムの転換	199
デファクト（市場競争の結果）	100	バリュー・イノベーション	192
デファクト・スタンダード	99	バリュー・カーブ（value curve：価値曲線）	42
デモグラフィックス軸	152	バリュー・チェーン	67
デモグラフィックス（人口統計的）変数	153	範囲の経済	89, 258
投下資本収益率（ROIC：Return on invested capital）	29	バンドル	108
統合型ものづくり戦略論	132	「非関連型」多角化戦略	258
同質化	92, 102	非関連多角化	272
独占的スタンダード（proprietary standard）	104, 111-116	非財務指標	25
特化型事業	39	ビジネス生態系（ビジネス・エコシステム）	99
ドミナント・エクスチェンジ（dominant exchange）	104, 116-119	ビジネス生態系戦略	ii, 7, 37, 99
ドライバー	60	ビジネス生態系の経済性	102
トランスフォーミング（Transforming：変革）	88	ビジネスプロセス	223
トランスフォーメーション	38	ビジョナリー型戦略	36
トレードオフ	iv, 237-239	ビジョン	11, 15, 23
		独り勝ち	121
		非凡な現場	137
		標準的業績（normal performance）	25

標準を上回る業績
　（Above-normal performance）……25
標準を下回る業績
　（below-normal performance）……25
非連続的で不可逆的な技術革新………108
ファクター………………………………42
フィッシュボーン・システム…………250
ブートレッグ……………………………197
フェア・プロセス………………192, 232-234
フォー・アクションズ・フレームワーク……199
プライス・コリドー・オブ・ザ・マス……203-206
プラットフォーム（platform）…100, 101, 116
ブランド認知……………………………54
ブルー・オーシャン戦略………iii, 7, 191-194
プレミアム価格…………………………66
プロセス・アプローチ…………………129
プロダクト・ポートフォリオ・マネジメント
　（PPM）………………………12, 277-279
プロダクト（製品）ライフサイクル…101, 277
プロプライアタリー・スタンダード
　（独占的スタンダード）………104, 111-116
分散型事業………………………………38
平凡以下の現場…………………………137
平凡な現場………………………………137
ペインポイント…………………………202
ベスト・プラクティス…………………91
変革（transforming）……………………88
ベンチ・マーキング（他社比較）………91
防衛ポジション…………………………64
補完事業者（complementors）…………99
補完製品のアンバンドリング（補完製品も独
　立して販売）…………………………109
補完製品のバンドリング（補完製品と一体で
　なくては販売しない）………………109
補完製品やサービス……………………212
補完品……………………………………60
ポジショニング戦略……………ii, 7, 99, 195
ポジション………………………………49
捕捉（seizing）…………………………88
ボトムアップ型…………………………228

ボンディング（絆）を連続させる……104-106

◆ま行

マーケティング…………………………58
埋没費用…………………………………101
マクロ要因………………………………34
マルチ・サイド・プラットフォーム……100
マルチホーミング………………………121
ミッション（mission）…………………15
ミッション・ステートメント
　（Mission Statement）…………………15
無形資源…………………………………77
無形のコア・コンピタンス……………272
明快な期待内容
　（Clarity or Expectation）……………233
メタ戦略…………………………………9
ものづくり組織能力……………………134
模倣困難性………………………………79
模倣を防ぐ8つのメカニズム……………220

◆や行

有形資源…………………………………77
ユーティリティ…………………………201
予測可能性（predictabilty）……………35
よりよくする能力………………………135

◆ら行

ランチェスターの市場占拠率モデル……279
リアル・オプション理論………………14
リーダーシップ…………………………75
リーダーの戦略…………………167-172
リーチ……………………………………250
リカード経済学…………………………75
利害関係者………………………………26
リスク分散………………………………260
リソース・ベースト戦略……ii, 7, 75-78, 195
リッチネス………………………………250
リニューアル（Renewal）型戦略………36
リバース・エンジニアリング…………81
流動性関連の比率………………………28

両利きの経営（ambidextrous organization）……………248-249, 284
レッド・オーシャン度…………………42
レバレッジ関連の比率…………………28
ロックアウト……………………………105

〔著者紹介〕

池上　重輔（いけがみ　じゅうすけ）

早稲田大学大学院経営管理研究科教授。
早稲田ブルー・オーシャン・シフト研究所　所長，グローバル・ストラテジック・リーダーシップ研究所　監事，Academy of International Business（AIB）Japan chapter Chair，国際ビジネス研究学会　理事，異文化研究学会　理事。東洋インキSCホールディングス　社外取締役。

経営学博士（一橋大学），英国ケンブリッジ大学ジャッジ・ビジネススクールMBA，英国シェフィールド大学　International Studies 修士，英国ケント大学　International Relations 修士。

ボストン・コンサルティング・グループ，MARS　Japan，ソフトバンクECホールディングス，ニッセイ・キャピタル等を経て現職。国内・海外の企業幹部に対して様々な経営者教育を行っている。

専門は国際経営，経営戦略，リーダーシップ。

著作に『異文化マネジメントの理論と実践』（分担執筆），同文舘出版，2016年，『日本のブルー・オーシャン戦略』（共著）ファーストプレス，2008年等。

シチュエーショナル・ストラテジー
──環境に応じて戦略を使い分ける

2016年11月25日　第1版第1刷発行	
2023年6月5日　第1版第4刷発行	

著　者　池　上　重　輔
発行者　山　本　　　継
発行所　㈱中央経済社
発売元　㈱中央経済グループ
　　　　パブリッシング

〒101-0051　東京都千代田区神田神保町1-35
電話　03（3293）3371（編集代表）
　　　03（3293）3381（営業代表）
https://www.chuokeizai.co.jp
印刷／東光整版印刷㈱
製本／誠製本㈱

ⓒ 2016
Printed in Japan

＊頁の「欠落」や「順序違い」などがありましたらお取り替えいたしますので発売元までご送付ください。（送料小社負担）

ISBN978-4-502-20281-0 C3034

JCOPY〈出版者著作権管理機構委託出版物〉本書を無断で複写複製（コピー）することは，著作権法上の例外を除き，禁じられています。本書をコピーされる場合は事前に出版者著作権管理機構（JCOPY）の許諾を受けてください。
JCOPY〈https://www.jcopy.or.jp　eメール：info@jcopy.or.jp〉